江苏省社科基金后期资助项目 （项目号： 20HQ008）

U0514561

Research on the Innovation of Financial Integ
System and Mechanism to Support the Development
of Small and Medium-sized Enterprises in the
Yangtze River Delta

长三角地区支持中小企业发展金融一体化体制机制创新研究

林乐芬　顾庆康　李永鑫　李　晅　唐　峥◎著

中国财经出版传媒集团
经济科学出版社
Economic Science Press

序　言

　　本书是南京农业大学林乐芬教授和她的团队完成的长三角金融一体化研究的重要成果。该成果对推动区域内金融资源高效流动、促进金融服务实体经济具有重要现实指导意义，同时也丰富和完善了我国区域金融发展理论。

　　长江三角洲（以下简称长三角）地区作为我国经济发展活跃度最高、开放程度最高、创新能力最强的区域之一，在我国经济社会发展中具有举足轻重的地位和作用。2019 年 12 月，中共中央、国务院发布《长江三角洲区域一体化发展规划纲要》（以下简称《规划纲要》），标志着长江三角洲区域一体化作为国家战略正式进入实施阶段。长三角区域一体化发展不仅有利于推动长三角地区形成高质量发展的区域创新集群，而且对我国其他地区经济社会发展具有较大的示范和辐射作用。金融是现代经济的核心，发挥着资源配置的媒介作用，其一体化进展势必直接影响到经济增长和区域发展。高质量的长三角地区金融一体化发展能够显著加强区域内部连接性，提高金融资源流动效率，既是长三角区域一体化的重要组成部分，更是服务长三角区域一体化高质量发展，促进金融、科技和产业有效融合和良性循环发展的必然要求。因此，《规划纲要》中明确强调，要形成要素自由流动的统一开放市场，为更高质量一体化发展提供强劲内生动力。

　　事实上，早在 20 世纪 80 年代初，对于金融一体化的探索就一直伴随在长三角区域一体化发展进程中，历经被动跟随、主动融入、快速发展等多个阶段，但总体发展水平离世界级金融城市群仍有差距。制约长三角地区金融一体化发展的因素主要有区域发展不平衡、行政管理分割、金融基础设施与金融生态尚不完善、区域信息共享平台缺失导致的"信息孤岛"、跨区域经营监管限制等。上述阻碍导致了区域内资金流动仍受到较大限制，部分地区大量中小企业融资难、融资贵的问题依然存在，这显然很难契合长三角地区高质量一体化发展的战略要求。

我国中小企业具有"五六七八九"的典型特征（即贡献了 50％以上的税收，60％以上的 GDP，70％以上的技术创新，80％以上的城镇劳动就业，90％以上的企业数量），是国民经济和社会发展的生力军，是建设现代化经济体系、推动经济实现高质量发展的重要基础，是扩大就业、改善民生的重要支撑。长三角地区的中小企业托起了长三角地区经济发展的"半壁江山"，其发展的好坏将直接影响到长三角地区经济发展的速度和质量。2020 年 8 月 20 日，习近平总书记在主持召开扎实推进长三角一体化发展座谈会时明确强调，要引导金融资本重点支持制造业和中小微企业。探讨如何在长三角地区实施高效协同的金融政策，建立健全区域性中小企业金融一体化支持体系，对从根本上缓解中小企业融资难、融资贵问题具有重大的现实意义。

林乐芬教授主持的科研成果"长三角地区支持中小企业发展金融一体化体制机制创新研究"获得了江苏省社科基金后期资助。本书正是基于新的国家战略框架，以中小企业为研究对象，深入探讨长三角地区金融一体化的体制机制创新。本书主要具有以下亮点：（1）基于长三角地区中小企业和金融发展现状，按照直接融资与间接融资两个维度，构建了理论分析框架。（2）通过大样本问卷调查和实际访谈获取大量中小企业和银行等金融机构的一手数据，基于金融需求视角，统计分析样本中小企业商业银行、民间借贷、小型金融机构的融资需求现状；并且结合金融供给视角，实证分析商业银行针对中小企业的金融产品、金融服务等方面的金融供给及其与金融需求不匹配的原因。（3）基于长三角地区中小企业资本市场上市现状，实证分析长三角地区中小企业在创业板、新三板、科创板等资本市场上市融资效率及存在的问题。（4）基于前述研究，针对长三角地区如何从过去各自为政的松散型金融走向紧密型金融的合作问题，提出长三角地区中小企业发展多层次、多主体、多产品金融支持体系的基本思路，以及借助于互联网金融实现区域金融一体化的具体实现途径的对策建议。

长三角地区一体化的高质量发展离不开中小企业的支持，而中小企业的发展需要高质量一体化的金融支持体系。本书基于对长三角地区中小企业金融一体化的优化路径的深入探讨，形成的研究成果和政策建议具有较强的针对性，有助于丰富和完善我国小微金融和区域金融发展理论，能够为深入推进长三角地区一体化发展，以及在加快建设全国统一大市场背景下促进资金要素在更大范围内畅通流动提供参考。林教授请我为本书作序，我感到非常高兴。期待本书能够引起同行们的关注和讨论，也盼望林教授有更多的区域金融及小微金融的研究成果问世。

教育部人文社会科学重点研究基地南京大学

长三角经济社会发展研究中心主任

长江学者，南京大学教授

2022 年 8 月 22 日

前　言

　　长三角地区位于我国东部沿海地区，主要包括江苏省、浙江省、安徽省和上海市（以下简称三省一市）。根据 2021 年全国及各省（市）国民经济和社会发展统计公报发布数据计算，长三角地区的区域经济生产总值占全国国民经济生产总值的比例已经达 24.14%，是我国目前最大的区域经济圈，同时也已经跻身世界都市圈前列。2020 年 8 月 20 日，习近平在合肥主持召开扎实推进长三角一体化发展座谈会并发表重要讲话时强调，要深刻认识长三角区域在国家经济社会发展中的地位和作用，结合长三角一体化发展面临的新形势新要求，坚持目标导向、问题导向相统一，紧扣一体化和高质量两个关键词抓好重点工作，真抓实干、埋头苦干，推动长三角一体化发展不断取得成效。① 这对新形势下长三角地区的未来发展提出了更高的要求。企业是市场经济活动的主要参与者，长三角地区经济的高质量发展离不开多类型活跃企业主体的重要贡献，其中，中小企业占据着绝对的主导地位。虽然三省一市在各自省（市）区域内部已经初步形成了多元化的中小企业融资服务支持政策体系，但在运行中，中小企业融资难、融资贵的问题仍然未能从根本上解决，区域性的中小企业金融化支持体系也尚未建立起来，存在市场分割和制约金融一体化循环的关键堵点。作为我国最大的区域经济圈，在实现一体化以及高质量发展的经济目标时，其金融支持框架体系的构建已经明显滞后，长三角地区的金融一体化发展还有待深入推进。2022 年 4 月 10 日，中共中央、国务院正式发布《关于加快建设全国统一大市场的意见》，明确强调要加快发展统一的资本市场，旨在打破区域划分，促进资金要素资源在更大范围内畅通流动。据此，本书以长三角地区为对象，探析支持中小企业发展金融一体化的体制机制创新，为促进资金要素市场的一体化格局提高参考。

---

　　① 习近平主持召开扎实推进长三角一体化发展座谈会并发表重要讲话［EB/OL］. 中共中央党校（国家行政学院）. https//www.ccps.gov.cn/xtt/202008/t20200822_142881.8html.

本书在长三角地区中小企业和金融发展宏观现状分析的基础上，按照货币市场与资本市场两个维度，建立分析框架，通过大样本问卷调查和实际访谈获取大量中小企业和银行等金融机构的一手数据，实证分析长三角地区中小企业在商业银行、小型金融机构、民间借贷等货币市场的金融需求与相对应的金融供给的匹配现状及存在的问题，以及长三角地区中小企业在创业板、新三板、科创板等资本市场上市融资的现状及存在的问题，并提出实现区域金融一体化的具体路径。

首先，支持长三角地区中小企业发展的货币市场金融体系研究，包括第四章至第十章。本部分主要关注中小企业融资需求、商业银行体系金融供给、民间金融综合改革试验区温州案例三个方面。其中，第四章通过对江苏、浙江、安徽三省1390家中小企业的问卷调查，实证分析样本中小企业商业银行、民间借贷、小型金融机构的融资需求及其障碍因素；第五章至第九章运用对江苏、浙江、安徽三省130家商业银行的问卷调查数据，实证分析商业银行针对中小企业的金融产品、金融服务等方面的金融供给及其与金融需求不匹配的原因；第十章通过对浙江省温州市金融监管局、民间借贷中心、邮政储蓄银行等部门的实际调研和访谈，案例分析温州民间金融综合改革方案的运行机制、满足中小企业融资需求规制供给方面已经取得的初步成效和进一步推广的路径设想。

其次，支持长三角地区中小企业发展的资本市场金融体系研究，包括第十一章至第十三章。本部分在对长三角地区中小企业资本市场上市现状分析的基础上，重点分析了长三角地区中小企业科创板上市、新三板上市、创业板上市的融资现状、融资效率、存在问题及其原因，并提出进一步发展的设想。

基于上述内容的综合考察，第十四章提出完善并健全长三角地区中小企业发展的金融支持一体化的体制机制建构研究。基于对长三角地区中小企业融资现状、货币市场和资本市场金融支持现状的调查分析，以及对国外管理实践的对比借鉴，针对长三角地区如何从过去各自为政的松散型金融走向紧密型金融的合作问题，提出长三角地区中小企业发展多层次、多主体、多产品金融支持体系的基本思路，以及借助互联网金融实现区域金融一体化的具体实现途径的对策建议。

本书的主要内容及结论如下：（1）目前长三角地区已初步建立了支持中小企业发展的金融体系，但是还存在一系列问题，通过运用问卷调查数据深入探析长三角地区中小企业的融资需求特征及其影响因素，在此基础上分析现有金融体系（直接金融体系、间接金融体系、金融保障体系）的缺陷，找出其产生的原因。（2）在间接金融领域，要充分发挥各种金融机构的作用，加强机构间的联合，创新产品，完善信贷管理流程，深化小企业金融服务。在直接金融领域，要构建多层次资本市场，大力发展创业板、新三板市场（包括柜台市场和场外交易市场），建立以产权交易为代表的场外市场，促进长三角地区中小企业股权的流通；创新债务融资工具，加大债券市场对中小企业的支持力度。（3）处于不同区域、不同成长阶段、不同行业的中小企业具有不同的融资需求特征，金融体系中不同的供给主体应合理定位其支持对象，构建适合长三角地区中小企业发展的多层次、多主体、多产品金融一体化体系。

本书的特色和价值如下。从资金需求方（中小企业）和资金供给方（银行金融和民间金融）、货币市场和资本市场两个维度，运用实地问卷调查数据，实证分析长三角地区中小企业的融资需求特征及现有金融体系在支持中小企业方面存在的不足、民间金融综合改革和互联网金融实践以及中小板、创业板、新三板资本市场的融资和发展现状，探讨建立长三角地区金融一体化，推动构建支持长三角地区中小企业可持续发展的多层次、多主体、多产品的金融体系。长三角地区中小微企业占比较高，长三角地区一体化发展虽然一直以来受到学界和政府的关注，但是实际运行并不理想，金融一体化的系统研究成果就更少。本书对长三角地区中小企业金融一体化的优化路径进行了深入探讨，研究成果不仅有助于长三角地区中小企业在融资约束方面解困，而且也将丰富和完善中国区域金融发展理论。

本书的学术创新主要体现在以下四点：一是研究视角的新颖性。本书突破以往货币市场研究视角的单一性，一方面，从资金需求方（中小企业）和资金供给方（正规金融和民间金融）两个角度对中小企业发展的货币金融市场现状进行分析，同时通过对中小企业融资需求途径以及正规金融和民间金融的资金供给特征的问卷调查，将需求特征与供给特征进行比较分析；另一方面，基于多层次资本市场视角，分别从创业板、科创板以及新三板分析中小企业直接融资现状与效率，进而发现货币金融体系以及资本市场体系支持中小企业融资的成效和不足，探析问题存在原因并提出相关的政策建议，提出既能满足中小企业融资需求又能激励金融系统金融供给的"双赢"效果。二是研究对象的针对性。本书按照最新发布的企业划型标准，分别对中小企业融资需求特征及金融支持现状进行分析，更加清晰细致地分析不同地区、不同规模中小企业的融资需求特征，探讨现有金融体系在支持不同地区、不同规模中小企业时存在的问题,分析问题存在的原因,并提出长三角区域金融一体化的更有针对性的政策建议。三是研究范围的广泛性。已有研究大多以某一省、某一地区的中小企业为样本,以长三角地区中小企业为样本的研究较少,因而在长三角地区不同区域中小企业的融资需求特征上仍存在研究空白。三省一市经济发展水平差异较大,各地的中小企业群体发展水平落差显著,即使同为中小企业群体发达的地区,其中小企业群体的发展特点也有很大差别。本书研究范围涉及江苏、浙江、安徽、上海三省一市,能更好地反映长三角地区不同省(市)间接金融和直接金融支持中小企业发展的现状。四是研究内容的多元性。本书不仅研究中小企业货币市场金融供求问题,而且研究中小企业资本市场上市融资问题。在货币市场金融方面,主要分析中小企业商业银行融资渠道,并在此基础上扩展研究民间金融、小型金融机构等渠道对中小企业融资的影响,充分肯定小型金融机构融资、民间金融对正规商业银行金融的互补作用。在资本市场融资方面,重点研究新三板、科创板以及创业板上市对中小企业直接融资的重要性。

目　　录

第一章 导 论

第一节 研究背景与意义

2018 年 11 月 5 日，国家主席习近平在首届中国国际进口博览会上宣布，支持长江三角洲区域一体化发展并上升为国家战略，着力落实新发展理念，构建现代化经济体系，推进更高起点的深化改革和更高层次的对外开放，同"一带一路"建设、京津冀协同发展、长江经济带发展、粤港澳大湾区建设相互配合，完善中国改革开放空间布局。2019 年 5 月 13 日，中共中央政治局会议通过了《长江三角洲区域一体化发展规划纲要》（以下简称《规划纲要》），指出长三角地区是我国经济发展最活跃、开放程度最高、创新能力最强的区域之一，在国家现代化建设大局和全方位开放格局中具有举足轻重的战略地位。推动长三角区域一体化发展，增强长三角地区创新能力和竞争能力，提高经济集聚度、区域连接性和政策协同效率，对引领全国高质量发展、建设现代化经济体系意义重大。2020 年 8 月 20 日，习近平总书记在主持召开扎实推进长三角一体化发展座谈会上强调，面对严峻复杂的形势，要更好推动长三角一体化发展，必须深刻认识长三角区域在国家经济社会发展中的地位和作用。加快形成以国内大循环为主体、国内国际双循环相互促进的新发展格局。可见，长三角地区不仅是国家战略聚焦地，而且是"一带一路"与长江经济带的交汇地带，是我国经济社会的发展的重要引擎和推动力，具有辐射带动作用。

根据《规划纲要》，长三角地区范围包括上海市、江苏省、浙江省、安徽省全域。以上海市，江苏省的南京、无锡、常州、苏州、南通、扬州、镇江、盐城、泰州，浙江省的杭州、宁波、温州、湖州、嘉兴、绍兴、金华、舟山、台州，安徽省的合肥、芜湖、马鞍山、铜陵、安庆、滁州、池州、宣城 27 个城市为中心区（面积 22.5 万平方公里），辐射带动长三角地区一体化以及高质量发展。以上海青浦、江苏吴江、浙江嘉善为长三角生态绿色一体化发展示范区（面积约 2300 平方公里），示范引领长三角地区更高质量一体化发展。以上海临港等地区为中国（上海）自由贸易试验区新片区，打造与国际通行规则相衔接、更具国际市场影响力和竞争力的特殊经济功能区。数据显示，2021 年，长三角地区以全域 35.8 万平方公里的面积（占全国土地面积 960 万平方公里的 3.73%）贡献了 24.14% 的国内生产总值，并在区域面积和人口规模（常住人口总量达 2.36 亿人）① 上显著超越了纽约大都市区、东京大都市区、巴黎大都市区以及伦敦大都市区等国际大型都市区，成为目前世界上面积和人口规模最大的超级经济区。由中国社会科学院财经战略研究院、社会科学文献出版社、中国社科院城市与竞争力研究中心发行的《城市竞争力蓝皮书：中国城市竞争力报告》中指出，"在城市和区域经济研究中，经过长期观察和反复比较，初步有了一个重大发现：长三角地区已经在原有基础上浮现出一个更大范围的世界超级经济区，并将带动中国区域经济格局发生重大变化"。

企业是市场经济活动的主要参与者，长三角地区经济的高质量发展离不开多类型活跃企业主体的重要贡献。其中，在长三角地区现有的企业中，中小企业的数量一直占据着主要位置，贡献了大部分的区域生产总值。根据 2016 年~2019 年《中国中小企业年鉴》数据，长三角地区的中小企业数量多年占整个地区企业的比重达 95% 以上，中小企业从业人员数也大多超过整个地区从业人数的 80%。可见，中小企业确实托起了长三角地区经济发展的半壁江山，已成为长三角地区经济发展的生力军和扩大社会就业、推动地区经济增长、促进科技创新与社会和谐的重要力量，其发展的好坏将直接影响到长三角地区经济发展的速度和质量。企业的发展离不开金融的支持，经过 10 多年的建设，长三角地区已经初步形成多样化的中小企业金融支持体系。近年来，受到国际金融危机等重大风险的严峻挑战，以及新冠肺炎疫情暴发以来国内外经济环境复杂变化的冲击，长三角地区中小企业的生产经营和发展中面临较大的不确定性，特别是部分小型和微型企业生产经营持续恶化。

为支持和保障中小企业顺利克服困难、健康发展，缓解中小企业融

---

① 区域面积数据来源于《长三角区域一体化发展规划纲要》；国内生产总值和常住人口总量根据长三角各省（市）2021 年国民经济和社会发展统计公报发布数据计算。

资困难，党中央、国务院相继出台了一系列相关政策，采取多项措施，提出着力解决小微型企业融资困难，鼓励金融机构创新服务小微企业的金融产品和信贷模式，并积极构建多层次资本市场。长三角地区的地方政府也相继出台了一系列加强中小企业金融支持的政策，如江苏省政府先后推出《关于鼓励和引导民间投资健康发展的实施意见》《"中小企业金融服务年"活动实施方案》《关于开展科技小额贷款公司试点的意见》《关于加大金融服务实体经济力度的意见》等政策文件；上海市促进中小企业发展协调办公室（以下简称中小企业办）、市担保基金管理中心和市中小企业服务中心签署"千家百亿信用担保融资计划"三方合作协议；为应对新冠肺炎疫情浙江省发布《浙江省新型冠状病毒感染的肺炎疫情防控领导小组关于支持小微企业渡过难关的意见》等。然而，从实际情况看，长三角地区中小企业融资难、融资贵的问题仍然未能从根本上解决，区域性的中小企业金融化支持体系也并未建立起来，存在市场分割和制约金融一体化循环的关键堵点，金融一体化严重滞后于经济一体化的发展，这与长三角地区经济一体化的发展战略极不相称。2022年3月25日，中共中央、国务院发布《关于加快建设全国统一大市场的意见》明确强调要加快发展统一的资本市场，这一举措旨在打破区域划分，促进资金要素资源在更大范围内畅通流动。在上述背景下，以长三角地区为对象，探析支持中小企业发展金融一体化的体制机制创新，为促进形成资金要素市场的一体化格局具有重要意义。因此，对长三角地区中小企业金融支持现状的调查和研究就显得非常迫切。现有银行金融体系供给相对于中小企业发展中的融资需求存在多大差距？该如何进一步完善？中小企业在多层次资本市场中融资现状如何？长三角地区区域金融一体化应该如何建设？这些问题都亟待解答。

第二节　研究目标与研究内容

一、研究目标

本书的研究目标在于从资金需求方（中小企业）和资金的供给方（银行金融和民间金融），以及货币市场和资本市场两个维度出发，综合运用问卷调查获得一手数据以及多层次资本市场上市（挂牌）企业的公开数据，分析长三角地区中小企业的信贷资金需求特征、民间金融综合改革进程以及科创板、创业板、新三板等资本市场的融资和发展现状，探析现有金融体系在支持中小企业方面存在的不足，并在此基础上，探讨如何推进长三角地区区域金融一体化，构建支持长三角地区中小企业可持续发展的多层次、多主体、多产品的金融体系，并提出针对性的政策建议。

二、研究内容

本书共有十五章内容，具体分为六个部分。

第一部分为导论，即第一章。包括研究背景与研究意义、研究目标与内容、研究方法与数据来源。

第二部分为相关概念、理论与文献综述，即第二章。该部分主要界定包括中小企业、中小企业外源融资渠道、按照信用中介划分的间接金融和直接金融、按照融资期限划分的货币市场与资本市场以及信贷产品潜在需求、有效需求与有效供给等在内的经济学名词的具体含义；详细介绍中小企业融资相关的经济学理论，主要包括现代企业融资理论、关系型信贷理论、信息不对称理论、金融成长周期理论等；对国内外相关文献进行综述，主要包括学术界对于中小企业融资状况相关研究进展的综合整理，并在此基础上进行研究评述，进而引申出本书研究的重要性与紧迫性。

第三部分为长三角地区金融支持中小企业发展现状，即第三章。该部分内容主要包括长三角地区中小企业发展现状、长三角地区货币市场发展现状、长三角地区资本市场发展现状，以及长三角地区金融支持中小企业现状，并在长三角地区金融市场发展基本概况基础上，构建本书的理论分析框架，为后续结合长三角地区中小企业在货币市场和资本市场的实际融资情况进行实证分析。

第四部分与第五部分为本书的本体部分，分货币市场与资本市场两个维度。

其中，第四部分货币市场的分析主要集中在第四章至第十章。第四章至第九章是江苏、浙江、安徽三省中小企业外源融资需求及金融机构的信贷供给现状比较分析。该部分主要包含两方面具体内容：一是对长三角地区江苏省、浙江省和安徽省 1390 家中小企业进行问卷调查，对三省样本中小企业的基本情况、民间借贷融资情况、小型金融机构融资情况、商业银行融资选择与信贷可获性以及中小企业融资利率、抵押品要求等中小企业融资成本进行比较分析，并通过构建科学的计量模型，实践分析阻碍中小企业获得银行贷款的关键因素；二是基于江苏、浙江、安徽三省7个地级市的130家含国有商业银行、股份制商业银行、城市商业银行以及农村合作金融组织等在内的银行类金融机构调研数据，针对三省商业银行中小企业贷款占比、中小金融组织机构设置、互联网平台设置、金融产品和金融服务的供给进行了比较研究，在肯定商业银行对中小企业金融供给取得成绩的基础上，指出不足并分析影响其中小企业贷款占比的因素，以促进商业银行进一步改进和提升对中小企业的金融服务水平。第十章是金融综合改革试验区——以温州为例的分析。该部分主要包含四方面的具体内容：一是从温州民间融资监管、资本市场、金融组织三大体系建设分析温州金融综合改革试验区运行机制；二是分别就温州指数引导民间借贷规范化、阳光化发展和民间借贷备案登记中心运行良好两个方面分析了金融综合改革三年取得的基本成效；三是指出温州金融综合改革存在的问题；四是温州金融综合改革进一步深化的基本设想，特别归纳总结了温州金融综合改革经验进一步推广的设想。

第五部分资本市场的分析主要集中在第十一章至十三章。其中，第十一章主要分析长三角地区科创板上市中小企业的融资效率现状以及影响其融资效率的关键因素；第十二章主要分析长三角地区新三板挂牌中小企业的融资效率现状以及影响其融资效率的关键因素；第十三章主要分析长三角地区创业板上市中小企业的融资效率现状以及影响其融资效率的关键因素。该部分包括三个章节的具体内容，分别在对长三角地区科创板市场、新三板市场、创业板市场支持中小企业发展现状介绍的基础上，重点分析长三角地区多层次资本市场上挂牌中小企业的融资效率，以及影响企业融资效率的关键因素。

第六部分为第十四章与第十五章。其中，第十四章主要聚焦于长三角地区金融支持中小企业发展的一体化体制机制创新研究；第十五章主要是全书研究结论以及一些尚待进一步研究的问题归纳。具体而言，基于对长三角地区中小企业融资现状、货币市场和资本市场金融支持现状的调查分析，以及对国外管理实践的对比借鉴，针对长三角地区如何从过去各自为政的松散型金融走向紧密型金融的合作问题，提出长三角地区中小企业发展多层次、多主体、多产品金融支持一体化的创新体系，并进一步从六个方面提出实现这一创新体系的具体路径及对策建议。

第三节　研究方法与数据来源

一、研究方法

本书采用多元化的研究方法，包括问卷调查法、案例分析法以及比较分析法等。

一是问卷调查法。问卷调研法是社会学、经济学等社会科学领域被用来采集相关研究对象多种指标特征数据的一种常用工具。本书从中小企业金融需求和商业银行金融供给两个层面对长三角地区各区域中小企业和商业银行进行抽样调查，通过发放问卷了解样本中小企业的融资现状和商业银行的支持状况，并基于调查数据建立计量模型。

二是案例分析法。案例分析法指是对有代表性的事物进行深入分析从而获得总体认识的一种科学分析方法。本书通过对温州民间金融综合改革试验区的典型案例进行调查研究，可以将案例地区金融综合改革成效及时进行经验总结，及早发现问题，并对其存在问题的原因进行更深入的分析，有利于进一步推广。

三是比较分析法。比较分析法一般又被称为对比分析法，指通过运用相同指标变量衡量不同研究对象的经济特征表现，以分析不同研究对象相关经济行为绩效的差异性。本书的研究对象聚焦于长三角地区的中小企业在银行以及资本市场融资情况，其中，长三角地区在经济发展水平以及市场主体的融资需求等方面均存在差异性，同样中小企业因为自身规模大小等原因也会表现出融资特征、金融供给约束的差异性，因此需要运用比较分析法，比较出其同质性和各自的异质性特征，有利于提出更有针对性的解决方案。

二、数据来源

（一）三省中小企业融资需求途径及阻碍因素实证分析的数据来源

江苏、浙江、安徽三省同处长三角地区，但是由于地区之间经济结构和经济发展程度的差异，不同地区企业特征呈现出各自的特点。为了使样本更加具有代表性，能基本反映三省中小企业的发展水平，本部分研究中采用分层抽样的方法，选择了江苏省苏州市、常州市、泰州市、连云港市、徐州市五个地级市；浙江省宁波市、温州市两个地级市；安徽省宣城市、滁州市两个地级市为样本调研市。

实际调查开展于 2015 年 6 月至 2018 年 6 月，通过问卷调查、实地访谈、网络调查等方式，对三省 9 个城市的中小企业发放调查问卷，其中江苏省实际回收有效问卷 674 份，浙江省实际回收有效问卷 538 份，安徽省实际回收有效问卷 178 份，三省合计有效问卷 1390 份。按照工信部等四部委制定的《中小企业划型标准规定》标准划分，1390 家中小企业中，中型企业 149 家，占比 10.7%；小型企业 910 家，占比 65.5%；微型企业 331 家，占比 23.8%。

（二）三省多类型银行类金融机构支持中小企业发展的样本数据来源

本部分研究选择江苏省、浙江省、安徽省的 9 个地级市为样本区域，以较为全面地反映三省商业银行对中小企业的金融服务现状，采用分层随机抽样方法在每个地级市选择 5～10 家商业银行作为样本银行。实际调查开展于 2015 年 6 月至 2018 年 6 月，共收回有效问卷 130 份，其中江苏省 52 份，浙江省 65 份，安徽省 13 份。涉及国有银行 35 家，占比 26.92%，分别是江苏 25 家、浙江 6 家和安徽 4 家；股份制银行 16 家，占比 12.31%，分别是江苏 9 家、浙江 6 家和安徽 1 家；城市商业银行 1 家，属于江苏，占比 0.77%；农村商业银行 16 家，占比 12.31%，分别是江苏 12 家和安徽 4 家；31 家浙江的农村合作银行，占比 23.85%；邮政储蓄银行 5 家，占比 3.85%，分别是江苏 3 家和安徽 2 家；村镇银行 26 家，占比 20%，分别是江苏 2 家、浙江 22 家和安徽 2 家。

（三）案例分析的数据来源

温州民间金融综合改革试验区的相关数据和相关材料，来自 2016～2021 年温州市金融监管局、民间接待登记服务中心和温州市邮政储蓄银行。

（四）长三角地区中小企业资本市场融资现状分析的数据来源

长三角地区中小企业科创板、创业板上市融资发展现状的数据，来源于企业按证监会要求发布的招股说明书和年度定期报告，部分数据来自 CCER 数据库、Wind 资讯及企业网站主页；新三板挂牌企业的数据全部来自 Wind 数据库全国中小企业股份转让系统板块。

第二章 相关概念、理论与文献综述

第一节 相关概念界定

一、中小企业

本书对中小企业的界定，以工业和信息化部、国家统计局等四部门于2011年6月18日联合发布的《中小企业划型标准规定》为标准，划分为中型、小型、微型三种类型，主要参照企业的营业收入、从业人员以及资产总额等指标，同时结合具体行业的实际特征进行细分（见表2-1）。此外，目前工业和信息化部正在牵头推进《中小企业划型标准规定》修订工作。

表2-1 中小企业划型标准

行业名称	指标名称	大型	中型	小型	微型
农、林、牧、渔业	营业收入	Y≥20000	500≤Y<20000	50≤Y<500	Y<50
工业	从业人员	X≥1000	300≤X<1000	20≤X<300	X<20
	营业收入	Y≥40000	2000≤Y<40000	300≤Y<2000	Y<300
建筑业	营业收入	Y≥80000	6000≤Y<80000	300≤Y<6000	Y<300
	资产总额	Z≥80000	5000≤Z<80000	300≤Z<5000	Z<300
批发业	从业人员	X≥200	20≤X<200	5≤X<20	X<5
	营业收入	Y≥40000	5000≤Y<40000	1000≤Y<5000	Y<1000
零售业	从业人员	X≥300	50≤X<300	10≤X<50	X<10
	营业收入	Y≥20000	500≤Y<20000	100≤Y<500	Y<100

行业名称	指标名称	大型	中型	小型	微型
交通运输业	从业人员	X≥1000	300≤X<1000	20≤X<300	X<20
	营业收入	Y≥30000	3000≤Y<30000	200≤Y<3000	Y<200
仓储业	从业人员	X≥200	100≤X<200	20≤X<100	X<20
	营业收入	Y≥30000	1000≤Y<30000	100≤Y<1000	Y<100
邮政业	从业人员	X≥1000	300≤X<1000	20≤X<300	X<20
	营业收入	Y≥30000	2000≤Y<30000	100≤Y<2000	Y<100
住宿业	从业人员	X≥300	100≤X<300	10≤X<100	X<10
	营业收入	Y≥10000	2000≤Y<10000	100≤Y<2000	Y<100
餐饮业	从业人员	X≥300	100≤X<300	10≤X<100	X<10
	营业收入	Y≥10000	2000≤Y<10000	100≤Y<2000	Y<100
信息传输业	从业人员	X≥2000	100≤X<2000	10≤X<100	X<10
	营业收入	Y≥100000	1000≤Y<100000	100≤Y<1000	Y<100
软件和信息技术服务	从业人员	X≥300	100≤X<300	10≤X<100	X<10
	营业收入	Y≥10000	1000≤Y<10000	50≤Y<1000	Y<50
房地产开发经营	营业收入	Y≥200000	1000≤Y<200000	100≤Y<1000	Y<100
	资产总额	Z≥10000	5000≤Z<10000	2000≤Z<5000	Z<2000
物业管理	从业人员	X≥1000	300≤X<1000	100≤X<300	X<100
	营业收入	Y≥5000	1000≤Y<5000	500≤Y<1000	Y<500
租赁和商务服务业	从业人员	X≥300	100≤X<300	10≤X<100	X<10
	资产总额	Z≥120000	8000≤Z<120000	100≤Z<8000	Z<100
其他未列明行业	从业人员	X≥300	100≤X<300	10≤X<100	X<10

注：从业人员用 X 表示，单位：人；营业收入用 Y 表示，单位：万元。

二、中小企业外源融资渠道

中小企业发展离不开资金支持，通常除内源融资外，离不开外源融资。其中，按照是否需要通过信用中介实现融资需求，外源融资又可以分为间接融资和直接融资两类；同时，按照融资期限长短分为货币市场融资与资本市场融资。一般中小企业经常利用的间接融资渠道主要是银行金融和小额贷款公司、村镇银行、资金互助社等小型金融机构融资，直接融资渠道主要是民间金融、商业信用、中小板上市、创业板上市、科创板上市和新三板上市（见图 2 - 1）。

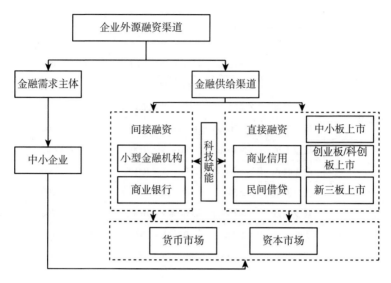

图 2 - 1   中小企业外源融资渠道

三、间接金融与直接金融

（一）间接金融

间接金融所描述的资金融通行为并非借款人与贷款人直接签订债权债务关系，而是通过信用中介来实现。具体而言，首先由金融机构以存款等方式吸纳借款人的资金，金融机构与存款人之间形成债务债权关系；随后由金融机构将资金借贷给实际借款人，金融机构与借款人之间形成债权债务关系。简而言之，该融资方式通过信用中介间接地把资金从供给者手中传递到了需求者手中，包括股权融资与债权融资。其中，银行类金融机构的贷款产品是间接的债权融资的主要代表；而风险资本投资是间接股权融资的主要代表。本书主要聚焦于间接债权融资的分析，主要的中介包括银行类金融机构与小型新型金融机构。

1. 银行类金融机构

银行类金融机构的贷款产品作为间接的债权融资的主要代表，一般指的是由银行类金融机构承担信用中介的职能，通过存款产品聚集借款人的资金，再通过贷款产品实现资金的再分配，进而实现存款人与借款人之间的资金融通。其中，存款者以存款等形式将资金储蓄在银行类金融机构，形成相应的债权债务关系，银行类金融机构再把资金提供给需求者，又与资金需求者形成了债权债务关系。以目前我国的实际情况来看，银行类金融机构主要包括国有商业银行、股份制商业银行、城市商业银行、农村商业银行等。

2. 小型新型金融机构

本书对于小型新型金融机构类型的细分，主要包括银监会于 2006 年12 月 20 日发布的《关于调整放宽农村地区银行业金融机构准入政策更好支持社会主义新农村建设的若干意见》（以下简称《若干意见》）中提到的村镇银行、专营贷款业务的全资子公司；2007 年 1 月 22 日，银监会发布的《农村资金互助社管理暂行规定》（以下简称《暂行规定》）中明确规定的农村资金互助社；以及 2008 年 5 月 8 日，中国人民银行牵头发布的《关于小额贷款公司试点的指导意见》（以下简称《指导意见》）中正式提出的小额贷款公司。上述四类小型新型金融机构的具体定义如下。

第一类是村镇银行。按照《若干意见》中的描述，村镇银行需满足以下几方面特征：一是符合相关法律法规的要求，并受到我国银行业监督管理部门的批准与许可；二是出资人范围包括境内外金融机构、境内非金融机构企业法人以及境内自然人；三是需要设立在农村地区，并且其金融业务主要服务于"三农"发展；四是就村镇银行的具体经营金融业务而言，包括吸收所服务区域公众的存款业务，发放各种期限类型的贷款业务，以及结算、贴现、代理等银行类表外业务。同时，还包括行业的监督管理部门许可的其他业务。

第二类是专营贷款业务的全资子公司。按照《若干意见》中的描述，专营贷款业务的全资子公司具有以下几方面特征：一是需要符合相关法律法规的要求，并受到我国银行业监督管理部门的批准与许可；二是出资人范围包括境内商业银行或农村合作银行，资产规模超过人民币 50 亿元，且资本充足率、资产损失准备充足率以及不良资产率等主要审慎监管指标符合监管要求；三是在农村地区设立专营贷款业务的全资子公司，注册资本不得低于人民币 50 万元。四是专营贷款业务的全资子公司其业务专门服务于县域"三农"经济发展，可根据本地产业结构或信贷管理的实际需要，在同等条件下，适量选聘具有农业技术专长的人员作为其董（理）事、高级管理人员，或从事信贷管理工作。

第三类是农村资金互助社。按照《暂行规定》中的描述，农村资金互助社具有以下几方面特征：一是需要符合相关法律法规的要求，并受到我国银行业监督管理部门的批准与许可；二是出资人一般包括农村地区的农民和农村小微企业主体自愿入股形成；三是由于农村资金互助社被定位为社区互助性银行业金融机构，因此可以为社员提供类存款业务，一般称为股金，同时也可以为社员实施贷款、结算等业务。具体而言，一方面，就表内业务而言，农村资金互助社可以通过吸纳社员股金，接受社会团体捐赠等方式实施负债业务，以作为农村资金互助社的主要资金来源；同时，农村资金互助社可以对社员发放一定数额的贷款，以满足社员的一定数量的资金需求。值得注意的是，为了控制风险，农村资金互助社不允许吸纳非社员公众的资金，也不可以为非社员提供贷款等资产业务。另一方面，就表外业务而言，农村资金互助社还可以为社员提供结算类业务。

第四类是小额贷款公司。按照《指导意见》中的描述，小额贷款公司满足以下几方面特征：一是需要符合相关法律法规的要求，并受到我国银行业监督管理部门的批准与许可；二是出资人范围包括自然人、企业法人与其他社会组织；三是小额贷款公司被禁止吸纳公众存款类负债业务，但是可以经营小额贷款等资产业务。具体而言，就负债而言，小额贷款公司的负债业务主要来源于企业的自有资本金以及社会的捐赠金，还包括两个以内的银行类金融股机构的资金供给。就资产而言，小额贷款公司的贷款业务主要坚持小额、分散的原则，鼓励服务于"三农"以及小微企业的资金需求。

（二）直接金融

直接金融所描述的资金融通行为借款人与贷款人直接签订债权债务关系，不需要通过信用中介来实现，一般由资金供给者直接购买资金需求者在市场上发售的证券凭证，进而实现借款人与贷款人之间的资金融通。直接金融既包括股权融资，也包括债权融资。其中，股票交易是直接股权融资的主要代表，而债券交易是直接债权融资的主要代表，具体而言，直接金融包括以下几种类型。

一是民间金融。民间金融是指除银监会监管下的正规金融机构和各地方政府监管下的新型金融机构以外，由民间自发建立的金融组织或个人独立开展金融服务和其他相关金融交易，民间金融组织的产权属民间所有，主要包括两种类型：一类是指亲友间的私人借贷；另一类是合会、私人钱庄等民间金融组织等。

二是商业信用。商业信用主要指的是企业间在商品交易过程中，以多种形式形成的在商品与货币间存在跨期交付的借贷关系，主要包括赊购、预收货款、商业汇票等。其中，赊购指的是下游企业预先购入所需商品，但实施延迟付款的商业信用方式，它可以暂时弥补企业资金短缺的困难；预收货款指的是作为卖方的企业在尚未实际实施商品交付时，预先收取商品款项的商业信用方式，它主要缓解的是卖方短期资金短缺问题；商业汇票指的是企业间在商品交易时由于延迟支付而开具的能够反映企业间债权债务关系，并且在到期或见票后能够得到资金偿付的票据。按照承兑主体的不同，商业汇票又分为商业承兑汇票和银行承兑汇票。

三是上市融资。企业上市指的是企业首次公开募股，即企业通过上市发行股票的方式向社会直接募集企业所需求资金。目前，可供上市的证券二级市场主要包括主板、中小企业板、创业板、科创板和新三板等；主要的证券交易所包括上海证券交易所、深圳证券交易所、北京证券交易所。

四、货币市场与资本市场

（一）货币市场

货币市场主要是指以 1 年以内金融资产为主要交易对象的金融市场，主要满足不同主体的短期自己需求。具体而言，货币市场主要包括同业拆借市场、票据贴现市场、回购市场、短期债券市场等；涉及的金融中介主要包括商业银行、小型金融机构以及民间借贷等。

（二）资本市场

资本市场主要是指以 1 年以上金融资产为主要交易对象的金融市场，包括股票市场、中长期银行信贷市场、债券市场以及投资基金市场等。其中，证券市场是资本市场中重要的组成部分，其通过公开发行股票和企业主体债券能够实现大规模中长期资金的积聚，同时还存在着非常活跃的二级市场以实现证券的自由流通，有着很强的灵活性。由于本书以中小企业为研究对象，因此将重点分析创业板市场、科创板市场以及新三板市场。

一是创业板市场。创业板于 2009 年 10 月 23 日开市，一般又被称作二板市场，一般专门为暂时无法在主板上市的中小企业、新型企业提供上市融资渠道的证券发行与交易市场。在创业板上市的企业大多经营科技创新类业务，具有较高的成长性，但仍处于前期，规模较小，业绩相对主板企业较为薄弱。总的来看，创业板是我国多层次资本市场体系中的重要组成部分，是对主板市场的重要补充。

二是科创板市场。科创板始于 2018 年 11 月 5 日，在首届中国国际进口博览会开幕式上宣布设立。科创板设立时最大的特征是实施注册制试点，其主要的上市企业类型集中于新型数字信息技术、高端装备、新材料、新能源以及节能环保等科技创新企业，并且该类企业需符合国家战略、突破关键核心技术、满足市场认可度等需要，以引领中高端消费，实现我国市场主体发展的质量变革、效率变革和动力变革。

三是新三板市场。新三板市场源于中关村科技园区非上市企业的股份转让试点，目前该市场范围已经扩展为全国中小企业股份交易系统。按照 2013 年 12 月 14 日，国务院印发的《关于全国中小企业股份转让系统有关问题的决定》中的相关规定，新三板的服务对象主要是暂时无法在上交所、深交所各板块上市的创新型、创业型、成长型中小企业。就企业挂牌的门槛而言，新三板并没有设置相关的财务指标限制，只要企业在股权结构、经营规范程度以及公司治理等方面有效履行信息披露义务就可以申请挂牌。根据新三板市场中的分层设置，企业类型包括精选层、创新层与基础层，其中，随着 2021 年 11 月 15 日北交所的开市，新三板 71 家精选层原有企业已经率先实现上市。

五、信贷产品有效需求与潜在需求

按照经济学相关定义，有效需求不仅包括消费者有意愿，还应该包括满足其意愿的能力，即有效需求指具有支付能力的需求。人们在实现自身需求时遵循有限收入条件下的效用最大化原则，因此需要受到来自收入、效用以及其他因素的限制，并不能够无限满足。对于人们想实现并且可以实现的需求被称为有效需求。在信贷产品方面，很多中小企业存在多样化的融资需求，但其为满足融资需求必须支付利息、时间成本以及其他隐性成本，很多企业的信贷产品需求无力满足这些条件而不能成为有效需求。由于中小企业对于信贷产品的使用意愿难以通过调查问卷进行观察和测量，因此，本书的相关章节中通过调查问卷的方式对样本中小企业实际可获得的信贷产品进行统计描述，其中信贷产品有效需求指中小企业实际信贷产品可获率，即中小企业愿意使用且已经使用相应的信贷产品占比情况。

本书所指的潜在需求与上述的有效需求是一组可以相互转化的概念，指的是消费者虽然有明确消费的欲望，但由于诸多原因并没有展示出来或者并没有得到满足，当相关条件被满足时，潜在需求将实现向有效需求的转化。因此，通过其定义，可以看出潜在需求有三个特点：主观性、并存性和转化性。潜在需求根据原因大体上可以分为四类：购买力不足导致的潜在需求、适销商品短缺导致的潜在需求、商品不熟悉导致的潜在需求和市场竞争倾向导致的潜在需求。对应到本书相关章节的研究对象为中小企业对商业银行提供的信贷产品的选择行为，因此其可能存在潜在需求，这个需求可能是由于企业相关资质无法满足导致，而对于企业对信贷产品的潜在需求现状的研究，有助于商业银行根据现实供给现状进行调整，准确把握市场发展动态，进行更有针对性的产品创新。

六、信贷产品有效供给

有效供给是与消费者的有效需求相对应的一个概念，从经济学上来说，指的是与消费需求和消费能力相适应的供给，因为供给是厂商或者产品供给者的自主行为，而供给量或者供给种类的抉择取决于消费者的消费需求和消费能力，一旦两者其一不满足，都有可能出现产品供给不足或供给过剩，即有效供给能够实现产品的供需平衡。具体到本书相关章节中的研究对象是信贷产品，商业银行是信贷产品的供给者，其供给行为并非盲目供给，而是与企业的实际需求或者有效需求相对应的，只有企业有意愿且有能力使用相应的信贷产品，银行才能够实现有效供给，任何一个前提的缺失，都有可能造成银行或者市场的金融资源浪费，也就是无效供给。在现实应用中，由于缺乏足够的市场调研等诸多原因，商业银行提供的较多信贷产品可能缺乏相应的应用条件，导致无效供给。

第二节 融资相关理论

截至目前，国外关于中小企业融资问题的研究成果已经形成了一定的理论体系。麦克米伦（Macmillan，1931）最早研究了企业融资难问题，他首次指出企业的融资受其规模的影响，即认为企业资金的缺口不能够通过资金供给方得到无条件满足，这是对中小企业融资难现象最早的关注。目前，资本融资结构理论是分析企业融资问题的理论基石，其中莫迪利亚尼—米勒定理（MM定理）是现代资本结构理论的核心。虽然，该理论的假设条件比较严苛，但是它作为资本融资理论的开端，为后续理论的发展做了很好的铺垫和开拓。随后学术界在放松严格的假设条件的基础上，形成了现代融资结构理论体系。

一、现代企业融资理论的开端——MM 定理

MM 定理始于 1958 年，由莫迪利亚尼和米勒在《资本成本、公司财务与投资理论》一文中提出。该理论基于对企业资本与市场价值间的关系

进行深度分析，在净营业收益理论的基础上通过数学方式推导出结论：市场完善的情况下，企业资本结构与企业市场价值不存在任何关联，也就是说，不管企业运用的融资方式是怎么样的，都不会对企业的市场价值存在影响。

二、现代资本结构理论

(一) 权衡理论

权衡理论的内容是指企业在做出融资决策的过程中，会对多项因素进行权衡考量，强调在平衡债务利息的抵税收益与财务困境成本的基础上，实现企业价值最大化。一旦企业的负债成本不断上升，企业的财务风险就会暴露，企业价值就会降低。布拉德利等（Bradley et al.，1984）总结发展了前人的学术研究成果，将其以最优资本结构下的单一时期数学模型的形式表达了出来。该模型表明企业存在一个最优债务权益比率，该比率主要的决定因素即为企业的财务困境成本、代理成本以及债务融资利息税减免所得的政策，这个比率即可以保证公司的资本结构为最佳资本结构。

(二) 代理成本理论

詹森和麦克林（Jensen & Meckling，1976）首先提出了代理成本的相关概念，将其定义为为了解决由于委托代理而产生的经济问题时所付出的交易成本。他们通过观察企业股东与经理之间的利益冲突问题，认为该冲突会导致代理成本的产生，进而影响企业的目标资本结构。布劳（Brau，2002）研究了代理成本是否会影响商业银行对企业的贷款意愿，发现代理成本对银行的贷款意愿完全没有影响，而主要的影响因素包括企业规模、银企关系、企业的经营年限和负债水平等。

(三) 生命周期理论

现代金融理论认为企业就像婴儿的成长一样是存在生命周期的，斯特拉罕和韦斯顿（Weston & Strahan，1996）最早将企业的生命周期进行了划分，包括初创期、成长期、成熟期和衰退期，其中成长期又可以分为不同的三个成长阶段，因此企业在不同的生命周期中可能存在不同的融资行为。因此，伯格和尤德尔（Berger & Udell，1998）对此展开了较为细致的研究，确实发现企业在生命周期中的每一个阶段由于企业的成长性和要素禀赋的不同，会进行差异化的融资安排，该理论即为企业金融成长周期理论，该理论的具体内容是：首先，当企业处于初创期的时候，企业的经营还没有规范化，经营还存在不透明、信息闭塞的现象，此时选择的融资方式主要是内部融资；其次，当企业处于不断发展壮大的成长过程中时，企业的经营更加规范化，企业的要素禀赋也更加丰富，因此其融资渠道也会不断拓展，此时的主要融资渠道即为外部的具有金融中介作用的金融机构；最后，当企业处于成熟期的时候，企业已经具有规模效应，可以通过直接融资市场发行债券或者股票的方式获得资金。

三、关系型信贷理论

伯林和麦斯特（Berlin & Mester，1998）聚焦于银行贷款业务类型的分析，将其细分为以市场为基础的交易型贷款以及关系型贷款两类。其中，前者大多表现出单次发生、无重复特征，而后者表现为银企长期信息交流前提下的多频次的信贷关系。伯格和尤德尔（2002）认为前者贷款的发生是以企业硬信息传递为基础的信贷关系，而后者信贷关系的发生则依靠的是软信息，这类信息往往存在较大的主观性，缺乏可以有效计量的数据。其中，硬信息是能够数量化或统计分析处理、容易储存和以非人员方式（如电脑、网络等）进行传递，而且其内容独立于信息收集过程的信息，如财务报表、可抵押资产的数量与质量、业务往来及支付记录、信用评分等级档案等，具有可量化和可查证的属性或特征。而软信息则不同，它的传递要以如意见、观点、新闻、经济计划、未来的管理规划和市场评论等文本或口头交流的方式进行，很难以数量化的方式进行准确传递，信息收集过程也必须通过专人亲自收集而不能委托他人来代理，而且信息的收集人本身就是信息内容的一部分，甚至他还是信息的使用人或以此信息进行经营决策的人。

四、信贷配给与信息不对称理论

在信贷市场上，存在着信息不对称现象。虽然商业银行可以通过企业的公开信息了解企业的运营状况，但是却难以了解企业的内部审计情况以及企业主的社会关系等软信息，对于这些借款者的风险衡量就存在着相对的不对称。斯蒂格利茨和威斯（Stiglitz & Weiss，1981）通过规范的理论和实证研究首次提出信贷配给理论，在信贷中存在这样的现象：在确定的贷款利率水平下，信贷需求会大于信贷供给，因此会造成部分企业的信贷需求被满足，而有的企业即使付出高利率的代价，也难以获得贷款，还有一部分只能获取申请的部分贷款。该理论认为造成企业信贷配给最主要的原因是金融市场中的信息不对称性导致的逆向选择与道德风险现象普遍存在，而在面临逆向选择及道德风险时，商业银行通过信贷配给来实现供需均衡，而不是通过提高利率，部分借款申请人的愿望不会得到全部或者部分满足。而韦特（Whette，1983）也提出了一个信贷配给模型，对前者假设条件进行了放松，其研究结论认为除了利率这个信贷影响因素之外，银行对抵押品的要求也是造成商业银行存在信贷配给现象的一个主要因素。之后贝斯特（Bester，1987）研究认为抵押品的数量成为商业银行划分不同风险水平企业的主要依据，也就此进行信贷配给的选择。威廉姆森（Williamson，1987）着重关注信贷配给中的监督成本问题，他提出信息不对称显著提升了信贷的监督成本，因此会弱化高利率带来的高收益的影响。施密特（Schmidt-Mohr，1997）在放松风险假设的条件下，求出了垄断信贷市场和竞争信贷市场两种机制下的均衡解。至此，信贷模型的研究已经较为成熟，不同的假设条件也在不断被弱化、放松，该模型一致认为信息不对称是造成中小企业融资难的主要原因，但却无法解释为何大企业往往总能获得信贷供给。

五、金融抑制理论

部分学者认为信贷市场的不完善是受到金融抑制的结果，麦金农和肖（Mekinnon & Shaw，1973）针对发展中国家提出了金融抑制理论，后续较多学者对于金融约束理论进行了补充研究，研究认为在金融压抑下，政府倾向于将有限的金融资源优先分配到国有企业或者大型项目，众多的中小企业成为被忽视的融资主体。市场竞争机制的不完善导致商业银行不重视中小企业的融资需求，尽管其受到国家较强的动力支持和政策激励。

后有研究指出，中小企业在正规金融渠道无法满足资金需求的前提下，会倾向于通过一些非正规金融渠道去寻求贷款，这些渠道对抵押品的要求较低，由于非正规金融缺乏明确的法律约束，因此这些信贷结果的解决往往会产生诸多的法律纠纷。有关于企业融资理论的国外研究成果为建设中小企业融资体系起到了巨大的意义和作用，也为国内学者对中小企业融资体系建设展开研究做出了很好的铺垫。

六、新优序融资理论

融资次序理论始提出于 1984 年，提出者为迈尔斯。该理论表明，中小企业的融资顺序应该是先内源后外源，也就是说先选择交易成本低或者不具备交易成本的内源融资，接着才是外源融资。针对外源融资，应该先把交易成本低或者不具备交易成本的债务融资视为优先，股权融资排在第二位。融资次序理论并没有对中小企业的信用情况和规模大小等影响因素多加考虑，尤其是在中小企业还存在信息不对称的情况下，它主要考虑中小企业的短期融资需求，过分强调了信息对中小企业融资结构起到的影响，所以，它的基础假设是无法得到经验数据支持的。因而，安格（Ang，1991）的新优序融资理论就是在对所有者资金注入情况下进行充分考虑后得出的。新理论表示，中小企业的融资顺序是首先选择没有股息或者股息低的内源融资，其次才是所有者筹措资金，最后是外源债务融资。实践证明，该理论可以充分适用于中小企业，并且已被中小企业视为融资问题研究中的重量级理论模式。霍沃思（Howorth，2001）表示，中小企业不能全然根据常用性融资顺序来融资，主要是因为很多中小企业都把控制权看得格外重要。即便新优序融资理论是相对比较适用于中小企业的，但是它并非是没有任何缺陷的，它的缺陷是难以在不同的成长阶段看出资本结构变化动态趋势，假如新优序融资理论能够和融资周期理论综合运用的话，新优序融资理论的很多缺陷就能够在融资周期理论的作用下减少。

七、金融成长周期理论

金融周期理论主要关注中小企业在不同成长时点上的融资结构动态规律，该理论认为企业所处的成长阶段与在外源融资中受到的约束成正比，所处的成长阶段越早，受到的约束越大，融资渠道也就越窄。具体而言，伯格和尤德尔（1998）在研究中发现，中小企业所处的成长阶段不同，信息限制要求、资金需求及规模等都会出现差异，所以融资结构会随着不同成长阶段发生改变，为了能够符合中小企业各个阶段的实际情况，就要对其不断做出调整直至满足。弗卢克（Fluck，2000）通过研究发现在中小企业发展初期，融资结构的占比顺序依次是外源融资、留存收益融资以及长期债务融资。

八、控制权理论

控制权理论主要通过分析企业对资本结构股权和负债的选择来了解治理结构效率，认为企业融资结构会对企业的收入分配和控制权分配等方面产生显著影响，即企业自身治理结构效率一定程度上依赖于企业的融资结构。契特登等（Chittenden et al.，1996）指出中小企业对于内源融资与保守融资渠道的偏好，主要为了避免失去企业的控制权。米什拉和马康卫（Mishra & Mcconaughy，1999）研究发现，经营能力资产专用性过高是促使小微企业主热衷于掌握控制权的要因。

虽然国外关于中小企业的融资理论研究相对更加成熟科学，但大多是从信息不对称、企业角度以及企业主个人角度来探析的，体系模式都还有待健全，也还需要更多的学者对其做出更加全面的实证研究。

第三节　文献综述

一、国外相关研究

20 世纪 30 年代初，诸多英国中小企业在世界金融危机的背景下被迫宣布破产。麦克米伦于 1931 年首次提出了"麦克米伦缺口"理论，表示金融行业的资金供给很难满足中小企业的资本需求，"麦克米伦缺口"是限制企业长期发展的关键要因。对于中小企业融资存在信贷缺口问题的研究，国外学术界首先关注的是各国的金融体制对着企业的融资结构和融资方式的深刻影响。1973 年，麦金农等学者提出了著名的金融抑制和金融深化理论。后来，穆尔多克等也针对金融抑制理论做出了很多研究。具体而言，金融深化论指出，合适的金融体制有利于缓解经济发展被压制的问题，推动国民经济的增长，反之，则会阻碍国民经济的发展。金融抑制指的是政府部门对于金融市场的管制较多，呈现出明显的传统与现代金融机构并存的二元结构，综合表现出企业主体融资渠道单一，金融市场并不活跃等特征，这些情形普遍存在于在发展中国家。上述金融体制的不健全直接造成金融市场的落后，同时难以有效发挥金融变量的功能，各经济单位之间相对隔绝，资金融通受到限制。迈尔斯（Myers，1972）基于对企业的融资情况的大量实证和模型分析认为，为发挥市场效益，促进国民经济发展，公共政策的制定应该在更大程度上向中小企业倾斜，给予中小企业资金和成长等方面的支持。达拉特（Darrat，1999）认为，金融深化和企业融资经济增长两者具有长期性的关系，应随着企业发展变化和金融产品的创新，多方面讨论金融深化对企业融资的可获得性的影响。保罗（Paul，2008）认为通过降低金融抑制程度，增加信贷市场上的竞争主体，可显著提高企业主体获取资金的效率与规模。

　　然而，针对金融深化进程中仍然存在的中小企业融资难问题的解释，斯蒂格利茨和威斯（1981）基于信息经济学视角分析，认为造成企业信贷配给最主要的原因是金融市场中的信息不对称性导致的逆向选择与道德风险现象普遍存在，为了规避由于逆向选择与道德风险产生的信贷风险，银行将利润率水平调整到了均衡状态，并加大限制信用等级较低的企业贷款，视信用等级高的企业为主要客户，并鼓励这些企业贷款，以此规避坏账风险等，进而导致信贷配给在金融市场中长期存在，即信息的不对称直接模糊了正规的金融机构对还款能力的判别，最后选择放弃对企业的信贷。德瓦特里庞和马斯金（Dewatripant & Maskin，1995）等认为，因为"预算软约束"问题易于出现在中小企业的信贷中，所以银行通常都不会贷款给小微企业，基本上都只为信誉良好的"大客户"提供信贷服务。伯格和尤德尔（1998）指出受到规模较小、管理规范程度低、信息披露标准程度低等限制，中小企业往往很难向外展示其真实的经营状况，增加了其从外部融资的难度。而且小企业多以家庭经营为主，管理者更注重企业的控制权，因此在企业出现资金缺口时更愿意选择内部融资。尼格里尼和斯科比（Nigrini & Schoombee，2002）揭示出很多制约中小企业发展的因素，如其中的信用情况不良的因素在一定程度上加大银行不良贷款的风险，从而阻碍中小企业的发展。安倍正人等（Masato Abe et al.，2015）从另一个方面指出，银行之间的信息不对称，加上很多中小企业不能有效地管理流动资金，这些问题都制约了企业的贷款申请，增加了中小企业贷款难度。

二、国内相关研究

　　从时间上看，国内关于中小企业融资问题的研究开展的时间要晚于国外的研究，但是在研究取得的成果上，国内学者的研究成果仍然是非常丰富的。本部分内容一方面聚焦于商业银行等银行类机构与中小企业的信贷产品的供需匹配问题，分别从中小企业信贷需求、商业银行的信贷产品供给以及信贷产品市场供需匹配的影响因素三方面展开，梳理国内学者的相关研究基础；另一方面就中小企业在资本市场的融资效率问题，对国内学者的现有研究进行一个大致的梳理。

（一）中小企业商业银行信贷问题研究综述

1. 中小企业的银行融资难问题研究综述

我国商业银行对中小企业信用中介职能的长期缺失，导致了严重的中小企业的融资约束难题（赵华，2012）。中小企业融资难就在于两类信息都不对称，即硬信息的不对称和软信息的不对称，其中硬信息的不对称指的是商业银行对中小企业抵押品要求较高，软信息不对称是指银企关系没有改善，进而导致了中小企业长期的信贷配给现象（赵岳等，2012）。楚建德等（2011）在此模式基础上对信贷配给条件下中小企业融资可获性研究发现，商业银行对抵质押物过高的价值要求使得中小企业无法达到准入门槛，同时即使达到准入门槛，商业银行贷款的资金供给周期也一般较短，难以满足中小企业的长期资金需求（黄海瑛，2020）。王玲（2007）则认为，银行与企业关系受到区域发展程度的影响，区域经济发展越发达的地区，其沟通就越顺畅，可以有效降低信息不对称。魏清（2010）指出，即便是长三角地区，中小企业融资渠道也基本上都是以银行间接融资为主。魏国雄（2011）指出，由于中小企业主要是向以银行为主的金融机构贷款，因此，融资难问题主要就是中小企业向银行业金融机构的贷款难。政府应该给予政策上的大力支持，以减小中小企业向银行融资的难度。而对于直接融资渠道，李善良（2012）指出当前我国中小企业的主要融资渠道是向银行融资，企业难以通过股票或债券直接取得融资。同样，刘春苗（2013）发现目前解决中小企业融资难的主要方式是向银行融资，企业以债券、金融租赁公司形式获取融资的数额只有融资总量的 1.8%。因为直接融资存在成本过高而使企业无法承担的问题，导致企业仍以间接融资为主（贾俊生，2017）。相比直接融资，中小企业若有合格的抵押物，则会倾向于向银行获取抵押融资的贷款方式（郑璐，2016）。而免责机制的不健全导致部分企业钻政策的漏洞，形成不良贷款，银行维权困难，使得银行"惧贷"，资金到位率极低（肖静和韦济人，2019）。

对于如何提高商业银行对中小企业的信贷支持，可以从商业银行内部和外部两方面着手。从内部来看，高连和（2008）认为，很多地区的企业存在集群效应，因此商业银行的信贷调查可以根据产业集聚化的特点进行，可以有效降低商业银行的调查成本；朱兵（2018）认为商业银行可以建立中小企业诚信档案，对于信誉较好者可以在规定限额内发放贷款，简化审批流程；徐忠等（2010）解决道德风险的方法是设计了一个委托代理模型，即将商业银行内部贷款流程的环节分散化，遵循岗位不相容的原则，将审批权分配到不同部门，再配合相应的激励和奖惩机制。从外部来看，徐洪水（2001）认为可以设立为中小企业提供专门金融服务的新型金融机构；林毅夫和李永军（2001）基于多角度的研究，为中小金融机构的设立提供了理论依据；政府也应发挥其作用，建立健全相关法律法规，在保障银行的基本权益的同时，也要尽力消除银行对于中小企业的贷款"歧视"，在提高监管能力的同时，也要简化中小企业贷款的流程（白海红，2019）。

2. 信贷产品的供给创新问题

樊纲（2000）认为我国中小民营企业金融市场支持体系尚不完善，主要体现为缺乏专门为其提供融资服务的多层次资本市场。因此，构建起专门的中小民营企业资本市场支持体系以及大力发展民间金融是健全我国金融支持体系，更好地解决中小企业的融资难问题的主要路径。林毅夫和李永军（2001）认为，相比于大型金融机构，中小金融机构能够更好地为中小企业提供借贷服务。中小金融机构具有更好的地域服务性，在对中小企业的信息收集、监管方面体现出更大优势。政府性质的担保公司以及国有大型金融机构专门性面向中小企业的贷款服务容易导致激励机制的缺失，甚至政府承担风险。因此，应该积极推进培育中小型的创新型金融机构，以实现金融市场中的充分竞争。同时发展面向中小企业的资本市场来部分地满足高科技型中小企业的融资需求。刘畅等（2017）采用我国县域面板数据进行实证分析发现，中小型金融机构的利率收益能够覆盖其由于贷款主体风险结构恶化所带来的资金损失。王兆星（2005）借鉴欧洲复兴开发银行"微贷"成功模式，认为商业银行应制定有效的风险管理、成本控制和激励约束机制，加强中小企业融资服务。柏金凤和孙杨（2007）的研究认为，我国科技型中小企业的金融支持体系包括银行信贷体系、担保体系和资本市场体系，但这一体系存在明显缺陷，要专门针对科技型中小企业构建金融支持体系，以解决其融资难题。杨飞雪（2007）指出我国中小企业的融资方式的选择顺序首先为内源性融资，其次为权益性融资，最后为债权性融资。厉以宁（2004）指出，国外的那些比较发达和先进的融资理论对我国中小企业的融资发展起到一定积极作用。因此，政府应该对中小企在所得税等税收方面给予优惠。邵平（2016）通过研究发现，商业银行的服务以及组织能力明显滞后于社会公众日益丰富的金融和非金融需求。丁振辉（2015）也指出商业银行的产品体系不够完善、针对性不足、创新力度偏低，无法与中小企业的现实需求进行很好的衔接。

贷款技术是指一种应对整个流程中信息不对称的技术组合机制，包括审核贷款人信息、甄别贷款人信息、监督贷款企业、控制贷款风险、回收贷款等。由此可知，商业银行对企业信贷的发放是可以在多种不同贷款技术下完成的。在贷款技术的作用下，金融机构信贷中的信息不对称问题可以得到充分解决。贷款技术划分成依赖于"硬"信息、以交易为基础的交易型贷款技术和基于"软信息"的关系型贷款技术。其中，前者主要针对信息较为透明的企业，后者主要针对存在较深信息不对称的企业。曾刚和陈才东（2012）把交易型贷款技术划分成了基于担保、流动资产、固定资产、信用评分、财务报表等的贷款技术。程超和林丽琼（2015）通过对864家小微企业调查数据的实证分析发现，大银行在对中小企业发放贷款的过程中通常会运用交易型贷款技术，小银行则会更倾向于关系型贷款技术。而贷款技术的采用显著影响着中小企业的贷款可获性，其中关系型贷款技术对中小企业的信贷可获性起到了重要的促进作用（董晓林等，2014）。此外，学者们针对信贷产品设计也提出了诸多相应的建议。赵岳等（2012）认为应该引进电子商务平台。谢玉梅（2015）提出银保类产品设计。孙杰等（2015）认为银行应发展互联网金融产品，其中的P2P网上融资平台产品是目前发展最为迅速的互联网金融产品，成为社会的热点话题。国内学者陈初（2010）指出了P2P网上融资平台的优势在于其便捷的交易程序、较低的操作风险、较强的流动性、可以在一定限度内进行信用贷款。盛天翔和范从来（2020）研究发现金融科技对于中小企业获取贷款具有促进作用，在改善传统贷款技术的同时，金融科技也逐渐成为目前解决中小企业贷款问题的重要工具之一。

3. 信贷市场的匹配及其影响因素研究

匹配理论最早是用于研究婚姻匹配问题。匹配指的是在市场中，不同的市场主体出于某些因素的考量，向另一个市场主体寻求合作，其可以选择合作或者不合作，不断重复选择直至形成合作的过程。金融领域的配给理论早期主要应用于农村信贷，信贷市场的匹配指的是贷款人根据自身的经营特征、风险控制、效益准则以及市场信息设计供给不同的信贷产品，而借款人根据自身需求进行选择，这一过程中供求双方随时可能改变信贷产品的供给和选择排序，最终形成信贷合作的模式。就信贷匹配问题的研究，胡士华和卢满生（2011）的实证研究运用了中国农村信贷市场的数据，研究的理论依据为主体信息禀赋标准化匹配假说，结论认为拥有更多硬信息禀赋的企业与商业银行更容易形成信贷匹配。但现有研究中涉及具体信贷产品匹配问题的很少，林乐芬等（2013）基于对商业银行以及中小企业的问卷调查数据的研究，认为信贷产品的供给不足是导致信贷产品匹配问题的主要原因，而信贷参与主体自身特征的异质性是影响信贷产品匹配程度的重要因素。此外，融资问题还突出表现在供需矛盾的问题上，即资金的供应与需求之间的矛盾，金融资源没有达到合理的配置。刘婧（2020）指出我国的中小企业大多信用认识薄弱，众多企业尚未进行过信用评估，部分企业的信用信息甚至一片空白。因此，要解决中小企业的融资问题，首先需要对小企业的信用状况和经营状况作出正确的评价，在详细了解小企业的融资问题之后，才能采取相应政策解决其融资问题。巴曙松（2012）认为造成中小企业融资成本处于较高水平的根源在于贷款的风险溢价较高，以及金融市场处于非充分竞争状态，因此需要在企业和金融机构的共同努力下，同时放松中小企业金融服务准入。李扬和贾康（2012）则从金融机构的角度进行分析，认为大银行从自身发展和风险控制角度不愿涉足"微贷"，草根银行、互助性和政策性金融机构及私人贷款公司较适合为中小企业贷款。谢启鑫（2013）认为商业银行对贷款企业主体的诸多限制以及要求，大幅增加了企业获取贷款的交易成本，即使获批的企业在授信期间，各项操作复杂，过程漫长，使企业获批的不确定性显著增加。毛绘宁（2015）提出中小企业贷款需要经过复杂的审核流程，且授信过程中各环节相关，一旦一个环节脱链，则不利于提高工作效率，因此中小企业贷款审批效率不高。宋燕辉（2013）总结信贷审批权过于集中，审批链条过长，会延长申贷到放贷的时间，增加企业时间成本，不能满足中小企业贷款"急"的要求，可见组织机构效率较低。戴阳（2014）认为现有商业银行的服务与产品较为单一，难以匹配中小企业对金融服务及产品的实际需求。

　　虽然商业银行的信贷供应量一直呈现出的是持续增加的态势，然而信贷产品市场供求矛盾一直没有得到解决，由此导致了信贷产品供给增量无法转化为有效供给，因此企业融资难问题依然没有解决（朱军和徐梦，2014；林乐芬和蔡金岳，2016）。郭丽虹和王硕（2013）则认为虽然银行企业的贷款占比相对增加，但是因为金融资源的实际供给与实体经济的需求之间存在较大的不平衡，在一定程度上，新增加的信贷融资并不能弥补企业的全部资金缺口，在市场化程度不高的地区，对于信贷融资缺口较大的中小企业，尤其是小企业来说，其获得银行信贷的难度较大。而实际中，银行向中小企业提供的金融产品与服务仍相对单一，导致信贷的供给效率较低。林乐芬和李永鑫（2016）指出银行提供的产品以抵押和担保产品为主，信贷产品的创新力度不足，不利于中小企业更好地向银行融资。

在信贷产品供给上，丁振辉（2015）也发现，由于银行金融产品的针对性和创新性不足，无法与企业的信贷需求相适应，因此需要提高产品的创新力度。戴阳（2014）表示，因为银行现如今的金融产品与服务等都不够多元化，很难真正满足中小企业的实际融资需求，故而在资金短缺的情况下，中小企业的长期发展受到了严重阻碍。黄晓燕（2013）认为由于部分银行对客户缺乏有效的管理，没有深入挖掘和充分开发客户，从而无法全面了解客户的具体情况，因而当下现有的产品与服务自然也就难以满足潜在客户和现有客户的需求。杜军（2015）提出银行缺乏创新的金融产品，导致专属于中小企业的融资产品数量与种类较少。因此，在银行中小企业贷款占比较低的背景下，从供给方角度研究银行规模和贷款技术对提高银行中小企业贷款占比有一定的现实意义。监管机构十分重视降低中小企业融资成本，这一策略在一定程度上有利于引导利率下行，但是监管政策的过度执行可能会抑制银行积极性，所以价格约束会影响信贷供给（王婧婧，2020）。

（二）中小企业资本市场融资问题研究综述

充分了解中小企业融资后不难发现，除以银行信贷为主要代表的间接融资渠道外，以资本市场为主要代表的直接融资成为其主要的融资渠道。具体而言，直接融资是一种以债券和股票为基础的融资机制，能快速合理配置资金且融资成本较低，不管是资金需求者还是资金供给者，二者都需要在融资市场中通过金融工具来进行资金融通。历经20多年的发展，我国证券市场初步建立起了由沪深主板、中小板、创业板、科创板、新三板所组成的完备的资本市场体系。就实际情况来说，中小企业的直接融资渠道主要依赖于中小板、科创板、创业板以及新三板上市。对于多层次资本市场上市（挂牌）企业融资效率问题的研究，近年来一直是学者们关注的热点。

1. 融资效率概念的研究综述

国内学者对于中小企业融资效率的讨论主要集中在融资效率的定义和融资效率的评价方法两个方面。关于融资效率的定义，国内学者从不同角度提出了各自的观点，尚未形成统一的结论。曾康霖（1993）较早引入融资效率的相关概念，但其主要研究了影响企业主体融资效率以及成本的若干关键因素，未具体定义融资效率。宋文兵（1997）认为效率一般衡量的是成本收益关系，融资效率主要包括资金交易效率和资金配置效率两个重要内容。其中，资金交易效率衡量的是企业主体以较低的交易成本融入资金的能力；资金配置效率衡量的是企业对较为稀缺的资本进行最优化分配以及实现生产的能力。叶望春（1998）认为融资效率是金融效率的重要组成部分，具体用来衡量企业主体筹集资金的交易成本、筹集资金的风险以及筹集资金的便利程度等内容。卢福财（2001）基于宏观与微观视角，将企业主体的融资效率细分为微观和宏观融资效率两种。其中，微观融资效率又细分为资金融入效率和资金融出效率，而宏观融资效率一般用以衡量国家经济层面中企业融资的影响。高学哲（2005）以比较和动态的方法对融资效率提出了类似的定义，他认为企业的融资效率主要包括企业能否以最低的成本融入资金和所融入的资金能否得到最有效的利用。曾辉（2005）提出，企业主体的融资效率衡量的是企业在资金配置达到帕累托最优状态下的资金融入安排。具体而言，对于融资效率的研究，应该从资金融入的成本、融入资金的分配效率、融资主体相对自由度等方面展开分析。

2. 资本市场上市企业融资效率研究综述

近几年来，有学者开始研究中小企业的资本市场融资效率问题。目前，国内学者对中小企业融资效率的研究已经取得了显著的成果，主要包括以下三种类型。

一是从中小企业或上市企业中选出一定数量的样本来进行融资效率测度与影响因素研究。张海君（2017）选取一定规模的 A 股主板上市企业作为样本数据进行分析，发现企业主体的融资效率受到企业内部控制质量、企业所处的法制环境等因素的影响。姚梦琪和许敏（2019）选取 374 家的主板上市企业作为样本数据进行研究，发现样本企业主体的融资效率整体处于较低水平，而企业的研发投入比例正向影响着企业的融资效率。谢闪闪和余国新（2019）以我国农业上市公司的面板数据为样本，发现农业上市公司的融资效率偏低，且大多数企业的综合效率表现为非有效。宋云星等（2020）选取 946 家上市民营企业作为样本数据进行研究，发现样本民营企业的融资效率会受到经济政策不确定性的影响。蓝图和张彦（2020）选取一定规模的 A 股科技股上市企业作为样本数据进行分析，发现样本科技创新型企业的融资效率与政府补助之间存在着正"U"型关系。顾海峰和卞雨晨（2020）选取 755 家的科技股上市企业作为样本数据进行分析，研究发现样本上市企业主体的融资效率与企业科技金融耦合协同程度正相关。黄飞鸣和童婵（2021）以 2009～2019 年中国沪、深两市 A 股上市公司的数据为研究样本，借鉴面板随机前沿模型对上市公司债权融资效率进行测算，发现联合授信机制对于企业的债权融资效率具有促进作用。

　　二是对某一地域或行业的企业的融资效率进行测度或影响因素研究。行业方面，王雪梅和贾琪琪（2018）以具有一定规模的深交所上市中小企业为样本测算其融资效率，发现样本企业的融资效率呈现出逐年递减趋势。其中，制造业的融资效率相对于其他行业处于较高水平。李籽墨和余国新（2018）聚焦于粮油加工业融资效率的测度与研究，选取了具有一定规模的该行业上市公司作为样本数据进行实证分析，发现样本粮油加工业企业的整体融资效率处于较低水平，并且也表现出逐年下降的特征。何玉梅等（2018）则聚焦于军民融合企业融资效率的测度与研究，选取了四川省相关上市企业作为样本数据来源，分别基于静态和动态两个研究视角进行实证分析，发现该行业的企业融资效率也整体处于较低水平，其中，技术落后为主要原因且各企业技术与管理水平差距较大。孙燕芳和曹永鹏（2018）则聚焦于公用事业企业融资效率的测度与研究，选取一定数量的相关行业上市企业作为样本进行研究，发现我国该行业上市企业整体融资效率处于较低水平，处于融资效率有效的企业样本数极少。王郁俊等（2018）基于三阶段 DEA-Malmquist 模型研究了制造业企业融资率，发现企业融资效率提升主要是技术进步率和规模效率提升共同作用的结果。邓迎春等（2019）聚焦于新能源行业企业的融资效率测度与研究，发现企业的内部因素是影响该行业企业主体融资效率的关键因素。刘超等（2019）聚焦于 37 家人工智能产业企业的融资效率测度与研究，发现该行业的样本企业整体处于融资效率较低水平，绝大部分样本企业并未达到融资效率有效，而造成企业融资效率不高的主要原因在于企业的规模效率处于较低水平。此外，影响样本企业融资效率的关键因素在于企业的资本结构以及企业的营业能力。曾刚和耿成轩（2019）聚焦于计算高端装备制造企业融资效率测度与研究，发现大部分样本企业的融资效率处于非效率状态；大部分企业注重技术创新，但是技术进步还未成为提升融资效率的主要动力源。桂嘉伟和吴群琪（2019）主要聚焦于对 248 家挂牌科技服务业企业融资效率的测度与研究，发现纯技术效率是制约样本企业融资效率的主要因素。周磊和安烨（2019）聚焦于 68 家上市现代物流业企业的融资效率测度与研究，发现现代物流业的融资效率参差不齐而表现出明显的差异性。雷辉和刘俏云（2020）聚焦于绿色低碳上市企业融资效率的测度与研究，发现样本绿色低碳上市企业融资效率整体处于较低水平，而纯技术效率是抑制其融资效率的主要原因。此外，政府部门对该产业的扶持力度以及金融发展水平等因素对于样本企业的融资效率影响较为显著。许珂和耿成轩

（2020）聚焦于深圳战略性新兴产业上市企业的融资效率测度与研究，发现金融发展水平、融资约束水平均有利于促进样本企业的融资效率提升。王文寅和刘佳（2021）聚焦于上市物流企业融资效率的测度与研究，发现其融资效率尚未达到较为理想的水平，其中，规模效率是阻碍企业融资发展的主要原因。此外，样本物流企业融资效率呈现出逐年提升的特征，但在技术进步方面存在不足。地域方面，曾刚和耿成轩（2018）选取沪、深117家上市企业的4914个观察值，对京津冀战略性新兴产业融资效率进行静态和动态评价，发现京津冀战略性新兴产业融资效率均值处于非有效状态；从Malmquist分解指数来看，对北京影响最大的是技术进步指数，对天津和河北地区影响明显的主要是技术效率指数；根据对外部环境影响因素的分析，地区GDP、技术市场交易规模等外部变量与战略性新兴产业融资效率正相关。宋歌（2018）聚焦于河南与中部五省软件产业上市企业的融资效率测度与研究，发现河南省样本企业的融资效率整体处于较低水平。林妍和刘霞（2019）以京津冀地区454家企业面板数据，从区域以及资本市场所属层次等视角比较分析科技企业融资效率，发现河北地区样本企业的融资效率处于较低水平，在资本市场板块方面，创业板上市样本企业的融资效率处于较低水平。汪琳（2021）聚焦于湖北省科技型上市中小企业的融资效率的测度与研究，发现样本企业的融资效率受到企业自身经营能力以及技术研发投入的限制。

三是选取某一板块的企业进行融资效率测定与影响因素研究。中小板方面，张根明和陈才（2008）聚焦于中小企业板块上市公司融资效率的测度与实证研究，发现企业债权融资效率处于较低水平的原因主要在于样本企业仅仅关注融资成本的降低或资金使用效率的提高。涂咏梅和程文（2018）选取30家中小企业板块的科技型企业作为样本进行研究，发现50%～60%的样本企业分别在纯技术效率、规模效率方面尚未达到效率有效。王健俊等（2018）以该板块制造业企业为样本开展研究，发现样本企业的融资效率受到企业的市场份额、区域经济发展水平以及国家持股等因素的影响。创业板方面，朱文莉和白俊雅（2018）选取一定规模的该板块上市企业作为样本进行研究，发现企业的股票价格正向影响着样本企业的融资效率。兰秀文（2018）选取一定规模该板块上市企业作为样本进行研究，实证检验了企业投资效率与风险投资机构参与之间的关系。新三板方面，李政等（2017）选取该板块挂牌企业作为样本，发现样本企业的定向增发显著降低了其经济效率。廖艳等（2017）选取246家该板块挂牌企业作为样本，研究发现实现融资效率有效的样本企业数仅 20 余家，整体效率处于较低水平。肖雅和郭晓顺（2018）选取该板块挂牌的高新技术企业作为样本进行研究，发现样本企业的融资效率整体处于较低水平。徐凯（2018）选取该板块挂牌的高新技术企业作为样本分别开展静态比较分析和动态比较分析，发现样本企业融资效率偏低，此外，样本企业的规模效率在定向增发后呈现出下降特征。吴阳芬和曾繁华（2019）基于新三板的分层制度，研究发现样本企业的融资效率能够通过技术创新来改善。马莉莉和李湘晋（2019）选取 6575 家该板块挂牌企业作为研究样本，发现创新层样本企业的融资效率普遍较高。丁华和高丹（2019）通过研究发现导致新三板挂牌企业融资效率偏低的主要原因，在于样本企业纯技术效率的相对无效。杜丽（2020）通过研究发现，新三板挂牌样本企业中，特别是基础层企业大多处于相对无效状态。王伟和董登新（2020）通过研究发现抑制样本企业融资效率提升的因素主要在于企业对于融入资金未能实现合理配置。伍光明（2021）通过实证分析发现，企业盈余质量的提高可以显著提升企业的融资效率。

三、文献简评

国内外学者就中小企业的直接融资与间接融资的问题已经形成了丰富的理论研究成果，但是尚未有以长三角地区为样本进行的中小企业直接融资和间接融资的系统研究。为弥补已有研究的不足，本书将从需求和供给两个层面分析支持中小企业发展的金融体系，间接融资所涉及的样本包括三省的中小企业和商业银行，直接融资所涉及的样本则是三省一市科创板、创业板、新三板上市的中小企业。

间接融资方面，商业银行融资是我国目前中小企业主要选择和依靠的融资方式，因此研究两者之间的供求关系是必要内容之一。从现有研究来看，信息不对称、抵质押品的信贷模式和银企关系成为国内外学者提及最频繁的影响商业银行融资可获性的因素。目前，我国中小企业融资存在结构不合理、渠道单调、比例失调、直接融资比例极低等多种问题。学者们从中小企业自身、金融机构、政策和法律、融资担保体系等多个角度探究其成因，普遍认为其根本原因在于企业自身，但金融机构等方面的问题也是重要因素。然而，将匹配理论引入中小企业的商业银行融资是经济学的一大创新理论，有关匹配的国内外研究多从不同借贷主体的特征角度出发进行研究，即信贷主客体拥有的信息禀赋，但对于信贷产品市场匹配程度的定量研究较少,同样还缺少的是能够综合衡量商业银行中小企业信贷产品市场供求匹配程度的指标。因此,本书中关于间接融资的研究,将基于空间匹配度算法计算商业银行中小企业之间的信贷产品供求匹配度,并进行加权计算得到信贷市场匹配程度,研究影响匹配程度的主客体因素,这些研究有助于为商业银行的产品创新供给提供实证研究的依据。

此外,直接融资方面,学者们认为科创板、创业板以及新三板对推进我国多层次资本市场建设至关重要,为中小企业融资提供了直接融资平台,但各板块市场制度不完善,存在直接融资功能有限、企业的费用支出较大、挂牌企业流动性较差、交易不够活跃、融资效率较低等问题。国内外学者从多个方面对上市企业的融资效率进行研究,但目前以长三角地区企业为样本,对于上述三个板块企业融资效率的研究并不多。故本书针对不同的上市板块,研究各板块企业运行效率及影响因素,希望促进企业提高经营效率和全要素生产率,实现中小企业高质量发展。

第三章 长三角地区金融支持中小企业发展现状

第一节 中小企业发展现状

一、长三角地区经济发展现状

根据 2020 年全国各省份 GDP 数据统计，我国五大城市群在全国经济总量中占比已经超过 60%。其中，长三角地区的 GDP 高达 24.47 万亿元，占全国的 24.47%（见表 3 - 1、图 3 - 1），与粤港澳大湾区（以下简称大湾区）一起成为我国进入成熟期的城市群。

表 3 - 1　　　　　　　　2020 年我国五大城市群概况

城市群		GDP（万亿元）	包含城市
长三角	上海	3.87	上海
	江苏	10.27	南京、无锡、常州、苏州、南通、盐城、扬州、镇江、泰州、连云港、淮安、宿迁、徐州
	浙江	6.46	杭州、宁波、温州、绍兴、湖州、嘉兴、金华、衢州、台州、丽水、舟山
	安徽	3.87	合肥、芜湖、淮南、马鞍山、铜陵、安庆、滁州、宣城、池州、黄山、蚌埠、六安、淮北、宿州、亳州、阜阳
	小计	24.47	
粤港澳大湾区	广东	11.08	广州、深圳、珠海、惠州、东莞、肇庆、佛山、中山、江门
	香港	2.41	香港
	澳门	0.16	澳门
	小计	13.65	

续表

城市群		GDP（万亿元）	包含城市
京津冀	北京	3.61	北京
	天津	1.41	天津
	河北	3.62	保定、廊坊、沧州、秦皇岛、唐山、承德、张家口、衡水、邢台、邯郸、石家庄
	小计	8.64	
长江中游	湖北	4.34	武汉、黄石、黄冈、鄂州、孝感、咸宁、仙桃、天门、潜江、襄阳、宜昌、荆州、荆门
	湖南	4.18	长沙、株洲、湘潭、岳阳、益阳、常德、衡阳、娄底
	江西	2.57	南昌、九江、景德镇、鹰潭、上饶、新余、抚州、宜春、萍乡市、吉安市的新干县
	小计	11.09	
成渝	重庆	2.50	重庆
	四川	4.86	成都、绵阳、德阳、乐山、眉山、遂宁、内江、南充、资阳、自贡、宜宾、广安、达州、雅安、泸州
	小计	7.36	
总计		65.21	

资料来源：根据《2021 年中国统计年鉴》整理。

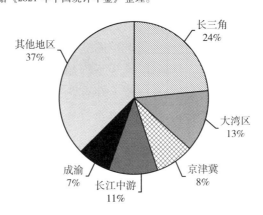

图 3 - 1　2020 年我国五大城市群 GDP 占全国 GDP 比例

资料来源：根据《2021 年中国统计年鉴》整理。

二、长三角地区中小企业发展现状

长三角地区经济在全国的领先地位离不开众多企业主体的又快又好发展，其中中小企业一直占据着主要的位置。"十三五"期间，三省一市政府高度重视中小企业发展，先后制定出台了一系列政策支持文件。在政府支持引导和市场机制的共同作用下，长三角地区中小企业的发展环境不断优化，发展素质明显提高，创新能力明显增强，在促进区域经济和社会发展、扩大社会就业、改善人民生活和全面建设小康社会等方面作出了重要贡献。可见，本书以长三角地区的中小企业为研究对象具有良好的代表性。为更好地了解长三角地区中小企业在社会经济发展中的重要地位，本小节将从规模发展、经营盈利两大方面出发，全面地展现长三角地区中小企业发展现状。

（一）长三角地区中小企业规模发展状况

从近年数据看，长三角地区中小企业虽然数量规模缩减，但经济规模扩大，总产值和资产在"断崖式"下降后继续呈现出增长态势（见表3-2、表3-3）。具体而言，其一，长三角地区中小企业数量自2017年起出现了大幅下降，但仍保持在企业总数量中的极高占比，具有很重要的地位和影响力。数据显示，中小企业单位数量在2015~2016年呈上升趋势，占比一度接近99.5%，2017年出现大幅下降，但在企业总数量的占比仍然达到97.5%以上。其二，长三角地区中小企业从业人员波动较大，但在总从业人数中仍然占有较高的比例，为解决就业问题作出了巨大贡献。数据显示，2015~2018年每年有100万~200万人的波动幅度，在企业从业人员总数中虽然仍占有较高的比例，但2018年同比下降超过10个百分点。其三，中小企业总产值和资产总额快速增长，占比在断崖式下降后恢复增长。一方面，长三角地区中小企业资产整体呈上升趋势，但在企业资产总计中的占比有所下降，2018年较2016年下降超过10个百分点；另一方面，长三角地区中小企业总产值整体呈上升趋势，但在企业总产值中的占比有所下降，2018年较2015年下降近10个百分点。

表3-2　　　　　2015~2018年长三角地区中小企业单位数量、
从业人员、资产占比统计

年份	单位数（个）	从业人员（万人）	资产（亿元）	中小企业单位数（个）	中小企业从业人员（万人）	中小企业资产（亿元）	中小企业单位数占比（%）	中小企业从业人员占比（%）	中小企业资产占比（%）
2015	152816	2433.5	130119.9	152031	2026.8	152031	99.49	83.29	69.91
2016	161461	2330.0	156903.1	160525	1931.3	160525	99.42	82.89	69.30
2017	100460	2568.0	175524.8	98110	2084.7	98110	97.66	81.18	57.54
2018	106641	2344.7	194163.1	104269	1643.8	104269	97.78	70.11	58.37

资料来源：基于历年《中国中小企业年鉴》数据整理，其中企业均为规模以上工业企业。

表 3 - 3   **2015～2018 年长三角地区中小企业总产值**

年份	长三角地区企业总产值 （亿元）	长三角地区中小企业 总产值（亿元）	比例 （%）
2015	151639.2	107108.8	70.63
2016	192299.1	134856.0	70.13
2017	222412.2	134945.7	60.67
2018	236465.0	145179.9	61.40

资料来源：基于历年《中国中小企业年鉴》数据整理，其中企业均为规模以上工业企业。

（二）长三角地区中小企业经营盈利状况

从近年数据看，长三角地区中小企业总体盈利情况良好，但出口出现一定问题，进而影响一批外贸型中小企业的生产和利润。具体而言：其一，长三角地区中小企业主营业务收入、利润以及税金等一直占据较高比例。一方面，中小企业主营业务收入呈逐年上升的趋势，但主营业务收入在长三角地区企业主营业务收入中的占比有一定波动，在 2017 年出现较大幅度下降，但仍保持较高水平，2018 年占比达 60% 以上（见表 3 - 4）。另一方面，中小企业税金、利润变化情况与之相同，为地区财政作出了重大贡献。数据显示，长三角地区中小企业利润在 2009～2018 年这十年来呈上升趋势，在长三角地区企业总利润中的占比出现一定波动，2017 年出现较大幅度的下降，但 2018 年仍保持较高水平，占比超过 60%（见表 3 - 5）。此外，中小企业税金在 2009～2018 年这十年来呈上升趋势，在长三角地区企业总税金中的占比于 2017 年出现较大幅度下降，但仍保持较高水平，2018 年占比超过 50%（见表 3 - 6）。

表 3 - 4   **2014～2018 年长三角地区中小企业主营业务收入**

年份	长三角地区企业 主营业务收入（亿元）	长三角地区中小企业 主营业务收入（亿元）	比例 （%）
2014	143150.8	100213.2	70.01
2015	149806.8	104697.0	69.89
2016	191862.4	133019.9	69.33
2017	221648.7	132639.3	59.84
2018	239970.9	145663.2	60.70

资料来源：基于历年《中国中小企业年鉴》数据整理，其中企业均为规模以上工业企业。

表 3 – 5   2009~2018 年长三角地区中小企业利润

年份	长三角地区企业 利润（亿元）	长三角地区中小企业 利润（亿元）	比例 （%）
2009	2561.78	1661.07	64.84
2010	3386.82	2225.88	65.72
2011	3645.93	2406.49	66.00
2012	4633.25	3255.94	70.27
2013	6210.17	4199.90	67.63
2014	7181.00	5271.80	73.41
2015	8466.30	6030.60	71.23
2016	12890.70	8950.30	69.43
2017	14311.90	8187.60	57.21
2018	14382.60	8785.00	61.08

资料来源：基于历年《中国中小企业年鉴》数据整理，其中企业均为规模以上工业企业。

表 3 – 6   2009~2018 年长三角地区中小企业税金

年份	长三角地区企业税金 （亿元）	长三角地区中小企业税金 （亿元）	比例 （%）
2009	2000.10	1278.15	63.90
2010	2457.75	1648.83	67.09
2011	2750.73	1812.51	65.89
2012	3294.99	2245.39	68.15
2013	4162.88	2638.39	63.38
2014	5480.30	3805.00	69.43
2015	6082.90	3708.50	60.97
2016	7621.40	4662.30	61.17
2017	8810.70	4489.00	50.95
2018	9855.30	5150.00	52.26

资料来源：基于历年《中国中小企业年鉴》数据整理，其中企业均为规模以上工业企业。

其二，中小企业出口交货值呈现逐年波动趋势，但在总量中的占比降幅明显。数据显示，长三角地区中小企业出口交货值出现波动，在 2015 年、2017 年两次出现下降，在长三角地区企业出口交货总值中的占比呈下降趋势，2017 年下降幅度较大，已经降至 50% 以下（见表 3 – 7）。

表 3 - 7 　　　　　　　2015 ~ 2018 年长三角地区中小企业出口交货值

年份	长三角地区企业出口交货值（亿元）	长三角地区中小企业出口交货值（亿元）	比例（%）
2014	34283.6	20548.9	59.94
2015	30603.7	17404.3	56.87
2016	38229.4	21349.7	55.85
2017	42112.1	17983.6	42.70
2018	43596.0	19003.3	43.59

资料来源：基于历年《中国中小企业年鉴》数据整理，其中企业均为规模以上工业企业。

第二节　金融市场发展及对中小企业支持现状

近年来，随着长三角区域一体化发展上升为国家战略，长三角地区深入推进了区域经济一体化以及高质量发展的进程，区域内逐渐形成了优势互补、特色各异的经济发展空间格局。其中，随着上海市确立建设国际金融中心的宏大目标，金融业也已成为该区域内部的主导产业之一。以 2020 年数据为例，江苏、上海、浙江金融业增加值分别位列全国各省（区、市）金融业增加值排名的第 2、第 4、第 5 位（见表 3 - 8）。为更好地了解长三角地区金融市场在社会经济发展中的重要地位，本小节将从货币市场、资本市场两方面出发，全面展现长三角地区金融市场的发展及其对中小企业的支持现状。

表 3 - 8 　　　　　　　　2020 年金融业增值部分排名情况

省份	金融业增加值（亿元）	排名	同比增长率（%）
广东	9906.99	1	11.55
江苏	8405.79	2	11.64
北京	7188.00	3	9.83
上海	7166.26	4	8.57
浙江	5590.60	5	11.72
山东	4567.00	6	9.33
安徽	2553.90	12	6.70

资料来源：根据各省份《2021 年统计年鉴》整理。

一、长三角地区货币市场发展现状

银行业是整个金融体系的支柱，其健康运行直接关系到经济社会的稳定。长三角地区经济社会发展与其银行业的迅速发展密切相关。近年来，长三角地区银行业规模稳步增长，总体运行稳健，组织体系建设有序推进（见表3-9、表3-10），为长三角区域经济作出了重要贡献。具体而言，首先，长三角地区银行业总体上保持稳定发展，银行机构数量与资产总额总体上逐年递增，实力不断增强，为经济发展提供了良好的基础。一方面，长三角地区内国有商业银行、股份制商业银行、政策性银行等银行类金融机构的数量均呈现出不断增加的趋势，尤其是股份制商业银行、城市商业银行和外资银行的设点近年来发展加快，像上海、江苏、浙江的股份制商业银行发展很快，数量增加比重很大，符合城市快速发展、较发达的特点，江苏、浙江的城市商业银行数量庞大，是由于两省的城市很多且经济发展相对快速，城市商业银行通过提供丰富的金融产品与服务满足城市居民以及地方经济发展的需求。而上海的外资银行相比其他三省数量更多，也符合其国际性都市的特点，更好地为其银行业注入新的活力。同时，可以看出，农村信用社改制成农村商业银行后，江苏、浙江基数很大，为其农村地区提供了很好的服务，也促进银行业的良性竞争。另一方面，长三角地区银行业资产总额也逐步增加，资产规模不断扩大，资产质量稳步改善。此外，随着长三角地区银行机构数量的增加，从业人数也相应地随着银行规模的扩大而快速增加，说明银行规模的扩大为长三角地区提供了充分的就业机会，在一定程度上缓解了就业难的问题。

表3-9　　　　　2012~2020年上海和江苏银行业金融机构情况

机构类别	年份	上海				江苏			
		营业网点			法人机构（个）	营业网点			法人机构（个）
		机构个数（个）	从业人数（人）	资产总额（亿元）		机构个数（个）	从业人数（人）	资产总额（亿元）	
大型商业银行	2012	1464	36778	20327	0	4494	82688	18355.8	0
	2013	1476	38496	21471	0	4941	94596	24289.5	0
	2014	1484	39972	25904	0	4561	89035	31431.1	0
	2015	1496	41231	308427	0	4910	100922	40706.1	0
	2016	1510	41893	29905	0	4641	96267	39731	0
	2017	1548	43425	32815	0	4768	99346	43760.7	0
	2018	1559	44780	34360	0	4849	100229	47572	0
	2019	1648	47216	54908	1	4992	106670	64756	0
	2020	1643	47342	65233	1	4858	107989	75488	0

续表

机构类别	年份	上海				江苏			
		营业网点			法人机构（个）	营业网点			法人机构（个）
		机构个数（个）	从业人数（人）	资产总额（亿元）		机构个数（个）	从业人数（人）	资产总额（亿元）	
国家开发银行和政策性银行	2012	14	443	1477	0	94	2162	1831.9	0
	2013	14	457	2116	0	94	2150	2247.2	0
	2014	14	494	2269	0	94	2171	2704.8	0
	2015	14	509	2677.9	0	92	2126	3280.7	0
	2016	14	504	2781	0	93	2165	3442	0
	2017	14	531	2940	0	93	2254	4136.5	0
	2018	14	566	3249	0	93	2341	4740	0
	2019	15	811	4539	0	95	2433	10366	0
	2020	14	612	4394	0	78	2477	11687	0
股份制商业银行	2012	452	16098	16141	0	615	16385	7609.3	0
	2013	482	17855	13670	0	306	11889	6373.3	0
	2014	510	18595	16980	2	694	21932	8680.7	0
	2015	552	20306	14633.1	2	387	16360	7714.3	0
	2016	571	21469	28516	2	768	27527	14101	0
	2017	619	23642	24696	2	832	30973	18519.5	0
	2018	650	24989	26047	2	915	34570	21062	0
	2019	829	27258	37439	1	1182	33752	32816	0
	2020	857	28175	45045	1	1091	35762	36784	0
城市商业银行	2012	211	4685	2997	1	482	9450	2597.7	2
	2013	223	7709	3851	1	493	10581	3285.1	3
	2014	237	7872	5234	1	504	12521	4978.6	3
	2015	264	8965	6245.5	1	531	14099	6896	3
	2016	284	9976	7449	1	674	17324	8994	4
	2017	307	10670	9169	1	707	19359	11638.2	4
	2018	335	12002	10771	1	747	21621	14294	4
	2019	465	14786	24642	1	987	33098	39723	4
	2020	476	15393	27848	1	935	34853	44730	4
城市信用社	2012	0	0	0	0	2	59	15.7	1
	2013	0	0	0	0	0	0	0	0
	2014	0	0	0	0	0	0	0	0

续表

机构类别	年份	上海			法人机构（个）	江苏			法人机构（个）
		营业网点				营业网点			
		机构个数（个）	从业人数（人）	资产总额（亿元）		机构个数（个）	从业人数（人）	资产总额（亿元）	
城市信用社	2015	0	0	0	0	0	0	0	0
	2016	0	0	0	0	0	0	0	0
	2017	0	0	0	0	0	0	0	0
	2018	0	0	0	0	0	0	0	0
	2019	0	0	0	0	0	0	0	0
	2020	0	0	0	0	0	0	0	0
农村信用社/农村合作银行/农村商业银行	2012	330	4962	1534	1	3106	34625	4627.8	72
	2013	321	5197	1702	1	3039	35271	5740.3	72
	2014	319	4943	2128	1	3009	36215	7226	68
	2015	327	5079	2537.3	1	3071	36761	9663.2	69
	2016	345	5358	3153	1	2982	7814	3156	0
	2017	370	5654	3562	1	3032	41498	12881.2	62
	2018	388	5865	4068	1	3078	43358	14614	62
	2019	361	6919	8909	1	3384	50285	29945	63
	2020	359	7770	10106	1	3298	45811	32565	60
财务公司	2012	12	522	1448	10	3	51	81.9	2
	2013	12	564	1442	10	5	51	90.9	4
	2014	12	661	1402	9	5	102	73	4
	2015	13	792	1797.8	13	6	126	173.7	5
	2016	14	964	1779	14	7	177	215	6
	2017	15	1023	2248	15	9	227	371.1	7
	2018	16	1145	2550	16	11	292	401	9
	2019	24	1829	6886	22	16	472	1513	14
	2020	24	1858	8097	22	0	474	1796	14
信托公司	2016	7	746	181	7	—	—	—	—
	2017	—	—	—	—	4	285	118.1	4
	2018	16	1145	2550	16	4	336	141	4
	2019	7	2436	753	7	4	679	389	4
	2020	7	2200	746	7	0	676	453	4

续表

机构类别	年份	上海 营业网点			法人机构（个）	江苏 营业网点			法人机构（个）
		机构个数（个）	从业人数（人）	资产总额（亿元）		机构个数（个）	从业人数（人）	资产总额（亿元）	
邮政储蓄	2012	444	3737	539	0	2389	12879	1528	0
	2013	447	2145	651	0	2391	15417	1947.5	0
	2014	452	2428	766	0	1264	6904	2294.4	0
	2015	453	2584	924.5	0	2401	7111	2642.3	0
	2016	456	2731	1113	0	2442	7814	3156	0
	2017	460	3063	1320	0	2499	8418	3899	0
	2018	471	3111	1476	0	2511	9805	4168	0
	2019	482	2954	2230	0	2512	25480	8155	0
	2020	486	2979	2621	0	2499	25989	9310	0
外资银行	2012	131	—	7567	13	17	749	294.4	0
	2013	157	7501	8567	17	30	889	352.3	0
	2014	—	—	7293	18	26	949	374.9	1
	2015	192	15618	8657.3	19	35	1188	388.1	1
	2016	201	17654	10020	20	52	1571	564	1
	2017	200	17400	10860	22	52	1832	726.3	1
	2018	215	39509	11897	22	65	2038	911	2
	2019	211	12549	14478	18	78	2484	1674	3
	2020	209	12478	16368	18	35	2309	1784	3
新型农村金融机构	2012	—	—						
	2013	12	81	8	12	27	240	23	27
	2014	32	239	30	32	113	951	129.3	111
	2015	5	101	60.1	5	29	462	91	25
	2016	8	—	83	8	47	1011	219	38
	2017	12	—	2341	12	81	1813	386.1	52
	2018	9	452	151	9	116	2778	521	63
	2019	160	2203	301	139	267	4861	896	74
	2020	161	2113	325	139	196	4996	993	74
其他	2016	7	277	981	7	—	—	—	—
	2017	12	—	2341	12	1	112	145.8	1
	2018	12	—	3063	12	1	121	184	1

续表

机构类别	年份	上海				江苏			
		营业网点			法人机构（个）	营业网点			法人机构（个）
		机构个数（个）	从业人数（人）	资产总额（亿元）		机构个数（个）	从业人数（人）	资产总额（亿元）	
其他	2019	22	5925	10025	21	11	1439	2300	7
	2020	22	5709	10942	22	0	2217	3164	9

资料来源：《上海金融运行报告》和《江苏省金融运行报告》。

表3－10　　　　　　　　2012～2020年浙江和安徽金融机构情况

机构类别	年份	浙江				安徽			
		营业网点			法人机构（个）	营业网点			法人机构（个）
		机构个数（个）	从业人数（人）	资产总额（亿元）		机构个数（个）	从业人数（人）	资产总额（亿元）	
国有商业银行	2012	3558	78714	16038	0	2283	44500	5506	0
	2013	3519	80603	18586	0	2252	45947	6499	0
	2014	3519	82845	25356	0	2215	45336	8020	0
	2015	3694	89387	29572.8	0	2215	47081	9336	0
	2016	3806	91565	33453	0	2243	44169	10749	0
	2017	3886	91029	34632.8	0	2293	47081	12476	0
	2018	3944	91182	37759.4	0	2328	50860	13867	0
	2019	3759	91261	56531	0	2499	46480	22667	0
	2020	3753	90845	63971	0	2374	45955	25621	0
国家开发银行和政策性银行	2012	54	1661	1202	0	89	2247	1028	0
	2013	54	1695	1631	0	89	2271	1349	0
	2014	56	1752	2198	0	89	2289	1713	0
	2015	57	1911	2616.6	0	90	2333	2082	0
	2016	60	2032	3286	0	90	2337	2683	0
	2017	60	2097	3765.4	0	90	2335	3287.2	0
	2018	60	2108	4721.2	0	90	2317	3831	0
	2019	61	1987	9416	0	91	2269	7639	0
	2020	61	2001	9888	0	91	2316	8089	0
股份制商业银行	2012	534	16812	7733	1	35	1353	572	0
	2013	556	20024	10188	1	48	1601	744	0
	2014	612	22798	11299	1	64	2120	1377	0
	2015	669	25250	13092.4	1	246	2966	2003	0

续表

机构类别	年份	浙江				安徽			
		营业网点			法人机构（个）	营业网点			法人机构（个）
		机构个数（个）	从业人数（人）	资产总额（亿元）		机构个数（个）	从业人数（人）	资产总额（亿元）	
股份制商业银行	2016	568	24348	15317	1	99	3809	2366	0
	2017	623	27289	18578.7	1	196	4487	2967.2	0
	2018	679	30614	20224.3	1	130	5394	4061	0
	2019	1137	34251	28907	0	357	8328	6278	0
	2020	1141	34507	34160	0	356	8352	6878	0
城市商业银行	2012	428	10760	2859	11	157	3787	1004	1
	2013	459	14087	3871	11	159	4162	1284	1
	2014	491	16711	5639	11	163	4456	1548	1
	2015	555	21455	7678.4	11	166	4696	2012	1
	2016	638	26114	9340	11	194	5177	2563	1
	2017	727	30006	11627.3	13	208	4843	3311.7	1
	2018	884	35092	13984.2	13	229	6408	3973	1
	2019	1891	53449	34023	13	454	10208	10971	1
	2020	2041	57967	40486	13	447	10015	11975	1
城市信用社	2012	8	176	14	1	0	0	0	0
	2013	8	191	17	1	0	0	0	0
	2014	8	201	19	1	0	0	0	0
	2015	8	242	22.5	1	0	0	0	0
	2016	8	289	30	1	0	0	0	0
	2017	0	0	0	0	0	0	0	0
	2018	0	0	0	0	0	0	0	0
	2019	0	0	0	0	0	0	0	0
	2020	0	0	0	0	0	0	0	0
农村信用社（合作机构）/农村商业银行（以后）	2012	3878	39549	5065	188	3154	23834	1453	227
	2013	3895	40926	6409	82	2965	27654	1926	83
	2014	3916	42017	7588	82	2945	27612	2517	83
	2015	4017	43682	9244.9	82	2943	29227	3335	83
	2016	4078	44638	10925	82	3031	29850	4072	83
	2017	4179	47750	12554.3	82	2946	30737	5030.5	83
	2018	4201	51418	14574.6	82	3014	31559	6114	84
	2019	4054	51308	28816	82	3088	33815	13974	84
	2020	4070	52548	34714	82	3067	35279	15472	84

续表

机构类别	年份	浙江				安徽			
		营业网点			法人机构（个）	营业网点			法人机构（个）
		机构个数（个）	从业人数（人）	资产总额（亿元）		机构个数（个）	从业人数（人）	资产总额（亿元）	
财务公司	2012	2	86	152	2	1	49	29	1
	2013	2	84	141	2	1	56	54	1
	2014	2	81	158	2	1	56	77	1
	2015	3	114	206.7	3	2	89	93	2
	2016	3	115	227	3	3	110	148	3
	2017	5	164	288.2	4	4	136	222.5	4
	2018	6	205	480.6	5	4	145	224	4
	2019	11	470	1715	10	6	196	567	6
	2020	11	517	1939	10	6	197	545	6
信托公司	2016	—	—	—	—	1	122	34	1
	2017	5	398	113.2	5	2	286	92.9	2
	2018	5	521	134.9	5	2	366	109	2
	2019	5	1407	361	5	1	169	73	1
	2020	5	1349	387	5	1	169	86	1
邮政储蓄	2012	1541	10785	755	0	1633	9609	681	0
	2013	1557	986	1013	0	1661	4399	859	0
	2014	796	18268	1402	0	1662	11532	1111	0
	2015	1604	13125	1515.7	0	1660	11719	1354	0
	2016	1669	6853	1782	0	1700	12415	1686	0
	2017	1645	7454	2122.4	0	802	13546	2092.0	0
	2018	1677	6588	2307.5	0	1753	15052	2430	0
	2019	1727	9371	4668	0	1775	15056	5308	0
	2020	1722	9598	5352	0	1793	15134	6018	0
外资银行	2012	9	399	89	2	—	—	—	—
	2013	14	566	125	2	1	50	7	0
	2014	14	614	161	2	2	65	25	0
	2015	22	827	249.3	2	2	69	25	0
	2016	27	969	346	2	2	77	33	0
	2017	33	1180	308.2	2	3	90	40.6	0
	2018	34	1103	445.3	1	5	157	69	0
	2019	29	823	553	0	5	190	151	0
	2020	29	803	629	0	4	162	141	0

续表

机构类别	年份	浙江				安徽			
		营业网点			法人机构（个）	营业网点			法人机构（个）
		机构个数（个）	从业人数（人）	资产总额（亿元）		机构个数（个）	从业人数（人）	资产总额（亿元）	
新型农村金融机构	2012	—	—	—	—	—	—	—	—
	2013	58	696	88	53	11	96	10	11
	2014	112	1427	234	110	127	841	63	127
	2015	27	880	166.6	27	18	412	45	18
	2016	76	1841	321	53	325	3875	290	325
	2017	113	2687	445.9	57	66	1230	161.7	39
	2018	174	4102	604	71	106	1822	258	51
	2019	308	6440	1039	81	326	4339	729	68
	2020	318	6711	1224	80	346	4609	1006	68
其他	2016	3	143	430	1	2	203	39	2
	2017	3	166	531.6	1	2	267	114.5	2
	2018	3	197	620	—	3	458	213	3
	2019	8	1364	2326	1	10	1250	1487	6
	2020	10	3155	5949	8	10	1446	1307	6

资料来源：《安徽省金融运行报告》和《浙江省金融运行报告》。

此外，长三角地区银行业规模的稳步增长以及组织体系建设有序推进，为长三角地区经济社会发展作出了重要的贡献。2021年1月25日，中国人民银行上海分行总部发布的长三角地区信贷数据显示，2020年底，长三角地区内现存43.70万亿元本外币贷款，较2019年底增长14.5%。其中，现存42.62万亿元本币贷款，较2019年底增长14.6%。此外，根据2020年《全国经济社会发展统计公告》，2020年底，我国所有金融机构现存178.4万亿元本外币贷款，较2019年底增加19.8亿元，其中，现存172.7万亿元本币贷款，较2019年底增加19.6万亿元。可见，长三角地区本外币各项贷款余额占全国贷款余额的24.49%，人民币贷款余额也占全国贷款余额的24.67%，均已经超过了GDP占全国的比重。

二、长三角地区资本市场发展现状

（一）我国多层次资本市场的构成

长期以来，银行业金融机构的间接金融体系一直在我国金融体系中占据主要位置，随着我国经济以及储蓄规模的逐渐扩大，直接融资市场也呈现多样化的发展趋势。党的十九大以来，为了满足从快速工业化的高经济增长向创新驱动的高质量发展转型的需要，中国开始了多层次资本市场发展新一轮尝试。2020 年 5 月，中共中央、国务院发布的《关于新时代加快完善社会主义市场经济体制的意见》明确提出"加快建立规范、透明、开放、有活力、有韧性的资本市场"。多层次资本市场体系的构建，主要是为了满足不同类型企业在不同发展阶段的差异化资金融通需求，进而形成各类市场参与者共同选择的均衡和市场自发演进的结果。市场中不同的层次适应于不同规模、不同发展阶段企业的融资需求，各有发展的侧重点和目标。经过多年发展，我国多层次资本市场体系已经日趋成熟。具体而言：我国资本市场的正式创立始于 1990 年 12 月 19 日上海证券交易所的开业。2003 年 10 月召开的党的十六届三中全会明确提出大力发展资本和其他要素市场，正式拉开了我国多层次资本市场体系构建的序幕。在党的十六届三中全会的基础上，2004 年 1 月 31 日国务院发布《关于推进资本市场改革开放和稳定发展的若干意见》，提出九条资本市场稳定发展的具体实施意见。同年 6 月 25 日，深交所中小企业板块正式开市，作为专门服务于民营中小企业的首次公开募股（initial public offering，IPO）通道，成为我国多层次资本市场体系构建进程中的重要标志点之一。2009 年 10 月 23 日，深交所在原有板块的基础上增设的创业板正式开市。作为致力于服务具有高成长性的科技型、创业型企业的 IPO 通道，创业板的设立对于提升"大众创业、万众创新"的积极性具有重要作用。2012 年 11 月，党的十八大报告中明确强调，加快发展多层次资本市场。2013 年 1 月，全国中小企业股份转让系统（即"新三板"）正式运营。在此基础上，各省份的地方股权托管交易中心（即"四板"市场）也陆续设立。至此，我国多层次的资本市场体系的框架初步建立。2019 年 6 月 13 日，主要服务于科技创新型企业、以实施注册制为主要特征的科创板在上交所设立，成为我国多层次资本市场进一步完善的标志之一。2021 年 4 月，为了促进各交易所的协调发展，中小板正式并入主板。2021 年 11 月 15 日，北京证券交易所正式开市，将有效推进新三板改革，助力资本市场支持中小企业壮大。可见，我国多层次的资本市场体系已经逐步走向成熟。

（二）多层次资本市场对长三角地区中小企业的支持现状分析

我国多层次的资本市场体系的完善对于满足市场中不同层次、不同规模、不同发展阶段企业的融资需求起到了至关重要的作用，进而对长三角地区中小企业的融资带来巨大的促进作用。以重点服务于中小企业的科创板、创业板以及新三板为例，长三角地区中小企业上市数量均占据绝对的比例。具体表现为以下特征。一是科创板方面，根据 Wind 数据库相关数据，截至 2021 年上半年，长三角地区在科创板上市企业的数量已经达到 135 家，占全国科创板上市企业数量的 48%，基本汇聚了科创板近半数的上市公司。其中，上海科创板上市企业 43 家，江苏科创板上市企业 56 家，浙江科创板上市企业 25 家，安徽科创板上市企业 11 家。二是创业板方面，根据 Wind 数据库相关数据，截至 2021 年 10 月，2020 年底前长三角地区现存创业板上市企业共有 298 家，占全国现存创业板企业 891 家的 34.45%，占有重要的地位。其中，长三角地区中江苏省在创业板上市的企业最多，有 118 家，占地区总量的 39.60%；浙江省为第二，有 106 家，占 35.57%；上海市第三，有 52 家，占 17.45%；安徽省最少，有 22 家，占 7.38%。三是新三板方面，长三角地区新三板市场于 2012 年起步，起步较晚，但是飞速上涨，2016 年增幅达到最高，随后开始逐年下跌。截至 2021 年 10 月，全国新三板存量挂牌企业 7172 家，长三角地区挂牌企业存量达到 2279 家，在全国企业挂牌数中占比 31.78%。其中，江苏省企业最多，有 866 家，占地区总量的 38.00%；浙江省第二，有 622 家，占 27.29%；上海市第三，有 535 家，占 23.48%；安徽省最少，有 256 家，占 11.23%。

第三节　分析框架

本书基于长三角地区中小企业和金融发展宏观现状的分析，按照货币市场与资本市场两个维度，建立分析框架，通过对长三角地区的实际调研、访谈，不仅实证分析长三角地区中小企业在民间借贷、小微金融机构、商业银行等货币市场的金融需求与相对应的商业银行、民间金融综合改革试验区、小额贷款公司等金融供给的匹配问题，还通过构建计量模式实证分析影响长三角地区在科创板、创业板上市的中小企业以及新三板挂牌企业融资效率的关键因素，并提出实现中小企业发展的区域金融一体化的具体途径（见图 3 - 2）。

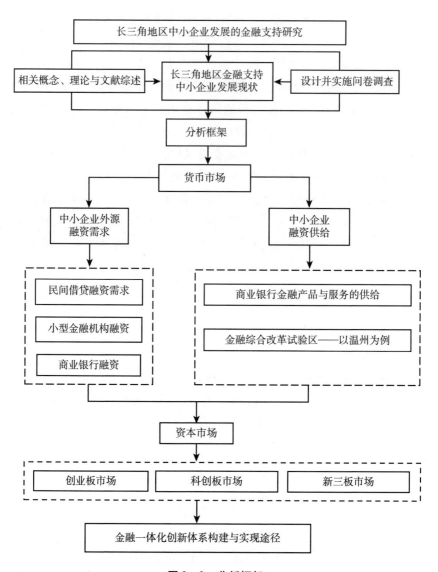

图 3 - 2   分析框架

第四章 江苏、浙江和安徽中小企业外源融资需求

第一节 样本中小企业的基本情况

一、样本选择及数据来源

根据数据可获性以及科学性要求，为了尽可能充分反映长三角地区中小企业融资的现状，本章选择江苏省苏州市、常州市、泰州市、连云港市、徐州市 5 个地级市，浙江省宁波市、温州市 2 个地级市，安徽省宣城市、滁州市 2 个地级市为样本调研市。调查开展于 2015 年 6 月至 2018 年 4 月，通过问卷调查、访谈、网络调查等方式，对三省的 9 个城市的中小企业发放调查问卷，共计回收有效问卷 1390 份，其中，江苏省实际回收有效问卷 674 份，占比 48.49%，浙江省实际回收有效问卷 538 份，占比 38.71%，安徽省实际回收有效问卷 178 份，占比 12.80%。问卷主要内容涉及五个部分：一是被调查企业及企业主的基本信息；二是企业资金情况；三是企业的银行融资情况；四是企业的小型金融机构融资情况；五是企业的民间融资情况。此外，考虑不同企业在回答问题时存在缺失值，后续相关变量的分析均仅对相应问题的实际回答样本企业进行统计。

二、样本数据统计特征分析

江苏、浙江、安徽三省同处长三角地区，但是由于地区之间经济结构和经济发展程度的不同，不同地区中小企业在保持共性特征的同时，还呈现出各自特点。具体体现在三个方面。

（一）样本企业性质特征分析

从样本企业的性质来看，一方面，三省的中小企业都以私营企业为

主，私营企业的占比都在85%以上；另一方面，三省的企业性质特点在分布上体现出差异。其中，安徽省的中小企业性质分布最为集中，私营企业占到调查样本的94.94%；江苏省的企业性质分布相对来说显得更加多样，除了占绝大多数的私营企业之外，国有企业、集体企业和外商投资的比重在三省同类比重中最高，呈现出江苏中小企业多元化的特点（见表4-1）；而浙江省基本介于两者之间。

表4-1   样本中小企业基本情况

区域	指标	国有企业	集体企业	私营企业	三资企业	外商投资	其他
浙江	企业数（家）	1	2	472	14	7	41
	占样本企业的比重（%）	0.20	0.4	87.9	2.6	1.3	7.6
江苏	企业数（家）	12	26	576	14	23	23
	占样本企业的比重（%）	1.78	3.86	85.46	2.08	3.41	3.41
安徽	企业数（家）	1	1	169	1	3	3
	占样本企业的比重（%）	0.56	0.56	94.94	0.56	1.69	1.69

资料来源：根据问卷调查整理。

（二）样本企业行业分布特征分析

从中小企业的行业分布上来看，浙江省与江苏省的中小企业行业分布呈现出相近的特征，都以制造业特别是机械及器材制造业为主，其在样本中的占比分别达到36.8%和27.6%，制造业也是江苏、浙江两省的传统优势产业，其发展水平也较高，带动当地经济增长效应明显。相比较而言，安徽省的中小企业的行业分布较为分散，比重最大的仍为机械及器材制造业，占到了样本总量的16.85%；除此之外，化工制造业、交通运输和仓储业也占据了较大的比重，分别为14.61%、8.43%；服装、纺织制造业、通信及电子设备制造业和批发业的占比较为接近，分别为4.49%、5.62%和5.62%。总体特征上来看，浙江、江苏和安徽三省的中小企业虽然行业分布有所不同，但仍集中于劳动密集型行业（见表4-2）。

表4-2   样本中小企业行业分布

指标	浙江		江苏		安徽	
	企业数（家）	占样本企业的比重（%）	企业数（家）	占样本企业的比重（%）	企业数（家）	占样本企业的比重（%）
农、林、牧、渔业	14	2.8	22	3.26	3	1.69
食品制造业	6	1.2	16	2.37	1	0.56

续表

指标	浙江		江苏		安徽	
	企业数（家）	占样本企业的比重（%）	企业数（家）	占样本企业的比重（%）	企业数（家）	占样本企业的比重（%）
服装、纺织制造业	50	10.1	49	7.27	8	4.49
医药制造业	6	1.2	19	2.82	0	0
化工制造业	43	8.7	116	17.21	26	14.61
机械及器材制造业	182	36.8	186	27.6	30	16.85
通信及电子设备制造业	24	4.8	34	5.04	10	5.62
批发业	55	11.1	22	3.26	10	5.62
零售业	23	4.6	47	6.97	6	3.37
建筑业	11	2.2	45	6.68	7	3.93
交通运输和仓储业	8	1.6	13	1.93	15	8.43
邮政业	0	0	0	0	1	0.56
住宿业	2	0.4	6	0.89	2	1.12
餐饮业	0	0	5	0.74	4	2.25
信息传输业	0	0	9	1.34	2	1.12
软件与信息技术服务业	0	0	10	1.48	0	0
房地产开发与经营业	2	0.4	18	2.67	1	0.56
其他	69	13.9	57	8.46	42	23.6

资料来源：根据问卷调查整理得到。

（三）样本企业组织形式特征分析

样本中小企业的组织形式中，浙江、江苏和安徽都以有限责任公司为主，分别占到样本总量的 68.5%、69.24% 和 59.78%。除了有限责任公司之外，三省中小企业组织形式最多的都是私营独资企业，但是呈现出不同的特点：浙江省的私营独资企业和个体工商户占比都超过了 10%，体现出其个体经济活力充足；江苏省的中小企业中股份有限公司的占比在三省中相对较高，占到了 7.58%；而安徽省中小企业中股份有限公司、合伙企业及个体工商户的占比较为接近（见表 4 - 3）。

表 4 - 3　　　　　　　　　　样本中小企业性质分布

区域	指标	有限责任公司	股份有限公司	合伙企业	私营独资企业	个体工商户	其他
浙江	企业数（家）	367	12	22	80	55	4
	占样本企业的比重（%）	68.5	2.2	4.1	14.9	10.3	0.7

续表

区域	指标	有限责任公司	股份有限公司	合伙企业	私营独资企业	个体工商户	其他
江苏	企业数（家）	466	51	29	89	21	17
	占样本企业的比重（%）	69.24	7.58	4.31	13.22	3.12	2.53
安徽	企业数（家）	129	13	8	17	10	1
	占样本企业的比重（%）	59.78	5.03	3.35	9.5	5.59	0.56

资料来源：根据问卷调查整理得到。

第二节　样本中小企业民间借贷融资现状

一、样本企业民间借贷主要方式

通过对浙江、江苏、安徽三省中小企业民间借贷融资来源的调研统计结果进行对比发现，江苏和安徽两省在民间借贷融资来源上比较接近，浙江省的情况与江苏和安徽两省差别明显。具体而言，民间借贷融资的来源中近亲借贷在调研的三个省份占比都是最高的，但是比重区别非常大，浙江省这一来源的占比达到了 70.4%，而江苏和安徽两省这一比重分别为 29.9% 和 30.4%。朋友作为借贷来源在被调查的三个省份的小企业样本中占比位于第二位，比重也存在较大差异，江苏和安徽的这一比重分别占到 27.3% 和 25.5%，浙江省只有 13.9%（见表 4-4）。

表 4-4　　　　　　　　　样本企业民间借贷主要方式

区域	指标	近亲	远亲	其他企业主	朋友	内部集资	担保公司融资	典当行融资	民间专门放贷人
浙江	企业数（家）	81	1	9	16	6	2	0	0
	百分比（%）	70.4	0.9	7.8	13.9	5.2	1.7	0.0	0.0
江苏	企业数（家）	169	47	108	154	60	22	2	3
	百分比（%）	29.9	8.3	19.1	27.3	10.6	3.9	0.4	0.5
安徽	企业数（家）	49	11	18	41	24	8	0	10
	百分比（%）	30.4	6.8	11.2	25.5	14.9	5.0	0.0	6.2

资料来源：根据问卷调查整理得到。

二、样本企业民间借贷抵押担保方式

从浙江、江苏、安徽三省中小企业民间借贷融资抵押担保方式来进行比较，三省占比最高的都是信用贷款，但是比重存在很大的差别。浙江省民间借贷融资中信用借贷达到91.4%，几乎所有的民间融资借贷都以信用贷款的形式进行，信用借贷满足了浙江省的中小企业灵活多样的信贷需求。信用贷款在江苏和安徽两省中小企业民间借贷融资中的比重分别为56.8%和49%。在占比第二位的抵押担保方式上，江苏与安徽省的中小企业出现了不同，江苏省的中小微民间借贷融资中18.1%采用的不动产抵押，而安徽省的中小企业中有18.3%选择了其他个人担保，可以看出江苏省的民间借贷融资更加偏好风险控制，对贷款企业的要求较高，安徽省的民间借贷融资则更多地是以人际关系方式进行（见表4-5）。

表4-5　　　　　　　　　样本企业民间借贷抵押担保方式

区域	指标	仅凭信用，无须担保抵押	不动产抵押（商铺、住宅房、厂房抵押）	动产抵押（股东私有财产抵押、设备抵押、存货抵押、应收账款抵押）	金融票据（存单、债券、银行承兑汇票、商业承兑汇票等）质押融资	专业担保公司担保	其他企业担保	其他个人担保	无形资产质押
浙江	企业数（家）	85	2	1	0	0	3	1	1
	占比（%）	91.4	2.2	1.1	0.0	0.0	3.2	1.1	1.1
江苏	企业数（家）	201	64	15	19	3	15	35	2
	占比（%）	56.8	18.1	4.2	5.4	0.8	4.2	9.9	0.6
安徽	企业数（家）	51	13	10	7	1	3	19	0
	占比（%）	49.0	12.5	9.6	6.7	1.0	2.9	18.3	0.0

资料来源：根据问卷调查整理得到。

第三节　样本中小企业小型金融机构融资特征

从浙江、江苏、安徽三省中小企业小型金融机构融资情况来看，小型金融机构在中小企业融资中的作用并不显著，比较而言，通过小型金融机构进行融资的中小企业占比最高的是安徽省，为19.05%；江苏次之，为

15.59%；浙江最低，为10.3%。这一现象说明现有小型金融机构的优势特点还未能显示出来（见表4-6）。

表4-6　　　　　　　样本中小企业小型金融机构融资情况

区域	指标	通过小型金融机构融资	村镇银行	资金互助社	贷款公司	小额贷款公司	未通过小型金融机构融资
浙江	企业数（家）	43	27	0	2	4	376
	百分比（%）	10.3	81.8	0.0	6.1	12.1	89.7
江苏	企业数（家）	94	43	1	15	29	509
	百分比（%）	15.59	45.74	1.06	15.96	30.85	84.41
安徽	企业数（家）	28	16	0	3	6	119
	百分比（%）	19.05	64	0	12	24	80.95

资料来源：根据问卷调查整理得到。

从小型金融机构融资主体来看，浙江、江苏、安徽三省中占比最高的都是村镇银行，其中浙江省中小企业新型金融机构融资有81.8%选择了村镇银行，远高于江苏的45.74%和安徽的64%。在江苏和安徽的小型金融机构主体中存在较高占比的是贷款公司和小额贷款公司，而浙江省这两种新型金融机构对中小企业融资的参与度较低。资金互助社只在江苏的中小企业小型金融机构融资中出现，且只有一家，仅占样本的1.06%。

第四节　中小企业商业银行融资选择与可得性

一、样本中小企业商业银行融资选择及其可得性

浙江、江苏、安徽三省样本中小企业融资来源选择中，商业银行仍然是最重要的融资借贷来源。从表4-7可以看出，近三年在三省样本中小企业向商业银行贷款总数中，浙江省、江苏省和安徽省的占比分别是92.9%、75.99%和66.87%。而在商业银行融资可得性上，浙江省、江苏省和安徽省没有得到申请的全部数额的贷款比重分别是13.4%、35.15%和33.33%。由此可见，三省样本中小企业商业银行融资可得性存在不同程度的障碍。

表4-7　　　　　　　　中小企业商业银行融资选择与可得性

区域	指标	商业银行融资选择		商业银行融资可得性	
		向银行借款	没有选择向银行借款	得到申请的全部数额的贷款	没有得到申请的全部数额的贷款
浙江	企业数（家）	391	30	337	52
	百分比（%）	92.9	7.1	86.6	13.4
江苏	企业数（家）	440	139	273	148
	百分比（%）	75.99	24.01	64.85	35.15
安徽	企业数（家）	111	55	74	37
	百分比（%）	66.87	33.13	66.67	33.33

资料来源：根据问卷调查整理得到。

二、没有选择向商业银行借款的原因

在样本企业没有选择向商业银行借款的原因中，贷款成本过高（55.7%）、企业资金足够（54.4%）和申请程序繁、审批时间长、信贷产品少（40.5%）对样本企业的影响最大；附加成本过高（25.9%）和缺乏人际关系、贷款可得性小（10.8%）对企业申请商业银行贷款的意愿也有影响（见表4-8）。

表4-8　　　　　　　样本企业没有选择商业银行贷款的原因　　　　　　单位：%

指标名称	贷款成本过高	企业资金足够	申请程序繁、审批时间长、信贷产品少	附加成本过高	缺乏人际关系、贷款可得性小
中型企业数比例	66.7	28.6	57.1	23.8	14.3
小型企业数比例	58.8	61.8	33.3	23.5	6.9
微型企业数比例	40.0	48.6	51.4	34.3	20.0
总样本比例	55.7	54.4	40.5	25.9	10.8

注：多选题且不限可选中的选项数量。

资料来源：根据问卷调查整理得到。

表4-8分析了样本企业未申请商业银行贷款的原因，主要反映了商业银行资金供给对企业融资需求的不匹配性。按照企业规模分类，商业银行贷款成本对中型企业的影响最大，66.7%的中型企业认为商业银行贷款成本过高，这一比例高于小型（58.8%）和微型（40%）企业。商业银

行贷款附加成本对微型企业的影响最大，34.3%的微型企业认为附加成本过高，这一比例高于中型（23.8%）和小型（23.5%）企业。小型企业在信贷可得性上的优势较中型和微型企业明显，33.3%的小型企业认为申请程序繁、审批时间长、信贷产品少，这一比例低于中型（57.1%）和微型（51.4%）企业；6.9%的小型企业认为缺乏有助于贷款的人际关系，这一比例也远小于中型（14.3%）和微型（20%）企业。

三、样本中小企业商业银行融资障碍

表4-9通过考察样本企业未获批商业银行贷款的原因，反映了企业自身存在的达不到银行发放贷款要求的原因。在众多样本企业未获批银行贷款的原因中，最为主要的原因是没有合格的抵押品或担保（63.2%）、信用等级达不到银行贷款对企业的基本要求（52.1%）和自有资金比例不达标（47.2%）；财务管理不规范（35%）、缺乏必要的人际关系（28.8%）和存在违约记录（22.1%）等原因也对样本企业未获批商业银行贷款造成了一定影响。

表4-9　　　　　　　　　样本企业未获批商业银行贷款的原因　　　　　单位：%

指标名称	没有合格抵押或担保	信用等级不达标	自有资金比例不达标	财务管理不规范	缺乏必要的人际关系	存在违约记录
中型企业数比例	33.3	50.0	37.5	25.0	25.0	8.3
小型企业数比例	71.2	51.0	46.2	36.5	27.9	24.0
微型企业数比例	60.0	57.1	57.1	37.1	34.3	25.7
总样本比例	63.2	52.1	47.2	35.0	28.8	22.1

注：多选题且不限可选中的选项数量。
资料来源：根据问卷调查整理得到。

此外，按照企业规模分类，可以看出，总体来说微型企业因上述原因未获批商业银行贷款的比例大于小型企业，小型企业大于中型企业，可以认为随着企业规模的扩大，获得银行信贷的能力也在明显增加。就抵押品和担保方面而言，微型（60%）和小型（71.2%）企业能够提供的抵押品和担保远比中型企业（33.3%）少，因此在申请贷款时受到的阻碍远比中型企业大；值得注意的是，小型企业的这一比例高于微型企业，这与国家和地方政府对微型企业的担保扶持政策有关。

第五节 样本中小企业融资利率与抵押品的要求

样本中小企业在从商业银行、民间借贷和小型金融机构三个主要融资渠道获得贷款时，接受的利率和抵押品要求的占比如表 4 - 10 所示。中小企业在向商业银行融资时被要求提供的抵押担保种类，排在前三位的分别是不动产抵押、第三方担保、动产抵押，信用贷款仅排在第四位；在向民间借贷融资时被要求提供抵押担保品的排序则是民间借贷、不动产抵押和无形资产质押；在向小型金融机构融资时被要求提供抵押担保品的排序是信用贷款、不动产和动产抵押。由此可见，中小企业虽然在商业银行获得贷款的利率相对于民间金融要低，但缺少相应的抵押品是其获得商业银行贷款最重要的制约因素。

表 4 - 10　　　　获得贷款时接受的利率和抵押品要求的占比　　　　单位：%

抵押担保	商业银行比例	民间借贷比例	小型金融机构比例	贷款利率	商业银行比例	民间借贷比例	小型金融机构比例
信用贷款	10.2	56.5	22.4	0.01~5	3.4	6.2	3.2
不动产抵押	42.9	28.2	19.0	5~10	70.3	28.4	44.4
动产抵押	15.0	5.9	19.0	10~15	19.5	45.7	39.7
金融票据	4.9	—	—	15~20	2.3	11.1	9.5
无形资产质押	4.1	7.1	3.4	20~30	4.1	1.2	1.6
第三方担保	22.9	2.4	36.2	>30	0.4	—	—
合计	100.0	100.0	100.0	无利息	—	7.4	1.6
				合计	100.0	100.0	100.0

资料来源：根据问卷调查整理得到。

第六节 本章小结

本章主要基于金融需求的角度，重点分析了江苏、浙江和安徽三省样本中小企业的融资需求特征。研究发现，虽然三省样本中小企业民间借贷需求特征在内部呈现一定的细节数据差异，但更多地表现出指标趋势的共性特征。其一，三省中小企业贷款来源中亲友借贷占比均最高，且占比最高的都是信用贷款；其二，小型金融机构在中小企业融资中的作用并不显著，商业银行仍然是最重要的融资借贷来源；其三，商业银行融资可得性仍存在不同程度的障碍，其原因排序第一的是中小企业没有合格的抵押担保品。

第五章 江苏、浙江和安徽中小企业商业银行金融供给

第一节 样本区域与样本银行的选择

本章选择江苏省、浙江省、安徽省的 7 个地级市为样本区域以比较全面地反映三省商业银行中小企业金融服务的现状，采用分层随机抽样方法在每个地级市选择 5～10 家商业银行作为样本银行。在选择样本银行时，考虑兼顾不同类型的商业银行，包括国有商业银行、股份制银行、城市商业银行和农村合作金融机构（包括农村商业银行、农村合作银行及农村信用社）。实际调研开展于 2015 年 6 月至 2018 年 6 月，共收回有效问卷 130 份，其中江苏省 52 份、浙江省 65 份、安徽省 13 份。涉及的国有银行 35 家，占比 26.92%，分别是江苏 25 家、浙江 6 家和安徽 4 家；股份制银行 16 家，占比 12.31%，分别是江苏 9 家、浙江 6 家和安徽 1 家；只有 1 家江苏的城市商业银行，占比 0.77%；农村商业银行 16 家，占比 12.31%，分别是江苏 12 家和安徽 4 家；31 家浙江的农村合作银行，占比 23.85%；邮政储蓄银行 5 家，占比 3.85%，分别是江苏 3 家和安徽 2 家；村镇银行 26 家，占比 20%，分别是江苏 2 家、浙江 22 家和安徽 2 家（见表 5-1）。

表 5-1　　　　　　　　样本银行性质分布

地区		国有银行	股份制银行	城市商业银行	农村商业银行	农村合作银行	邮政储蓄银行	村镇银行	合计
江苏	样本数（家）	25	9	1	12	0	3	2	52
	比例（%）	48.08	17.31	1.92	23.08	0	5.77	3.85	100

续表

地区		国有银行	股份制银行	城市商业银行	农村商业银行	农村合作银行	邮政储蓄银行	村镇银行	合计
浙江	样本数（家）	6	6	0	0	31	0	22	65
	比例（%）	9.23	9.23	0	0	47.69	0	33.85	100
安徽	样本数（家）	4	1	0	4	0	2	2	13
	比例（%）	30.77	7.69	0	30.77	0	15.38	15.38	100
合计（家）		35	16	1	16	31	5	26	130
比例（%）		26.92	12.31	0.77	12.31	23.85	3.85	20.00	100

资料来源：根据问卷调查整理得到。

第二节　样本银行发放贷款现状

一、中小企业贷款额度占比分析

在被调查的 130 家银行中，中小企业贷款占贷款总额比例 0～20% 的银行有 27 家，占比 42.86%，江苏、浙江和安徽分别是 11 家、9 家和 7 家；占比 20%～40% 的银行有 20 家，占比 31.75%，江苏、浙江和安徽分别是 11 家、4 家和 5 家；占比 40%～60% 的银行有 15 家，占比 23.81%，江苏、浙江和安徽分别是 11 家、3 家和 1 家；占比 60%～80% 和 80% 以上的银行均为 7 家（见表 5-2）。

表 5-2　　　　　　　　中小企业银行贷款占总贷款比例

区域	指标	0～20%（含）	20%～40%（含）	40%～60%（含）	60%～80%（含）	80%以上	合计
江苏	样本数（家）	11	11	11	6	6	45
	比例（%）	24.44	24.44	24.44	13.33	13.33	100
浙江	样本数（家）	9	4	3	1	1	18
	比例（%）	50	22.22	16.67	5.56	5.56	100
安徽	样本数（家）	7	5	1	0	0	13
	比例（%）	53.85	38.46	7.69	0	0	100
样本数合计（家）		27	20	15	7	7	63
比例合计（%）		42.86	31.75	23.81	11.11	11.11	100

资料来源：根据问卷调查整理得到。

二、银行中小企业信贷审批现状分析

根据调查实际情况，虽然企业融资需求旺盛，但实际上信贷审核是企业融资成功的一个门槛，很多企业由于无法通过审批而无法向企业借到款，因此在三省银行问卷调查中可见银行贷款审批的现状。表5－3数据显示，三省的绝大部分银行中小企业贷款均需经过一般信贷员、本行信贷部门、本行分管行长、上级相关信贷部门和上级行分管行长的审批层级。被调查的三省银行中有87家银行需要经过一般信贷员的审批，96家银行需要通过本行信贷部门的审批，100家银行需要通过本行分管行长的审批，有61家银行需要通过上级行相关信贷部门审批，36家银行需要经过上级行分管行长的审批，有61家银行需要通过总行相关信贷部门的审批，43家银行需要通过总行分管行长的审批。

表5－3　　　　　　　　　　　　中小企业贷款审批层级

区域	指标	一般信贷员	本行信贷部门	本行分管行长	上级行相关信贷部门	上级行分管行长	总行相关信贷部门	总行分管行长	合计
江苏	样本数（家）	35	38	41	33	20	27	21	52
	比例（%）	67.31	73.08	78.85	63.46	38.46	51.92	40.38	100
浙江	样本数（家）	44	48	48	20	9	32	21	64
	比例（%）	68.8	75	75	31.3	14.1	50	32.8	100
安徽	样本数（家）	8	10	11	8	7	2	1	13
	比例（%）	61.5	76.9	84.6	61.5	53.8	15.4	7.7	100
合计（家）		87	96	100	61	36	61	43	129
比例（%）		67.44	74.42	77.52	47.29	27.91	47.29	33.33	100

资料来源：根据问卷调查整理得到。

三、贷款利率现状分析

在企业问卷调查中发现许多中小企业不愿向银行贷款的原因除了银行贷款程序复杂外，还有一点就是银行贷款利率高，使部分企业难以承担相应成本。如表5－4所示，通过对三省银行中小企业利率上浮区间进行统计发现，大部分银行利率上浮区间在20%~40%，占比90.08%，而三省统计结果趋同；中小企业利率上浮区间在 0 ~ 20% 的，占比 29.75%，贷款利率上浮区间在 40%~50%，占比 14.05%；贷款利率上浮区间在 50%~70% 这个区间，占比 10.74%；贷款利率上浮区间 70% 以上，占比 14.88%。

表 5 - 4   中小企业利率上浮区间

区域	指标	0 ~ 20%（含）	20%~40%（含）	40%~50%（含）	50%~70%（含）	70%以上	合计
江苏	样本数（家）	13	41	6	3	1	44
	比例（%）	29.55	93.18	13.64	6.82	2.27	100
浙江	样本数（家）	20	58	8	6	17	64
	比例（%）	31.25	90.63	12.5	9.38	26.56	100
安徽	样本数（家）	3	10	3	4	0	13
	比例（%）	23.1	77	23.1	30.8	0	100
样本数合计（家）		36	109	17	13	18	121
比例合计（%）		29.75	90.08	14.05	10.74	14.88	100

注：多选题且不限可选中的选项数量。
资料来源：根据问卷调查整理得到。

第三节　样本银行中小企业金融组织机构与互联网平台设置

一、中小企业信贷机构设置情况分析

从表 5 - 5 可知，在江苏、浙江、安徽三省的 130 家银行中，85 家银行专设中小企业信贷业务管理部门或小企业金融服务专营机构，占比 65.38%，分别是江苏 40 家，浙江 34 家和安徽 11 家，但仍有 43 家银行没有此类机构。92 家银行对中小企业贷款有独立于大型企业的信贷审批机制，占比 70.77%，其中江苏有 47 家，占比 90.38%，情况最好。79 家银行对中小企业的贷款有独立于大型企业的信用评级标准，占比 60.77%，其中江苏 41 家，占比 78.85%，在三省中比重最大。而只有 24 家银行开发专门针对第三方电子商务平台经营的企业信用评级体系，占比只有 18.46%。

表 5 - 5 银行组织机构设置

区域	指标	有中小企业信贷业务管理部门或小企业金融服务专营机构		对中小企业贷款有独立于大型企业的信贷审批机制		对中小企业的贷款有独立于大型企业的信用评级标准		开发专门针对第三方电子商务平台经营的企业信用评级体系	
		有	无	有	无	有	无	有	无
江苏	样本数（家）	40	12	47	5	41	11	15	35
	比例（%）	76.92	23.08	90.38	9.62	78.85	21.15	28.85	67.31
浙江	样本数（家）	34	29	37	26	29	34	6	57
	比例（%）	54	46	58.7	41.3	46	54	9.5	90.5
安徽	样本数（家）	11	2	8	4	9	3	3	9
	比例（%）	84.6	15.4	61.5	30.8	69.2	23.1	23.1	69.2
样本数合计（家）		85	43	92	35	79	48	24	101
比例合计（%）		65.38	33.08	70.77	26.92	60.77	36.92	18.46	77.69

注：多选题且不限可选中的选项数量。

资料来源：根据问卷调查整理得到。

二、中小企业信贷业务网络信息收集情况分析

在银行同意向企业贷款前，银行会对申请企业进行审批，严格的审批程序等会在一定程度上影响企业资金的到位率。而现在随着网络技术的发展，许多银行开通网络服务渠道来减少客户的时间成本等，大大减少了不便，也利用网络的便捷更有效地为客户服务。表 5 - 6 列出了银行进行信贷业务信息收集的网络技术运用情况，结果显示三省有 52 家银行已经开通了中小企业网上融资申请和审批渠道，占比 40%，其中江苏有 27 家，占比 51.92%，在三省中比重最大。有 102 家银行表示信贷员收集的中小企业信息可以以电子形式通过网络传输给信贷审批部门，占比 78.46%，其中江苏有 49 家，占比 94.23%，在三省中比重最大。同时有 114 家银行表示人民银行的征信系统使该银行向中小企业贷款时更加便利，占比 87.69%，其中江苏有 49 家，占比 94.23%，在三省中比重最大，说明大部分银行内部在处理中小企业贷款方面利用网络资源程度较高，能充分发挥其网络技术优势，不仅便利企业，还提高了银行的工作效率，也能了解企业信息保证发放贷款的准确性。

表 5 - 6   银行信贷业务信息收集网络技术的运用情况

区域	指标	已开通中小企业网上融资申请和审批渠道		信贷员收集的中小企业信息可以以电子形式通过网络传输给信贷审批部门		人民银行的征信系统使该银行向中小企业贷款时更加便利	
		是	否	是	否	是	否
江苏	样本数（家）	27	22	49	1	49	1
	比例（%）	51.92	42.31	94.23	1.92	94.23	1.92
浙江	样本数（家）	20	42	43	19	55	7
	比例（%）	32.3	67.7	69.4	30.6	88.7	11.3
安徽	样本数（家）	5	8	10	3	10	3
	比例（%）	38.5	61.5	76.9	23.1	76.9	23.1
样本数合计（家）		52	72	102	23	114	11
比例合计（%）		40	55.38	78.46	17.69	87.69	8.46

注：多选题且不限可选中的选项数量。

资料来源：根据问卷调查整理得到。

三、中小企业信贷业务互联网平台情况分析

在三省调查中发现 130 家银行中只有 45 家已经开展互联网中小企业服务，占比 35.43%，不到一半，其中江苏和浙江各 21 家，安徽 3 家。目前尚未开展，但计划与电商或互联网公司开展互联网金融服务的有 31 家银行，其中江苏 12 家，浙江 18 家，安徽 1 家。目前尚未开展，但计划独立开展互联网金融服务的有 19 家，其中江苏 8 家，浙江 7 家，安徽 4 家。对互联网金融的前景不清楚，短时间内不会涉足的有 29 家，其中江苏 8 家，浙江 16 家，安徽 5 家（见表 5 - 7）。

表 5 - 7   发展互联网金融为中小企业服务现状

区域	指标	已经开展	目前尚未开展，但计划和电商或互联网公司开展互联网金融服务	目前尚未开展，但计划独立开展互联网金融服务	对互联网金融的前景不清楚，短时间内不会涉足	合计
江苏	样本数（家）	21	12	8	8	52
	比例（%）	39.62	22.64	15.09	15.09	100
浙江	样本数（家）	21	18	7	16	62
	比例（%）	33.9	29	11.3	25.8	100

续表

区域	指标	已经开展	目前尚未开展，但计划和电商或互联网公司开展互联网金融服务	目前尚未开展，但计划独立开展互联网金融服务	对互联网金融的前景不清楚，短时间内不会涉足	合计
安徽	样本数（家）	3	1	4	5	13
	比例（%）	23.1	7.7	30.8	38.5	100
样本数合计（家）		45	31	19	29	127
比例合计（%）		35.43	24.41	14.96	22.83	100

资料来源：根据问卷调查整理得到。

第四节　样本银行中小企业金融产品现状

一、样本银行对业务评价分析

中小企业目前发展迅速，而银行想更加了解中小企业资金状况等，就需要对中小企业的市场前景有所了解，才能推进银行中小企业业务的发展，更加精确地对中小企业进行定位。在三省130家银行中，有71家商业银行认为中小企业的市场前景较好，占比54.62%，分别是江苏14家、浙江44家和安徽13家；并有81家银行认为中小企业的市场较大，占比62.31%，分别是江苏24家、浙江46家和安徽11家，说明目前中小企业市场发展较好，银行有信心对其投资，才能相应推出政策等发展该业务（见表5-8）。

表5-8　　　　　银行中小企业信贷部门发展所面临的问题

区域	指标	中小企业市场较大	中小企业的市场较小	中小企业的市场前景不明	中小企业的市场前景较好
江苏	样本数（家）	24	4	10	14
	比例（%）	46.15	7.69	19.23	26.92
浙江	样本数（家）	46	17	19	44
	比例（%）	73	27	30.2	69.8
安徽	样本数（家）	11	2	0	13
	比例（%）	84.62	15.4	23.1	100

续表

区域	指标	中小企业市场较大	中小企业的市场较小	中小企业的市场前景不明	中小企业的市场前景较好
合计（家）		81	23	29	71
比例（％）		62.31	17.69	22.31	54.62

注：多选题且不限可选中的选项数量。
资料来源：根据问卷调查整理得到。

二、促使银行开展中小企业贷款主要原因分析

三省有 47 家银行开展中小企业贷款的主要原因是中小企业有比较优势，占比 36.15％；也有 19 家银行认为中小企业型企业的定价较高，收益较高，占比 14.62％，因为银行大多数是营利性的，开展中小企业贷款能为其带来收益，这是很关键的；只有 7 家银行选择大中型企业客户的竞争激烈和大中型企业脱媒加剧；23 家银行选择响应国家和管理层的要求，且均为国有四大行，因为国有银行制度规范，程序严谨，要按照国家规定来开展业务；16 家银行选择小企业业务可以产生更多的交叉销售机会。上述这些都是促使银行开展中小企业贷款的主要原因，使银行有足够理由及实力去开展该业务，通过开展业务前的深入调查等，减少银行在该业务投资中的损失（见表 5-9）。

表 5-9　　　　　　　　　促使银行开展中小企业贷款的主要原因

区域	指标	中小型企业的定价较高，收益较高	大中型企业客户的竞争激烈	大中型企业脱媒加剧	集中于大企业客户的风险较高	响应国家和管理层的要求	可享受优惠政策	本行的主要客户就是中小企业，有比较优势	小企业业务可以产生更多的交叉销售机会
江苏	样本数（家）	13	1	1	4	12	1	13	8
	比例（％）	25	1.92	1.92	7.69	23.08	1.92	25	15.38
浙江	样本数（家）	4	3	0	12	8	2	28	5
	比例（％）	6.5	4.8	0	19.4	12.9	3.2	45.2	8.1
安徽	样本数（家）	2	3	0	0	3	0	6	3
	比例（％）	15.4	23.1	0	0	23.1	0	46.2	23.1
样本数合计（家）		19	7	1	16	23	3	47	16
比例合计（％）		14.62	5.38	0.77	12.31	17.69	2.31	36.15	12.31

资料来源：根据问卷调查整理得到。

三、样本银行的金融产品使用情况

三省的绝大多数样本银行都提供一些传统业务,如存款、支付结算和汇兑业务等;80% 以上的样本银行均开通了代理业务、抵押融资、担保融资、金融票据质押融资、应收账款质押融资;70% 以上的银行开通了投资理财服务、订单质押融资、保单质押融资、联保贷款/互保贷款;60% 以上的银行开通了外汇交易和国际贸易融资、信用融资、动产质押融资、商铺经营权质押融资、保证保险贷款、小额透支业务、提供财务管理服务;50% 以上的样本开通了知识产权质押融资、股权质押融资、收费权质押融资、出口退税账户托管贷款、国内保理业务、小企业保函;另有30% 以上(低于50%)银行开通了融资租赁贷款、商业圈融资、为第三方电子交易平台/信息服务平台企业提供融资、通过银行网站为企业发布产品供求信息、咨询服务。总体来看,针对中小企业融资需求而创新的产品,如通过银行网站为企业发布产品供求信息、设立网上融资平台、通过银行网站获得第三方服务等金融产品提供的银行样本数较低。其中,设立网上融资平台的则只有20% 左右(见表5-10)。

表5-10 样本银行的金融产品与服务

指标	三省样本银行合计			江苏			浙江			安徽		
	已有(家)	比例(%)	更愿提供(家)	已有(家)	比例(%)	更愿提供(家)	已有(家)	比例(%)	更愿提供(家)	已有(家)	比例(%)	更愿提供(家)
存款	125	96.15	9	48	92.31	8	65	100	0	12	92.31	1
支付结算和汇兑业务	122	93.85	7	46	88.46	5	64	98.5	1	12	92.31	1
代理业务	108	83.08	18	46	88.46	7	53	86.9	8	9	69.23	3
投资理财业务	93	71.54	26	44	84.62	6	41	83.7	15	8	61.54	5
外汇交易和国际贸易融资	90	69.23	16	41	78.85	6	41	83.7	8	8	61.54	2
信用融资	86	66.15	18	36	69.23	9	44	86.3	7	6	46.15	2
抵押融资	114	87.69	8	44	84.62	4	59	96.7	2	11	84.62	2
担保融资	116	89.23	6	46	88.46	3	59	98.3	1	11	84.62	2
动产质押融资	89	68.46	18	32	61.54	8	49	87.5	7	8	61.54	3
金融票据质押融资	107	82.31	13	40	76.92	6	55	90.2	6	12	92.31	1

续表

指标	三省样本银行合计			江苏			浙江			安徽		
	已有（家）	比例（%）	更愿提供（家）	已有（家）	比例（%）	更愿提供（家）	已有（家）	比例（%）	更愿提供（家）	已有（家）	比例（%）	更愿提供（家）
融资租赁贷款	63	48.46	20	27	51.92	8	29	74.4	10	7	53.85	2
应收账款质押融资	107	82.31	11	33	63.46	8	65	100	0	9	69.23	3
订单质押融资	94	72.31	15	23	44.23	12	64	98.5	1	7	53.85	2
商铺经营权质押融资	86	66.15	18	28	53.85	7	53	86.9	8	5	38.46	3
知识产权质押融资	66	50.77	27	17	32.69	10	41	83.7	15	8	61.54	2
股权质押融资	73	56.15	21	24	46.15	12	41	83.7	8	8	61.54	1
收费权质押融资	72	55.38	19	22	42.31	10	44	86.3	7	6	46.15	2
保单质押融资	94	72.31	13	29	55.77	8	59	96.7	2	6	46.15	3
保证保险贷款	83	63.85	15	19	36.54	11	59	98.3	1	5	38.46	3
出口退税账户托管贷款	75	57.69	21	19	36.54	12	49	87.5	7	7	53.85	2
联保贷款/互保贷款	94	72.31	12	31	59.62	4	55	90.2	6	8	61.54	2
国内保理业务	72	55.38	19	36	69.23	6	29	74.4	10	7	53.85	3
商业圈融资	46	35.38	29	23	44.23	10	18	51.4	17	5	38.46	2
为第三方电子交易平台/信息服务平台企业提供融资	40	30.77	40	24	46.15	15	11	33.3	22	5	38.46	3
小额透支业务	79	60.77	24	38	73.08	8	34	69.4	15	7	53.85	1
小企业保函	69	53.08	23	30	57.69	8	33	73.3	12	6	46.15	3
保险服务	64	49.23	29	27	51.92	12	32	71.1	13	5	38.46	4
提供财务管理服务	87	66.92	13	34	65.38	5	44	88	6	9	69.23	2
通过银行网站为企业发布产品供求信息	45	34.62	36	26	50	8	15	38.5	24	4	30.77	4

续表

指标	三省样本银行合计			江苏			浙江			安徽		
	已有（家）	比例（%）	更愿提供（家）	已有（家）	比例（%）	更愿提供（家）	已有（家）	比例（%）	更愿提供（家）	已有（家）	比例（%）	更愿提供（家）
咨询服务	47	36.15	36	25	48.08	13	17	47.2	19	5	38.46	4
设立网上融资平台	26	20	52	14	26.92	27	7	24.1	22	5	38.46	3
通过银行网站获得第三方服务	32	24.62	41	17	32.69	15	10	30.3	23	5	38.46	3
中小企业集合债	28	21.54	37	17	32.69	15	7	25	19	4	30.77	3

注：多选题且不限可选中的选项数量。

资料来源：根据问卷调查整理得到。

第五节　商业银行金融供给存在问题

截至调研结束前，政府部门逐渐加大了对中小企业融资的支持力度，尤其是为改善银行类金融机构对于中小企业的金融服务支持，银监会发布了诸多差异化的监管政策。对样本数据的分析结果也证实了这些政策的实施的确促进了商业银行加大对中小企业的信贷支持力度，在一定程度上缓解了中小企业的融资困难。然而，仍存在着一些问题。

一是大部分银行设立了针对中小企业的独立组织机构，但是效率存在差异。国有商业银行基层独立的中小企业业务窗口的缺乏和审批权限的高度集中使得中小企业业务的审批时间相对较长。大部分农村商业银行已设立了独立的中小企业业务部门，但在独立的中小企业网上业务平台和评级体系方面的拥有率要低于国有商业银行和股份制商业银行。城市商业银行的地级市分行已设立了独立的中小企业业务部门的比重要高于其他商业银行，但在独立的中小企业评级体系方面的拥有率要低于国有商业银行和股份制商业银行。不同区域和性质的商业银行中小企业业务效率存在差异，其中，苏南地区的商业银行以及股份制商业银行相对其他区域与类型银行的效率更高。

二是贷款申请审批通过率较高，但是存在着额外成本。总体来看，中小企业融资申请的审批通过率较高，通过调研可知，只要企业达到其发放贷款的要求，银行就愿意发放贷款。但是，中小企业在向商业银行贷款过程中普遍存在着捆绑销售现象。此外，调研中有企业还提到向银行申请贷款时获得的只是承兑汇票，企业要获得资金还要支付承兑利息。这些行为无疑加大了企业的融资成本。

三是同性质商业银行针对中小企业的信用评级标准不统一。不同类型商业银行对中小企业的信用评级标准并不统一，即使同为国有商业银行，其信用评级体系也存在着差异。商业银行对中小企业信用评级标准的差异，一方面，使得中小企业在某一银行获得的评定等级不能适用于其他银行，降低了金融资源的使用效率；另一方面，由于各商业银行没有统一的信用评级体系，银行要发展信用贷款很困难，企业要获得信用融资也很困难，发放贷款时过多地依赖抵押或担保。

四是金融产品种类丰富，但是部分产品拥有率高于使用率。目前商业银行针对中小企业的金融产品较为丰富，并针对中小企业的融资需求进行了产品创新，但是根据调研发现，商业银行对于金融产品的供给意愿仍然处于较低水平。原因主要有以下几点：第一，考核指标存在缺陷。监管部门考核银行金融产品状况的指标为拥有率而非使用率。然而拥有率不能充分反映客户对金融产品的使用状况，银行为了应付上级监管部门对金融产品创新的要求，也出于丰富自身产品种类、吸引更多客户的需求，设计并推出较多具有吸引力的金融产品，但却没有真正在金融业务中运用，或者将门槛设置得非常高，使得绝大多数客户无法满足使用条件。第二，缺乏相应的配套体系。有些金融产品的提供需要与之相配套的其他评估体系，而配套体系的缺乏使得银行不愿提供。信用融资产品主要依据企业的信用评级进行授信，而有些银行缺乏专门针对中小企业的信用评级体系，虽然有些银行有信用评级体系，但不同银行的评级标准存在差异，缺乏一致的信用评级体系，使得商业银行在开展信用融资业务时缺乏统一的评价标准。另外，针对无形资产抵质押融资的配套金融服务仍显不完善。目前，尚没有权威、专业的评估机构对无形资产的价值进行评估，大部分银行非常谨慎，不愿涉足；在无形资产的保值变现方面缺乏专业的交易市场，且交易信息大多比较闭塞，不够公开透明。

五是各商业银行关于中小企业的统计口径不统一。实践中，各商业银行在实际界定中小企业时并未完全按照工信部牵头发布的《中小企业划型标准规定》实施，如浦发银行对于中小企业的划分采用了上述文件中的标准；但农业银行对于中小企业的界定标准采用的是资产总额 5000 万元

（含）以下；中信银行将净资产 1500 万元（含）以下或者年销售收入 1.5
亿元以下的企业或组织划分为中小企业。此外，银监局界定的小微企业贷
款余额等于小企业贷款余额与个人经营性贷款余额之和，而各行在小微企
业的统计口径上也不一致。工商银行的统计口径与银监会要求一致，而农
业银行并没有把个人经营性贷款纳入中小企业的统计中。商业银行关于中
小企业统计口径不统一的原因是，新的《中小企业划型标准规定》在
2011 年 6 月才出台，从规定出台到实际实施存在一定的时滞。但是各商业
银行关于中小企业的统计口径的不统一使得各商业银行中小企业贷款数据
的可比性受到影响，也使监管部门难以准确掌握银行中小企业金融服务的
状况。因此，有必要统一中小企业金融服务的统计口径，将个人贷款用于
企业经营的部分纳入中小企业贷款统计口径。

第六节　本章小结

　　本章基于江苏、浙江、安徽三省银行的调研数据，分析了样本银行对
于中小企业的发放贷款现状、中小企业金融组织机构与互联网平台设置情
况以及样本银行对于中小企业的产品供给现状，并在此基础上分析了商业
银行金融供给中存在的现实问题，主要得出以下几点结论：一是虽然企业
融资需求旺盛，但实际上很多企业无法通过审批，并且银行贷款利率高使
得许多中小企业不愿向银行贷款；二是大部分银行设立了针对中小企业的
独立组织机构以及互联网平台，金融产品种类丰富；三是中小企业的融资
仍存在一些需要完善的方面，包括银行设立的针对中小企业的独立组织机
构效率存在差异、贷款申请审批存在着额外成本、同性质商业银行针对中
小企业的信用评级标准不统一、部分金融产品拥有率高于使用率、各商业
银行关于中小企业的统计口径不统一等。

第六章 商业银行中小企业信贷产品供求匹配及影响因素

第一节 中小企业信贷产品供求匹配

一、理论分析

目前国内外并没有形成关于信贷产品的完整匹配理论，但还是有不少国内外学者对此进行了研究，其中也有较多学者对信贷市场的匹配问题进行了实证检验。克罗福德和克诺尔（Crawford & Knower，1981）、布尔德特和科尔斯（Burdett & Coles，1999）认为信贷匹配描述的是在统筹考虑借款人与贷款人的参与约束后，将借款人匹配给相应贷款人的一种函数。匹配理论在起步阶段主要应用于农村信贷市场，该理论认为主要是借款人信誉的信息禀赋的差异性导致信贷匹配结果产生差异。例如，陈和宋（Chen & Song，2013）运用的是双边匹配模型，被解释变量匹配使用的是打分估计的方式，用的是最高得分来度量企业和商业银行之间的信贷匹配情况。胡士华和李伟毅（2011）运用了有序多分类 Logit 模型，将企业拥有的标准信息禀赋状况（正规性程度）作为被解释变量，研究认为拥有标准信息禀赋越多的企业，越容易获得正规金融机构的贷款。张兵等（2014）从匹配经济学的视角出发，采用江苏省农村地区 656 户农户的调研数据开展研究，发现农户的正规性程度越高，其获得正规金融机构和准金融机构贷款的概率就越大。胡吉亚（2020）基于战略新兴产业相关数据进行实证研究发现，产业异质性对于企业获得融资的方式以及获得融资的可能性具有一定的影响。虽然这些研究或多或少从匹配的视角对企业或者农户的贷款行为进行了研究，但在其实证模型中，还没有出现一个具体的指标用以度量金融机构与借款人之间借贷行为的匹配程度，因此本章引入了一个匹配度的概念，并采用空间匹配度算法。

关于实证模型中解释变量即影响商业银行中小企业信贷产品匹配度的因素研究，本章同样借鉴了不少学者已经较为成熟的研究成果。例如，王健聪（2012）通过实证研究发现银行规模对中小企业的信贷会产生约束，大银行准入门槛较高，而中小银行市场份额的增加，对于缩小中小企业和大企业间的信贷差异具有重要作用。另外，刘圻等（2016）通过对创业板上市公司的融资行为研究发现银企关系会影响到企业的融资，其中银企关系好的银行数量越多，企业获得的信贷规模越大。还有学者从企业的角度进行了影响因素研究。周中胜和罗正英（2007）从企业家的异质性角度出发，发现中小企业家的异质性在我国现有的资本市场管理体制下，并没有对信贷的可获性产生影响，对中小企业融资信贷结果产生影响的主要还是企业自身的异质性。吴苁等（2012）以江苏省80家上市中小企业为样本数据，实证分析发现企业的融资能力随着资产担保价值、市场竞争力以及企业规模的提高而提高。胡国辉和陈秀琴（2019）通过实证研究发现，中小银行跨省经营会导致企业获得融资的概率降低，但发达经济圈的跨区域发展在一定程度上可以增加企业融资的概率。此外，影响因素还有企业所处的产业，张建军和许承明（2012）的研究就发现相匹配的产业信贷政策可以有效降低企业信贷交易成本，创新融资方式。总的来看，从企业角度来看，可能影响中小企业信贷匹配结果的因素主要包括企业主因素和企业因素，其中企业因素集中于企业规模、企业所处行业、企业的经营情况、企业的财务规范性和内控制度、抵质押物的所属情况等。最后，也有学者认为政府政策会对中小企业的信贷行为产生影响。例如，吴晓俊（2013）研究发现政策环境越差的地区，中小企业的融资成本越高，融资障碍越大，因此董晓林等（2015）提出了应该引导和鼓励银行类金融机构采用与中小企业融资特征相匹配的信贷技术的政策建议。

二、匹配度计算

对江苏省商业银行信贷产品的供给率与中小企业信贷产品的可获率进行供求匹配研究。匹配度源于环境科学中的评价指标，本章将其运用于金融学的分析中，研究变量信贷产品供给率 s 和实际可获率 d 的匹配度。在研究中，主要涉及的信贷产品的种类有 5 大类，20 个小类，因此会产生 20 种信贷产品的供求匹配，故在研究空间中，有 20 个单元，将其用 K 表示，即 $K = 20$。各个信贷供给单元变量 s 和信贷需求单元变量 d 的值分别为 $(s_1, d_1), (s_2, d_2), (s_3, d_3), \cdots, (s_{20}, d_{20})$。不同单元的信贷供求匹配度的计算按照如下方法进行。

将 20 个信贷供给单元变量 s 的值按照从小到大的顺序进行排序，排序完成后对应的序号分别为 $s'_1, s'_2, s'_3, \cdots, s'_{20}$；同理将 20 个信贷需求单元变量 d 从小到大排序后，对应序号分别为 $d'_1, d'_2, d'_3, \cdots, d'_{20}$；

运用匹配度的计算公式进行计算，定义其值为 ∂_i，可以得到：

$$\partial_i = 1 - \frac{|s'_i - d'_i|}{K - 1} (i = 1, 2, 3, \cdots, K) \tag{6-1}$$

根据 s_i 和 d_i 的差异来度量匹配度的大小，由式（6-1）可知，当 $s_i = d_i$ 时，匹配度 $\partial_i = 1$，即为完全匹配；s_i 和 d_i 差异越大，匹配度 ∂_i 越接近于 0，则说明越不匹配。根据匹配度的划分标准，匹配度大于或等于 0.8 为匹配；在 0.6 ~ 0.8 为一般匹配；小于或者等于 0.6 为完全不匹配（左其亭等，2014）。具体计算结果如表 6-1 所示。

表 6-1　　　　样本地区银行信贷产品供给与中小企业可获性匹配度统计

产品类型	产品名称	供给比率（%）	供给比率从小到大序号	实际可获率（%）	实际可获率从小到大序号	供求比率差（%）	匹配度
固定资产抵押	抵押融资	98.00	20	88.38	20	9.62	1.00
动产及无形资产质押	动产质押融资	96.00	17	23.68	17	72.32	1.00
	金融票据质押融资	96.00	16	23.68	16	72.32	1.00
	融资租赁贷款	90.00	13	12.65	12	77.35	0.95
	应收账款质押融资	94.00	14	9.71	9	84.29	0.74
	订单质押融资	84.00	12	6.18	7	77.82	0.74
	商铺经营权质押融资	56.00	9	3.24	2	52.76	0.63
	知识产权质押融资	34.00	2	2.35	1	31.65	0.95
	股权质押融资	82.00	11	5.88	6	76.12	0.74
	收费权质押融资	74.00	10	5.29	5	68.71	0.74
	保单质押融资	56.00	8	15.59	14	40.41	0.68
	保证保险贷款	42.00	4	5.05	4	36.85	1.00
	出口退税账户托管贷款	44.00	5	3.68	3	40.32	0.89
信用担保	信用融资	98.00	19	16.62	15	81.38	0.79
	担保融资	98.00	18	76.47	19	21.53	0.95

产品类型	产品名称	供给比率（%）	供给比率从小到大序号	实际可获率（%）	实际可获率从小到大序号	供求比率差（%）	匹配度
联保互保类	联保贷款/互保贷款	96.00	15	28.53	18	67.47	0.84
互联网金融类	通过第三方平台获得银行融资	48.00	7	8.38	8	39.62	0.95
	通过银行网站发布产品信息	48.00	6	12.65	11	35.35	0.74
	设立 P2P 网上融资平台	14.00	1	11.32	10	2.68	0.53
	通过银行网站获得第三方服务	42.00	3	12.79	13	29.21	0.47

注：匹配度大于或者等于 0.8 为匹配；在 0.6~0.8 为一般匹配；小于或者等于 0.6 为完全不匹配。

三、供给匹配分析

本部分根据表 6-1 统计结果进行供给匹配分析。

（一）固定资产抵押类匹配度

抵押融资的供求差为 9.62%，其供给率和实际可获率均较高，因此匹配度为 1.00，为匹配。

（二）动产及无形资产质押类匹配度

动产及无形资产质押类产品中，供给率全部大于中小企业实际可获率，很多信贷产品的供求比率差较大，存在金融资源浪费和分配不合理现象。其中差值高于 50% 的有动产质押融资、金融票据质押融资、融资租赁贷款、应收账款质押融资、订单质押融资、商铺经营权质押融资、股权质押融资和收费权质押融资，囊括了前述的动产及无形资产质押融资的主要几个产品，主要问题体现在企业的产品实际可获比例偏低，虽然供给较多，但是可能存在供给流于形式的现象，另外供求比率差值低于 50% 的有知识产权质押融资、保单质押融资、保证保险贷款、出口退税账户托管贷款，但造成其差异的原因不同：保证保险贷款的供给率和实际可获率都很低，说明金融资源的分配符合市场原则；知识产权质押融资和出口退税账户托管贷款供求比率差低于 50% 是由于银行的供给率排序偏高，但绝对数值偏低，表明其存在金融资源浪费、分配不合理的现象；保单质押融资是由于供给率排序和实际可获率较低，但其绝对量偏低，故商业银行的供给动力不足。

动产及无形资产质押类产品均为匹配或一般匹配。信贷匹配的产品有动产质押融资（1.00）、金融票据质押融资（1.00）、融资租赁贷款（0.95）、知识产权质押融资（0.95）、保证保险贷款（1.00）、出口退税账户托管贷款（0.89）。从前述的供求比率差来看，产品的供求比率差并没有明显影响到产品的匹配情况，这些产品的实际供给与中小企业的有效需求匹配高度一致。其中动产质押融资、金融票据质押融资和融资租赁贷款的供给率和可获率都较高，又表现为匹配，说明目前动产及无形资产质押类产品中使用最为频繁的可能是这三种。此外，其余产品均为一般匹配。

（三）信用担保类匹配度

信用融资和担保融资的供求比率差分别为81.38%和21.53%，表现出来的结果是信用融资的匹配度为0.79，一般匹配，而担保融资的匹配度为0.95，匹配。从计算结果可见，担保融资是信用担保类产品或者整体的信贷产品中的主要产品。

（四）联保互保类匹配度

联保互保贷款产品的供给率排序为15，而实际可获率排序为18，说明在这类产品提供的商业银行中的其实际应用情况较为普遍，其匹配度的计算结果为0.84，表现为匹配。

（五）互联网金融类匹配度

在互联网金融产品中，观察发现，其供求比率差虽然都低于50%，但其两者的排序差异较大，其中四类产品的供给排序分别为7、6、1、3，而实际可获率的排序则为8、11、10、13，其差值的绝对值为1、5、9、10，相对都表现为实际供给率的排序较低。从计算结果来看，通过第三方平台获得银行融资、通过银行网站发布产品信息、设立P2P网上融资平台和通过银行网站获得第三方服务的匹配度分别为0.95、0.74、0.53、0.47，通过第三方平台获得银行融资是唯一表现为匹配的产品，而设立P2P网上融资平台和通过银行网站获得第三方服务两者的匹配程度最低，表现为不匹配。

第二节　中小企业信贷产品供求匹配影响因素

一、模型构建

由于本章研究的问题属于微观经济学的研究范畴，且面临离散选择的情况，因此选择的模型属于离散选择模型，描述的是决策者在面临不同可选择集中所做出的具体选择（Train，1986）。本章为了实证检验影响匹配度大小的因素，选择的是 OP 模型，是受限因变量模型的一种。就本章所探讨的信贷产品匹配度问题，中小企业对相关信贷产品存在的潜在需求无法直接观测到现实供求匹配情况，只能通过银行的实际供给和企业的实际使用之间的匹配去做间接性的研究，其影响方程用线性形式表示如下：

$$Match_i^* = \partial_0 + x_i'\beta + \varepsilon_i \qquad (6-2)$$

其中，x_i 是可能影响信贷产品供求双方匹配的一组解释变量，β 是相应的一组未知的系数，ε_i 是分布函数为 F 的误差项。虽然这里的 $Match_i^*$ 是无法观测到的，但它落入的三个相连续区段（分别记作为 0，1，2）是可以观测的，用变量 $Match_i$ 表示，两者之间有如下关系：

$$Match_i = \begin{cases} 0, 0 < Match_i^* \leqslant 0.6 \\ 1, 0.6 \leqslant Match_i^* < 0.8 \\ 2, 0.8 \leqslant Match_i^* \leqslant 1 \end{cases} \qquad (6-3)$$

由此可以看出 $Match_i$ 取某个特定值 j，$j \in \{0,1,2\}$ 的概率为：

$$P(Match_i = j) = \begin{cases} F(0.6 - x_i'\beta), j = 0 \\ F(0.8 - x_i'\beta) - F(0.6 - x_i'\beta), j = 1 \\ 1 - F(0.8 - x_i'\beta), j = 2 \end{cases} \qquad (6-4)$$

接下来把 $Match_i$ 作为被解释变量，建立 OP 模型，即：

$$\ln L = \sum_{i=1}^{n} \sum_{j=0}^{2} \ln \left[F(0.8 - x'\beta) - F(0.6 - x'\beta) \right] \qquad (6-5)$$

通过最大化该对数似然函数，可以估计出 OP 模型中的系数 β。

二、变量说明

（一）被解释变量的定义及说明

本书将信贷产品的 $Match$ 值划分如下：如果根据商业银行信贷产品的供给率和中小企业的实际可获率计算出来的匹配度大于或者等于 0.8 时，则 $Match = 2$；在 0.6 ~ 0.8 时，则 $Match = 1$；小于或者等于 0.6 时，则 $Match = 0$。此时的匹配度为 20 个信贷产品总体的匹配情况。为得到中小企业和商业银行微观个体的被解释变量，进行了如下处理。

根据前述 20 类信贷产品的匹配情况对产品进行相对应的打分，如果 $Match = 2$，对应的产品则为 2 分，提供相应产品的商业银行打分为 2

分，需要相应产品的中小企业打分同样为 2 分；如果未提供或者不需要相应的信贷产品，则为 0 分。如果 $Match=1$，对应的产品则为 1 分，商业银行和中小企业的打分情况同上处理；如果 $Match=0$，对应的产品则为 0 分，则无论中小企业和商业银行是否提供或者需要相应产品，打分均为 0 分。因此，根据前述信贷产品的匹配情况，打分合计为 28 分，说明中小企业和商业银行个体的最高分即为 28 分，根据上述打分标准对个体打分后，会得到分数的绝对量，为了保证研究的科学性，将得到的绝对量与满分（即 28 分）之比作为被解释变量，即从微观个体角度得到信贷产品的匹配结果，将其值定义为 $Match_i$（$i=0$，1；0 代表商业银行，1 代表中小企业），具体划分如下：计算出来的匹配度大于或者等于 0.8，则 $Match_i=2$；在 0.6~0.8，则 $Match_i=1$；小于或者等于 0.6，则 $Match_i=0$。

（二）解释变量的定义及说明

本章将影响中小企业信贷产品供求匹配的因素分为三类。

1. 银行因素

包括银行性质、银行信贷风险、银企关系和信贷产品营销四方面，其中，银行信贷风险选取银行不良贷款率衡量，银企关系选取企业与贷款银行信贷员联络频率衡量，信贷产品营销选取信贷产品宣传衡量。

银行性质（$Bank$），不同性质的商业银行在规模、经营模式、经营原则和风险控制等方面都具有不同的偏好，将样本商业银行根据性质差异划分为国有银行、股份制银行、城市商业银行和农村商业银行，并设置虚拟变量。

银行不良贷款率（$NPLR$），选取银行不良贷款率来衡量银行信贷风险控制情况。如果银行不良贷款率偏高，说明银行的风险控制较弱，这类商业银行可能在对中小企业的授信上意愿被抑制。

企业与贷款银行信贷员联络频率（CF），通过企业与银行信贷员联络频率来衡量银企关系这一变量。这个指标是用来度量软信息是否会对信贷匹配程度产生影响，一般我们认为企业与银行信贷员联络越频繁，说明企业与银行的关系越稳固，往往会形成前述的固定合作关系，信贷产品的供求匹配程度也就越高。

信贷产品宣传（PP），在实际调查中了解到中小企业对银行信贷产品的使用是处于相对被动的地位，企业选择什么样的信贷产品与商业银行的主动宣传和积极营销关系很大，因此设置虚拟变量商业银行是否对企业进行信贷产品的主动营销来研究其是否对信贷产品供求匹配程度产生影响。一般认为，商业银行如果主动营销信贷产品，其供求匹配程度就越高。

2. 企业因素

包括企业主个人因素、企业规模、企业财务规范状况、企业信用评级、企业所处产业以及企业是否有抵押物。

企业主个人因素。选择企业主年龄（Age）、企业主受教育程度（Education）和企业主的从业年限（Experience）作为企业主个人因素测量指标。在对企业的实地调研过程中发现，较为年轻企业主的一般都接受过高等教育，不少都有留学背景，其对企业的经营理念较为先进，在融资方面，也乐于比较和尝试不同的信贷产品，这对信贷产品的匹配会产生正面的影响。而一般从业年限较长的企业主，对所处的行业状况和变化趋势较为熟悉，有利于提高企业的经营水平，对信贷产品的供求匹配会产生正向反馈作用。

企业规模（Size）。将三类规模不同的中型企业、小型企业和微型企业分别设置虚拟变量。

独立审计（IA）。企业的财务报表是否经过独立审计表明了企业经营的透明程度，经过独立审计的企业其经营透明度较高，有助于商业银行对企业经营现状的真实性进行审核。

企业信用评级（CR）。商业银行在对中小企业授信的过程中存在着相当大程度的信息不对称，对企业信用状况的评估需要付出较大的成本，如果企业经过信用评级，对于商业银行而言，其结果更具有直观性和参考性，有助于提高信贷产品的供求匹配程度。

企业所处产业（Industry）。在目前经济新常态的形势下，中国产业结构面临着转型升级的强烈需求，第一产业的经济要素、生产方式都在发生变革；而第二产业包括钢铁、水泥、玻璃等较为低端的制造业产能过剩；技术要求相对较高、较为清洁的第三产业增长潜能较大，因此本章中假设企业信贷产品的供求匹配度在不同产业中呈现出差异性。信贷匹配度随着企业所处产业的递增情况也会随之增加。

企业抵押物（Mortgage）。商业银行对中小企业的信贷支持条件中，有合格的抵押物仍是规避风险的最佳方式，从前述统计来看，抵押贷款依然是供需的主流产品，因此本文认为企业如果有合格的抵押物，对信贷产品的匹配程度将会有正向的促进作用。

3. 政策支持（GS）

目前国家对中小企业出台了相当多的资助政策和优惠条件，包括专项性的政府补助和税收优惠措施，得到政府支持的企业可以提高其在商业银行面前的信用程度，对其信贷产品的匹配具有正向影响。

变量的具体设置及描述统计情况如表6－2所示。

表6－2　　　　　有序 Probit 模型变量设置及其统计描述

变量	定义	平均值	标准差	最小值	最大值	预期作用方向
$Match_0$	不匹配=0；一般匹配=1；匹配=2	1.04	0.81	0	2	
$Match_1$	不匹配=0；一般匹配=1；匹配=2	0.98	0.77	0	2	
$Bank$	农商行=1；城商行=2；股份制=3；国有=4	3.02	1.27	1	4	+
$NPLR$	不良贷款/总贷款余额	0.04	0.04	0	0.26	－
CF	信贷员与企业的联系频率（次/年）	4.76	1.38	2	7	+
PP	是=1；否=0	0.78	0.42	0	1	+
Age	企业主年龄	46.26	8.63	23	78	－
$Education$	企业主受教育年限（年）	13.15	4.03	1	30	+
$Experience$	企业主从业年限（年）	12.16	7.73	0	50	+
$Size$	微型企业=1；小型企业=2；中型企业=3	1.88	0.60	1	3	+
IA	是=1；否=0	0.73	0.45	0	1	+
CR	是=1；否=0	0.21	0.41	0	1	+
$Industry$	第一产业=1；第二产业=2；第三产业=3	2.07	0.44	1	3	+
$Mortgage$	是=1；否=0	0.81	0.39	0	1	+
GS	是=1；否=0	0.77	0.42	0	1	+

注：预期作用方向中，"＋"代表正向影响，"－"代表负向影响。

三、实证结果及解释

根据上述设置的被解释变量和解释变量情况，采用有序 Probit 即 OP 回归模型对影响信贷产品供求匹配的相关变量进行了回归分析。通过 Stata 软件将表6－2中涉及的变量引入回归方程，并对回归系数的显著性进行检验，模型估计结果如表6－3所示。

表 6 - 3　　　　　　　　　　　有序 Probit 模型回归结果

变量	系数	P 值	变量	系数	P 值
Bank	- 0.2301341	0.079 *	Age	- 0.0051109	0.390
NPLR	- 8.723702	0.072 *	Education	- 0.0136535	0.225
CF	- 0.0396426	0.751	Experience	0.0010523	0.875
PP	- 0.2811126	0.479	Size	0.3291791	0.022 **
			IA	0.2650044	0.015 **
			CR	0.1889071	0.085 *
			Industry	0.2337348	0.039 **
			Mortgage	0.6023715	0.004 ***
			GS	0.0740997	0.088 *
Log likelihood = - 51.007639 Number of obs = 50 LR chi2(9) = 7.56 Prob > chi2 = 0.0000 Pseudo R2 = 0.0690			Log likelihood = - 730.9345 Number of obs = 678 LR chi2(9) = 10.12 Prob > chi2 = 0.0000 Pseudo R2 = 0.0069		

注：*、**、***分别表示估计系数在 10%、5%、1% 的水平上显著。

（一）银行因素

在银行因素中，银行性质和不良贷款率对信贷匹配度有显著影响，其中信贷匹配程度随着银行规模的扩大而降低，即国有银行的匹配程度最低，农商行的匹配程度最高。国有银行依靠大规模组织、大规模生产、大规模销售与大规模网点建立垄断优势，积累了较多的大客户资源，获得较高超额收益。在调查过程中，我们发现国有银行的风险偏好较低，与中小企业的合作关系受到国家政策的驱动较强，主动服务意识不足，造成的市场空缺被中小型银行充分利用，虽然以农村商业银行为代表的中小型银行囿于自身技术条件，大幅限制了其对于创新型信贷产品的供给，但其服务对象主要集中在中小企业和农户等个体户，目前中小型银行一般单独设置类似小企业金融服务这样的专营机构，因此其与中小企业信贷产品的匹配程度更高。另外，不良贷款率对于信贷匹配的正向相关关系符合本章的研究假设，同时坏账计提准备较高，也会影响商业银行的贷款余额，而中小企业的授信风险相对偏高，因此不良贷款率高的商业银行经营会趋于保守，导致中小企业的信贷产品匹配度降低。

（二）企业因素

企业主年龄、受教育程度和行业从业年限三类企业主个人因素均未对信贷产品的匹配产生显著影响，说明信贷产品的匹配与否关键在于企业自身的各类经营特质。其中企业是否有抵押物对信贷产品的匹配度具有最为显著的影响，拥有合格抵押品的中小企业对信贷产品的需求更加多样化。商业银行与中小企业间的信贷匹配度与企业自身的规模大小、企业是否通过独立审计、企业是否已经通过信用评级以及企业所处产业等因素间存在正相关关系，企业的四类影响因素主要从三个维度解释了其作用结果，企业规模越大，其净资产越多，企业在固定资产、动产和无形资产积累方面较规模较小的企业具有明显优势，在企业信贷产品的需求方面，除互联网金融产品外，其余产品的需求率基本与企业规模呈正相关关系，因此规模越大的企业与商业银行供给的信贷产品匹配越高。财务报表通过独立审计和经过信用评级说明企业有健全的财务制度、透明的财务状况，注重企业信用的维护和提升，体现企业经营的规范性较高，因此经营规范程度较高的中小企业信息不对称的情况较少，商业银行对其信贷产品的供给会相应增加，使得信贷产品的匹配度有所提高。企业所处产业类型从宏观角度解释了影响信贷产品匹配度的因素，其结果表明第三产业的中小企业信贷匹配程度最高，经济新常态中包括产业新常态，其结果就是过剩产业实现淘汰或者结构转型，新兴产业加速发展，实证结果在一定程度上证实了商业银行目前的信贷供给符合国家产业政策。

（三）政策支持

根据实证结果，政策扶持显著提高了中小企业与商业银行的信贷产品匹配程度。国家目前对中小企业的扶持政策涵盖范围较广，从税收优惠到促进直接融资都有所涉及，但在实际调查中发现不少中小企业反映很多政策没有落实到位，或者由于政策门槛较高而不满足享受条件，最终都导致这些扶持政策的实际效果没有达到预期，对中小企业和商业银行的信贷产品匹配也产生了抑制作用。

第三节　本章小结

本章测度了商业银行信贷产品供给与中小企业信贷需求间的匹配度，并实证分析影响匹配度的关键因素，主要得出以下两个结论。

一是传统的抵押融资（1.00）和担保融资（0.95）产品的匹配度较高，表现为匹配，其供给和有效需求均较高。动产及无形资产质押类产品多为匹配和一般匹配且存在较大差异。信贷匹配的产品有动产质押融资

（1.00）、金融票据质押融资（1.00）、融资租赁贷款（0.95）、知识产权质押融资（0.95）、保证保险贷款（1.00）、出口退税账户托管贷款（0.89）。其中动产质押融资、金融票据质押融资和融资租赁贷款为最主要的三类产品。联保贷款/互保贷款产品（0.84）表现为匹配。互联网金融产品表现为一般匹配和完全匹配的产品仅有通过第三方平台获得银行融资（0.95），不匹配主要表现在供给和实际可获之间差值较大。

　　二是在研究产品匹配度的过程中，影响匹配度的表面因素是供给比率和实际可获率之间的差异，而更深层次的因素是影响供给和有效需求的因素，其中既有宏观因素又有微观因素，包括融资主客体的因素、政策因素等。因此，本章通过有序 Probit 模型的实证研究发现：在银行因素中，银行性质和不良贷款率对信贷匹配度有显著影响，其中信贷匹配度随着银行规模的扩大而降低，具体表现为农村商业银行的信贷产品匹配度最高，国有商业银行的信贷产品匹配度最低；商业银行的不良贷款率越高，则信贷产品的信贷匹配度越低；企业因素中，企业主的因素对结果无显著影响，产生显著影响的因素有企业是否有抵押物，企业规模、企业财务报表是否通过独立审计和企业是否经过信用评级，且这些因素均对信贷产品的匹配度具有正向显著影响，另外，从事第三产业的企业与商业银行信贷结果更为匹配；政策扶持显著提高了中小企业与商业银行的信贷产品匹配度。

第七章　商业银行贷款支持
中小企业现状

第一节　样本地区选择的理由与数据来源

一、样本地区选择的理由

作为目前全国经济最活跃的区域，长三角地区不仅综合经济实力最强，也是我国中小企业和民营经济发展速度最快、规模最大的地区之一。全国约有32%的中小企业聚集在长三角地区，创造了该地区80%的经济总量，高于全国平均水平20个百分点左右，有典型参照意义。其中，长三角地区的江苏省和浙江省，都是以中小企业发达而著称的省份。长三角地区银行业规模扩大，且收入持续上升，不良贷款率降低，发展势头良好，是全国金融最活跃、银行业资产质量最好的地区之一。本章的研究范围是长三角地区的江苏省、浙江省和安徽省，三省近年来的中小企业数量增加，发展情况良好，尤其是江苏省和浙江省，其中小企业发展迅速，地区总体经济发达，三省之间又有很好的比较作用，有一定的代表性。目前中小企业融资渠道主要是银行贷款，银行作为融资供给方，在一定程度上有决定性作用，但信贷供给有效性不足不能使中小企业有效地贷到款，而长三角地区的银行业发展在又是处于全国领先地位。因此，本章研究长三角地区中小企业融资供给现状，可以从供给方出发有针对性地解决中小企业融资困难问题，也为其他地区的银行提供借鉴。

二、数据来源

本章的数据来源于对江苏省、浙江省和安徽省商业银行中小企业金融

服务的抽样问卷调查及实地访谈。样本具体来自 2015 年 8 月至 2018 年
6 月对江苏省南京市、苏州市、常州市、泰州市、连云港和徐州市，以及
浙江省宁波市和安徽省宁国市的调研，此次调研共发放 150 份问卷，回收
128 份有效问卷，有效率为 85.33%。问卷调研内容主要为商业银行对中
小企业金融产品与服务情况。对样本商业银行中小企业金融服务现状问
卷调查主要从四个方面展开：一是商业银行中小金融服务基本经营现
状；二是商业银行中小企业信贷审批和信息收集现状；三是商业银行中
小金融组织机构设置现状；四是商业银行中小企业业务评价和金融产品
供给现状。

第二节　样本商业银行基本情况

如表 7-1 所示，江苏省、浙江省和安徽省共有 128 家商业银行，涉
及的银行类型多样，包括国有银行、股份制银行、农村商业银行和村镇银
行四种不同类型的商业银行。

表 7-1　　　　　　　　　　样本商业银行性质分布情况

地区	国有银行		股份制银行		农村商业银行		村镇银行		合计	
	样本数（家）	比例（%）	样本数（家）	比例（%）	样本数（家）	比例（%）	样本数（家）	比例（%）	样本数（家）	比例（%）
江苏	28	56.00	10	20.00	12	24.00	——	——	50	39.06
浙江	6	9.23	6	9.23	31	47.69	22	33.85	65	50.78
安徽	6	46.15	1	7.69	4	30.77	2	15.38	13	10.16
合计	40	31.25	17	13.28	47	36.72	24	18.75	128	100.00

注：国有银行样本数是三省国有银行样本数之和，其比例则为三省国有银行样本数之和/128 ×
100，其他类型银行的样本数与比例同上。江苏省国有银行比例为江苏省国有银行样本数/江苏省
商业银行样本数×100，各省各类型商业银行的比例同上。

1. 银行类型

从银行类型上，在所有调查的样本商业银行中，国有银行有 40 家，
占比 31.25%；股份制银行有 17 家，占比 13.28%；农村商业银行有 47 家，
占比 36.72%；村镇银行有 24 家，占比 18.75%。

2. 区域分布

从区域分布上，江苏省被调查的商业银行共有 50 家，占比 39.06%；浙江省被调查的商业银行共有 65 家，占比 50.78%；安徽省被调查的商业银行共有 13 家，占比 10.16%。其中江苏省的 50 家商业银行中包括 28 家国有银行，占比 56%；10 家股份制银行，占比 20%；12 家农村商业银行，占比 24%。浙江省的 65 家商业银行中包括 6 家国有银行，占比 9.23%；6 家股份制银行，占比 9.23%；31 家农村商业银行，占比 47.69%；22 家村镇银行，占比 33.85%。安徽省的 13 家商业银行中包括 6 家国有银行，占比 46.15%；1 家股份制银行，占比 7.69%；4 家农村商业银行，占比 30.77%；2 家村镇银行，占比 15.38%。

第三节　样本商业银行信贷产品与服务现状

本章调研所涉及的样本商业银行共有五大类信贷产品，总数多达 20 种，通过统计各地区各类商业银行对信贷产品的供给比例，即提供某类产品的银行数量占该地区该类银行总数的比例，来描述分析信贷产品的供给与服务现状。

一、信贷产品的供给总量与种类在增加，信贷服务不断完善

在调研中发现，商业银行积极响应国家供给侧改革的号召，加大了对中小企业信贷服务的支持力度，推出了一系列服务中小企业的信贷产品，信贷产品的供给总量与种类增加，信贷服务不断完善。除了以服务中小企业为宗旨的农村商业银行和村镇银行外，国有银行和股份制银行对中小企业的信贷产品与服务也相应地增加。从表 7-2 中可以看出，各类商业银行推出不同类型的信贷产品，涉及的信贷产品种类较为齐全，除了安徽省的村镇银行发放基本的担保、抵押之类的信贷产品外，其他地区的各类商业银行都能提供多种信贷产品为中小企业服务。这些贷款类金融产品可以划分为五大类，分别是信用型贷款产品、财务报表型贷款产品、抵押型贷款产品、担保型贷款产品、质押型贷款产品和互联网金融产品。

表 7 - 2　　　　　　　　　信贷产品供给比例　　　　　　　　单位：%

产品类型	产品名称	地区	国有银行	股份制银行	农村商业银行	村镇银行	银行合计
信用型贷款产品（信用等级型贷款技术）	小额透支业务	江苏	71.43	80.00	66.67	—	72.00
		浙江	100.00	100.00	96.77	36.36	76.92
		安徽	66.67	100.00	50.00	0.00	53.85
	信用融资	江苏	57.14	90.00	75.00	—	68.00
		浙江	100.00	100.00	87.10	54.55	78.46
		安徽	66.67	100.00	25.00	0.00	46.15
	保证保险贷款	江苏	39.29	40.00	41.67	—	40.00
		浙江	100.00	83.33	90.32	40.91	73.85
		安徽	50.00	100.00	25.00	0.00	38.46
	联保贷款/互保贷款	江苏	57.14	80.00	66.67	—	64.00
		浙江	83.33	100.00	80.65	72.73	80.00
		安徽	83.33	100.00	50.00	0.00	61.54
	小企业保函	江苏	64.29	40.00	58.33	—	58.00
		浙江	83.33	83.33	87.10	36.36	69.23
		安徽	66.67	100.00	25.00	0.00	46.15
财务报表型贷款产品（财务报表型贷款技术）	财务管理服务	江苏	75.00	40.00	66.67	—	66.00
		浙江	100.00	100.00	96.77	45.45	76.92
		安徽	66.67	100.00	75.00	0.00	61.54
抵押型贷款产品（抵押型贷款技术）	抵押融资	江苏	78.57	100.00	100.00	—	88.00
		浙江	100.00	100.00	100.00	81.82	93.85
		安徽	66.67	100.00	100.00	50.00	76.92
	担保融资	江苏	78.57	100.00	100.00	—	88.00
		浙江	100.00	100.00	100.00	77.27	92.31
		安徽	66.67	100.00	100.00	100.00	84.62
质押型贷款产品（质押型贷款技术）	动产质押融资	江苏	60.71	50.00	91.67	—	66.00
		浙江	100.00	100.00	87.10	72.73	84.62
		安徽	66.67	100.00	50.00	100.00	69.23
	金融票据质押融资	江苏	75.00	90.00	91.67	—	82.00
		浙江	100.00	100.00	100.00	81.82	93.85
		安徽	83.33	100.00	100.00	100.00	92.31

续表

产品类型	产品名称	地区	国有银行	股份制银行	农村商业银行	村镇银行	银行合计
质押型贷款产品（质押型贷款技术）	应收账款质押融资	江苏	53.57	80.00	83.33	—	66.00
		浙江	100.00	100.00	83.87	36.36	70.77
		安徽	66.67	100.00	75.00	50.00	69.23
	订单质押融资	江苏	46.43	60.00	41.67	—	48.00
		浙江	100.00	100.00	51.61	31.82	53.85
		安徽	66.67	100.00	50.00	0.00	53.85
	商铺经营权质押融资	江苏	53.57	70.00	66.67	—	60.00
		浙江	83.33	83.33	51.61	36.36	52.31
		安徽	50.00	100.00	25.00	0.00	38.46
	知识产权质押融资	江苏	35.71	40.00	41.67	—	38.00
		浙江	66.67	66.67	45.16	31.82	44.62
		安徽	50.00	100.00	75.00	0.00	53.85
	股权质押融资	江苏	39.29	50.00	75.00	—	50.00
		浙江	100.00	100.00	74.19	36.36	66.15
		安徽	66.67	100.00	75.00	0.00	61.54
	收费权质押融资	江苏	42.86	50.00	50.00	—	46.00
		浙江	83.33	100.00	45.16	40.91	52.31
		安徽	66.67	100.00	25.00	0.00	46.15
	保单质押融资	江苏	53.57	50.00	66.67	—	56.00
		浙江	100.00	83.33	67.74	36.36	61.54
		安徽	66.67	100.00	25.00	0.00	46.15
互联网金融产品	通过第三方电子交易平台/信息服务平台获得银行的融资	江苏	46.43	40.00	50.00	—	46.00
		浙江	100.00	83.33	51.61	27.27	50.77
		安徽	50.00	100.00	25.00	0.00	38.46
	通过银行网站获得第三方服务	江苏	21.43	0.00	41.67	—	22.00
		浙江	83.33	83.33	51.61	31.82	50.77
		安徽	50.00	100.00	25.00	0.00	38.46
	设立 P2P 网上融资平台	江苏	50.00	30.00	41.67	—	44.00
		浙江	50.00	83.33	48.39	27.27	44.62
		安徽	50.00	100.00	25.00	0.00	38.46

二、股份制银行和农村商业银行对质押类信贷产品拥有率较高，信贷类产品中仍以抵押和担保产品为主，新型信贷产品供给比例不高

传统的信贷类产品以抵押和担保为主，随着商业银行的竞争及中小企业的发展需求，越来越多的信贷类产品相应推出。质押类信贷产品就是其中一种，其产品种类远远超过其他四类产品，对于没有合格房产、土地或是担保人的中小企业而言，可以通过申请质押融资向银行取得贷款。这类信贷产品的优势在于其标的物的多样性和灵活性，企业可以用订单、股权、金融票据、知识产权等来进行质押融资，丰富拓宽了一些规模较小的新型中小企业的融资渠道。

通过对问卷进行统计分析发现，从银行类型上看，股份制银行和农村商业银行对质押类信贷产品的供给率比国有银行和村镇银行的高，三省商业银行供给率均超过50%的质押类信贷产品有动产质押融资、金融票据质押融资、应收账款质押融资、订单质押融资、商铺经营权质押融资和股权质押融资产品（见表7-2）。

从金融产品种类上看，不同类别信贷产品之间供给比率差异较大，供给率最大的是抵押和担保类产品，其次是信用类产品，接着是质押类产品，而互联网金融产品供给率最低。具体来看，传统的抵押融资和担保融资产品供给比率最大，这两种产品发展较成熟完善，可以在一定程度上减少银行的风险和不良资产，因此该类产品受大部分银行的欢迎，银行倾向于发放该类产品。

从区域分布上看，江苏省、浙江省和安徽省对抵押融资产品的拥有率分别是88.00%、93.85%和76.92%，担保融资产品的拥有率分别是88.00%、92.31%和84.62%。而信用型信贷产品的比重明显低于抵押和担保融资产品，如信用融资三省银行的拥有率分别只有68.00%、78.46%和46.15%，小额投资业务三省银行的拥有率分别只有72.00%、76.92%和53.85%，保证保险贷款三省银行的拥有率分别只有40.00%、73.85%和38.46%；联保贷款/互保贷款三省银行的拥有率分别只有64.00%、80.00%、61.54%；小企业保函三省银行的拥有率分别只有58.00%、69.23%、46.15%。可见，样本商业银行并没有充分开发信用融资类产品，需要中小企业有一定抵押物等条件才借贷，而大部分中小企业信用等级不高，不能使商业银行只凭其信用而借款。各银行对互联网金融类产品通过第三方电子交易平台/信息服务平台获得银行的融资、通过银行网站获得第三方服务和设立 P2P 网上融资平台的供给率都较低，创新型的信贷产品还处于初步发展阶段。说明银行虽然推出了一系列的信贷类产品，但并不是适用于所有的中小企业，而且由于宣传不到位、企业不了解产品等原因，很多中小企业还是较多使用银行的抵押和担保融资产品，其他产品的供给不能满足企业的信贷需求。

三、商业银行缺少针对中小企业量身定制的信贷产品和服务，发放信贷产品时欠缺灵活性，有效供给不能满足企业实际需求

商业银行虽然推出了一系列的中小企业金融产品，但是很多产品是标准化的，并没有根据中小企业实际信贷需求情况设计。在实际访谈中我们了解到，出现该现象是因为产品的创新权在于总行，基层行没有创新权，支行和分行是最直接接触与最了解中小企业信贷业务的，但是很多金融产品是脱离中小企业实际需求的，或是即使基层行了解到企业的需求后，向总行提出创新型产品的设计建议，而其中需要经过很多程序，在此之间，企业的需求可能已经发生变化，因此商业银行对金融产品的有效供给与企业的实际需求无法对接。此外，支行和分行为了控制风险并不愿意开设推广一些新型产品，除非总行有定性的任务，才愿意推行该类产品，导致了金融产品的灵活性不足，不能有效满足中小企业多样化的信贷需求，使商业银行在中小企业信贷服务过程中遇到了一定程度的障碍。如表 7 - 3 所示，虽然三省有 49.22% 的商业银行可以在标准化的基础上按客户需要定制金融产品，但是具体来说，江苏省和安徽省分别只有 40.00% 和 30.77% 的商业银行能做到，浙江省也只有 60.00% 的商业银行是在标准化的基础上按客户需求定制金融产品的，在三省中比重是最大的，从而拉高了三省的总体比重。而江苏省和安徽省分别有 56.00% 和 69.23% 的商业银行向中小企业发放标准化的产品，浙江省也有 32.31% 的商业银行发放标准化的产品。完全根据客户需要定制金融产品的比例则十分低，江苏省占 4.00%，浙江省占 7.69%，而调查中安徽省样本商业银行没有该项服务。说明三省大部分商业银行向中小企业发放贷款的产品缺少一定的灵活性，发放的产品集中于标准化产品，不能根据中小企业需求灵活调整，影响银行对中小企业信贷服务的能力。

表 7 - 3　　　　　　样本商业银行向中小企业发放信贷产品服务方式　　　　单位: %

指标名称	国有银行	股份制银行	农村商业银行	村镇银行	合计			
					江苏	浙江	安徽	三省
标准化的产品	67.50	22.50	34.04	25.00	56.00	32.31	69.23	45.31
在标准化的基础上按客户需要定制	32.50	20.00	57.45	62.50	40.00	60.00	30.77	49.22
完全根据客户需要定制	0.00	0.00	8.51	12.50	4.00	7.69	0.00	5.47

注: 各类型银行比例为该类型银行选择该指标的样本数/该类型银行总数×100, 各省比例为该省选择该指标的样本数/各省商业银行样本数之和×100。

而各类商业银行中, 国有银行和股份制银行都是标准化产品的比重最大, 没有完全根据客户需要定制金融产品的服务, 农村商业银行和村镇银行则不同, 分别有57.45%和62.50%可以在标准化的基础上按客户需要定制, 8.51%和12.50%完全根据客户需要定制金融产品。说明农村商业银行和村镇银行发放贷款产品的灵活性高于国有银行和股份制银行, 可以根据中小企业实际信贷需求做出一定的改变, 更好地为中小企业服务, 这也是由于农村商业银行和村镇银行服务中小企业的宗旨决定的, 农村商业银行和村镇银行的企业客户群较大, 信贷员会走访企业, 实际了解企业需求, 因此农村商业银行和村镇银行对中小企业产品的信贷供给能在一定程度上满足企业信贷需求。

第四节　样本商业银行中小企业贷款占比情况

在银行中小金融基本经营方面, 问卷主要调查了中小企业贷款余额占总贷款余额的比例来分析银行中小企业贷款占比高低程度。问卷对中小企业贷款余额占总贷款余额的比例设置了四个区间的选项, 分别是0～25%、25%～50%、50%～75%和75%以上, 分别对应信贷占比程度较低、一般、较高和高, 对问卷调查的结果进行统计分析 (见表7 -4), 总体上, 商业银行中小企业贷款余额占总贷款余额的比例较小, 即商业银行中小企业贷款占比较低。

表 7 - 4　　　样本商业银行中小企业贷款余额占总贷款余额的比例情况　　　单位：%

区间	国有银行	股份制银行	农村商业银行	村镇银行	合计			
					江苏	浙江	安徽	三省
0 ~ 25	45.00	23.53	17.02	58.33	30.00	35.38	46.15	34.38
25 ~ 50	40.00	47.06	38.30	33.33	42.00	36.92	38.46	39.06
50 ~ 75	7.50	11.76	31.91	8.33	14.00	23.08	0.00	17.19
75 以上	7.50	17.65	12.77	0.00	14.00	4.62	15.38	9.38

注：区间各类型银行比例为该类型银行选择该区间的样本数/该类型银行总数×100，区间各省比例为该省选择该区间的样本数/各省商业银行样本数之和×100。

一是股份制银行和农村商业银行的中小企业贷款余额占总贷款余额的比例集中的区间比国有银行和村镇银行集中的区间大。从银行类型上看，国有银行和村镇银行，其中小企业贷款余额占总贷款余额的比例集中在 0 ~ 25% 的区间，即这两类银行在 0 ~ 25% 的区间占比都是最大的，分别达 45.00% 和 58.33%；而股份制银行和农村商业银行的中小企业贷款余额占总贷款余额的比例集中在 25% ~ 50% 的区间，即这两类银行在 25% ~ 50% 的区间占比都是最大的，分别达 47.06% 和 38.30%；在 50% ~ 75% 这个区间上，农村商业银行占比 31.91%，是四类银行中在该区间上的比重最大的；在 75% 以上这个区间上，股份制银行占比 17.65%，是四类银行中在该区间上的比重最大的，而国有银行和村镇银行在这两个区间的比重都较低。说明此次调查的商业银行中，股份制银行和农村商业银行的中小企业贷款余额占总贷款余额的比例比国有银行和村镇银行的比例大，但是总体上，商业银行的中小企业贷款余额占总贷款的余额比例处于较低水平，尤其是国有银行和村镇银行的比例特别低，因此，商业银行中小企业贷款占比较低，其融资需求未能得到很好地满足。

二是三省商业银行的中小企业贷款余额占总贷款余额的比例存在共性，集中于 0 ~ 25% 和 25% ~ 50% 的区间，并且各省在这两个区间的比重差距不大。从地域分布上来看，江苏省和浙江省的商业银行中小企业贷款余额占总贷款余额的比例最大的区间都是 25% ~ 50%，分别占比 42.00% 和 36.92%；在 0 ~ 25% 区间上，分别占比 30.00% 和 35.38%。安徽省的商业银行中小企业贷款余额占总贷款余额的比例最大的区间是 0 ~ 25%，占比 46.15%；在 25% ~ 50% 区间上，占比 38.46%。总体上，三省商业银行中小企业贷款余额占总贷款余额的比例最大的区间是 25% ~ 50%，占比 39.06%，其次是区间 0 ~ 25%，占比 34.38%，但是三省都存在共性，即在这两个区间上的比重相差不大，较接近，接着是区间 50% ~ 75%，占比

17.19%，最后占比最小的区间是 75% 以上，只有 9.38%。

虽然商业银行增加了对企业的信贷产品与服务的供给，但是有效供给不能满足企业信贷需求，企业信贷占比仍较低，需要提高中小企业贷款比重，增加对中小企业融资的支持力度。

第五节　本章小结

本章基于江苏省、浙江省和安徽省 128 家样本商业银行对中小企业金融服务进行问卷与实际调研，描述性分析了样本商业银行中小企业贷款占比情况，主要得出以下结论：一是通过对商业银行信贷产品与服务现状分析，发现目前不同类型的商业银行的信贷产品种类与数量在不断增加，对中小企业的信贷服务在不断完善。调查中还发现信贷类产品中仍以抵押和担保产品为主，新型信贷产品供给比例不高，商业银行对中小企业的信贷产品和服务缺乏针对性与灵活性。二是通过对银行中小企业贷款占比高低调查发现，虽然目前商业银行对中小企业开展的信贷产品与服务不断增加与完善，但是总体上商业银行中小企业贷款占比仍然较低。

第八章 银行规模、服务方式及政府政策 对银行中小企业贷款占比的影响

第一节 理论分析

一、银行规模对其中小企业贷款占比的影响

银行规模对其中小企业贷款占比有一定的影响。本章的银行金融机构指调研地区的银行，关于银行规模异质性，本章主要是指不同规模的商业银行的划分，国际上通常依据资产规模划分。根据我国金融市场的现状，相比国有银行和股份制银行，农村商业银行和村镇银行扎根于当地，业务范围一般以县域为界，资产规模较小，属于真正的地方性小银行，因此本章研究的大银行指的是国有银行与股份制银行，小银行指的是农村商业银行与村镇银行。而银行自身的规模与其中小企业贷款占比是负相关的，即小银行相比大银行来说，更加倾向于向中小企业提供贷款（Berger & Udell，1995）。虽然在绝对数量上，大银行对中小企业提供的贷款比小银行更多，但是在中小企业贷款占比上，小银行的比例均比大银行的比例高。即中小企业融资存在着"小银行优势"的假说，因为小银行比大银行更有地域优势，为中小企业服务是其宗旨，因此，小银行的中小企业贷款占比会更高。

二、服务方式、政府政策对银行中小企业贷款占比的影响

银行对中小企业提供多种服务方式。例如，对不同的中小企业设置不同的贷款利率，贷款利率越高，则企业还款的利息越高，企业的还贷压力就越大，因此，高贷款利率使得部分企业没有能力偿还本金与利

息，则银行无法通过其信贷申请，企业信贷需求就无法得到满足。越来越多的银行设置了专门服务中小企业的信贷业务管理部门，设置了独立于大型企业的信贷审批机制和信用评级标准，使企业信贷业务专业化程度较高、处理效率更高，有利于提高银行中小企业贷款占比。银行不仅在硬件设施等方面为企业信贷服务提供便利，还为企业创新、量身定制了很多金融产品，如互联网金融产品，为企业拓宽了融资的渠道，对一些企业按其实际需求定制金融产品，这些都有利于提高银行中小企业贷款占比。银行作为金融产品的直接供给方，必须加快对中小企业服务方式的改进。仅依赖银行来完全满足企业的信贷需求是不够的，还需要借助政府的政策环境支持。政府对企业信贷的政策，如税收优惠政策、中小企业贷款风险补偿政策以及信用征信系统建设等，可以在一定程度上减少企业资金负担，也能对银行起到激励作用，能在企业向银行贷款时发挥积极作用。

第二节　实证分析

一、模型设定

根据描述性分析，江苏、浙江、安徽三省商业银行对中小企业信贷的有效供给不能满足企业的需求，即商业银行中小企业贷款占比较低，因此本章就样本商业银行规模对其中小企业贷款占比的影响因素构建模型，并着重分析银行规模对其中小企业贷款占比的影响程度。

在计量经济学的实证模型中，通常情况下，假设研究的被解释变量是连续的变量。但在实际的经济分析中，人们通常会面临从可供选择的许多决策方案中得出一个决定的情形。被解释变量作为以上决策的结果所建立的计量经济学的实证模型，被称作离散选择模型。在此模型中，若被解释变量只有两个选择，则是二元选择模型；若被解释变量有多个选择，则是多元选择模型。具体地，多元选择模型可以分为一般多元选择和排序多元选择两种，如果选项之间不存在排序的关系，则是一般多元选择模型，反之，存在排序关系的则是排序多元选择模型。因为离散选择模型中的被解释变量是非线性的，因此转为效用模型进行分析，分为 Probit 模型和 Logistic 模型。

因为在多元选择模型中，逻辑分布对效用最大化的分布选择更适合，Logistic 模型的似然函数能够快速有效地收敛，当方案或决策的个数较大时，该模型的计算更为简便。所以，本章采用的实证分析方法是排序选择模型方法，运用 Logistic 回归方法构建模型，研究样本商业银行中小企业贷款占比的影响因素。排序选择模型不同于一般二元模型的特点是被解释变量的各个选择项之间有一定的顺序或级别。排序选择模型是多元选择模型的一种，该模型通过可观测的有序数据建立模型来研究不可观测的变量的变化规律。设有一个不可观测的潜在变量 Y_i^*，Y_i 是可观测的变量，设 Y_i 存在 0，1，2，$\cdots$，m 等 $m+1$ 个取值。

$$Y_i = X_i'\beta + U_i^*, i = 1,2,3,\cdots,n \qquad (8-1)$$

其中，X_i 是影响潜变量的一组解释变量，β 为未知系数，U_i^* 是独立同分布的随机变量，Y_i 可以通过 Y_i^* 按下式得到：

$$Y_i = \begin{cases} 0, Y_i^* \leqslant c_1 \\ 1, c_1 \leqslant Y_i^* \leqslant c_2 \\ 2, c_2 \leqslant Y_i^* \leqslant c_3 \\ \cdots \\ m, c < Y_i^* \end{cases}$$

设 U_i^* 的分布函数为 $F(x)$，可以得到如下的概率：

$$F(Y_i = 0) = F(c_1 - X_i'\beta)$$
$$F(Y_i = 1) = F(c_2 - X_i'\beta) - F(c_1 - X_i'\beta)$$
$$\cdots\cdots$$
$$F(Y_i = m) = 1 - F(cm - X_i'\beta)$$

极大似然法是该模型的估计方法，其中，m 个临界值 c_1，c_2，$\cdots$，c_M 作为参数和回归系数一起参与估计。

二、变量说明

(一) 被解释变量

本章选取商业银行中小企业贷款占比的高低程度作为被解释变量，商业银行中小企业贷款占比较低，说明银行金融产品与服务的有效供给不能满足企业的信贷需求，反之，银行的供给能满足与适应企业信贷需求。根据学者的研究及调研问卷的设定，本章选用中小企业贷款余额占商业银行总贷款余额的比例表示商业银行中小企业贷款占比的高低程度，即商业银行对企业信贷产品与服务是否为有效供给。该相对指标不受银行存贷款规模、贷款总量大小、企业自身特征和企业规模结构差异的影响，能够较为客观地衡量不同地区、不同类型的商业银行中小企业贷款业务的差异。如果中小企业贷款余额占总贷款余额比重较大，说明该银行重视中小企业信贷，中小企业贷款占比较高，银行的供给有效；相反，比例较低，则中小企业贷款占比较低，银行的有效供给不能适应与满足企业的信贷需求。

在问卷调查中，被解释变量的各个选择项之间有一定的顺序或级别，即中小企业贷款余额占商业总贷款的比例是按程度高低排序的，有四个选项区间：0～20%表示银行中小企业贷款占比较低，20%～40%表示银行中小企业贷款占比一般，40%～60%表示银行中小企业贷款占比较高，60%以上表示银行中小企业贷款占比很高。这四个区间存在递增关系，并且是有序的。本章分析的商业银行中小企业贷款占比高低程度，可以依据程度由低到高排序，因此，排序选择模型对中小企业贷款占比的分析有适用性，本章利用多元 Logistic 模型进行商业银行中小企业贷款占比影响因素的研究。

（二）解释变量

该模型中的解释变量有银行因素和政府因素。其中，核心变量是银行规模，控制变量是银行的服务方式因素。

银行规模（$X1$）用虚拟变量表示，大规模银行用 1 表示，包括国有银行和股份制银行；小规模银行用 0 表示，包括农村商业银行和村镇银行。通过检验银行规模因素对银行中小企业贷款占比的影响程度，可以看出银行规模大小对银行中小企业贷款占比产生的影响。一般情况下，银行规模越小，其中小企业贷款占比越大，即小银行中小企业贷款占比会比大银行大。

所在区域（$X2$）也是虚拟变量，分为三个地区：江苏省、浙江省和安徽省。一般情况下，一个地区越发达，其中小企业数量及发展情况越好，则该地区的商业银行中小企业贷款占比就会越大。江苏省和浙江省的中小企业发展情况较好，数量也较多，且江苏省和浙江省经济较发达，商业银行的实力也较大，能较好地扶持中小企业发展，因此江苏省和浙江省的商业银行中小企业贷款占比可能在一定程度上比安徽省高。

控制变量中银行的服务方式因素包括贷款利率上浮区间（$X3$）、是否设置中小企业信贷业务管理部门（$X4$）、向企业发放贷款产品种类（$X5$）、是否有独立于大型企业的信贷审批机制（$X6$）、是否有独立于大型企业的信用评级标准（$X7$）和是否提供互联网金融（$X8$）。其中，贷款利率上浮区间（$X3$）分为四个部分，用 1 表示区间 0～20%，2 表示区间 20%～40%，3 表示区间 40%～60%，4 表示区间 60% 以上。一般情况下，利率上浮越大，即区间越递增，中小企业承受的还款压力越大，但并不是每家企业都能按时还款，因此商业银行对其申贷的审核较严格，导致商业银行中小企业贷款占比受到一定的影响。是否设置中小企业信贷业务管理部门（$X4$），用 1 表示设置，0 表示未设置。商业银行设置专业的中小企业信贷业务管理部门，对中小企业实行专业管理，有利于提升服务效率，对中小企业的申贷审核有一定的作用。向企业发放贷款产品种类（$X5$），用 1 表示标准化产品，2 表示在标准化基础上按企业需求定制，3 表示完全按企业需求定制。商业银行能根据中小企业实际需求设计发放信贷产品，可以更加灵活地针对中小企业的融资需求作出回应，并且提升中小企业信贷占比。是否有独立于大型企业的信贷审批机制（$X6$）和是否有独立于大型企业的信用评级标准（$X7$），用 1 表示有，0 表示没有。商业银行若是用大型企业的信贷审批机制和信用评级标准来对中小企业的申贷进行审核等，并不能完全准确地适用于中小企业的实际情况，会影响中小企业的申贷申请，因此，建立适用于中小企业的信贷审批机制和信用评级标准会对中小企业的申贷有一定的积极作用。是否提供互联网金融（$X8$），用 1 表示提供，0 表示不提供。商业银行提供互联网金融的产品与融资平台，可以拓展中小企业的融资渠道，对中小企业的申贷是有一定积极作用的。

政府因素包括税收优惠政策对银行中小企业贷款占比的作用（$X9$）和中小企业贷款风险补偿政策对银行中小企业贷款占比的作用（$X10$），作用大小用 1～5 从低到高打分表示。政府在中小企业向商业银行申贷或是商业银行对中小企业发放贷款过程中发挥了一定的扶持作用，有利于缓解中小企业的还款压力和减少商业银行的不良贷款风险，因此对提高商业银行中小企业贷款占比是有利的。

三、变量描述性统计分析

如表 8-1 所示，对自变量和因变量进行描述性统计分析，样本银行中小企业贷款占比的均值为 1.5313，即样本银行中小企业贷款余额占总贷款的比例均值在 20%～40%，大多数变量的标准差结果差异较大，说明样本银行的特征差异较大，同时也表明选择的样本银行是较为合理的。

表 8 - 1　　　　　　　　　　　　　　变量的选择及其含义

变量类别	变量名		变量含义	均值	标准差	预期符号
被解释变量	商业银行中小企业贷款占比高低程度		各银行中小企业贷款余额/总贷款余额，0 = 程度较低，1 = 程度一般，2 = 程度较高，3 = 程度很高	1.5313	1.2098	
解释变量	银行因素					
	虚拟变量	X1 银行规模	国有银行和股份制银行表示为 1，农村商业银行和村镇银行表示为 0	0.5703	0.4970	正
		X2 所在区域（用 D 表示地区）	"D1 = 0，D2 = 0" 表示江苏省，"D1 = 0，D2 = 1" 表示浙江省，"D1 = 1，D2 = 0" 表示安徽省	0.4063	0.4931	不清楚
	控制变量（金融服务方式）	X3 贷款利率上浮区间	1 = 0 ~ 20%，2 = 20% ~ 40%，3 = 40% ~ 60%，4 = 60% 以上	2.4062	1.2000	负
		X4 是否设置中小企业信贷业务管理部门	0 = 否，1 = 是	0.6641	0.4742	正
		X5 向企业发放贷款产品种类	1 = 标准化产品，2 = 在标准化基础上按企业需求定制，3 = 完全按企业需求定制	1.8281	0.8613	正
		X6 是否有独立于大型企业的信贷审批机制	0 = 否，1 = 是	0.6563	0.4768	负
		X7 是否有独立于大型企业的信用评级标准	0 = 否，1 = 是	0.5781	0.4958	正
		X8 是否提供互联网金融	0 = 否，1 = 是	0.3906	0.4898	正
	政府因素					
	X9 税收优惠政策		1 = 没有作用，2 = 作用不明显，3 = 作用不是很明显，4 = 作用比较明显，5 = 作用相当明显	3.5859	1.4004	正
	X10 中小企业贷款风险补偿政策			3.5937	1.2130	正

四、实证结果分析

基于以上模型和变量，应用 Logistic 回归方法来进行实证分析，有效样本共 128 个。运用 Spass 软件对变量进行标准化，由于影响银行中小企业贷款占比高低程度的因素有很多，各个变量之间可能存在多重共线性，对变量进行相关性分析，结果表明各变量之间相关系数均很小，所以变量之间不存在多重共线性。最后对各变量进行多元回归分析，实证结果如表 8-2 所示。

表 8-2　银行规模对银行中小企业贷款占比高低程度的回归估计结果

变量类别	标准系数	标准差	t 值	P 值
X1 银行规模	-0.1699	0.0643	-2.6429	0.0093 ***
X2 所在区域	0.0445	0.0640	0.6956	0.4881
X3 贷款利率上浮区间	-0.3956	0.0644	-6.1468	0.0000 ***
X4 是否设置中小企业信贷业务管理部门	0.2599	0.0654	3.9723	0.0001 ***
X5 向企业发放贷款产品种类	-0.023	0.0666	-0.3457	0.7302
X6 是否有独立于大型企业的信贷审批机制	0.0434	0.0640	0.6778	0.4992
X7 是否有独立于大型企业的信用评级标准	0.0818	0.0637	1.2853	0.201
X8 是否提供互联网金融	0.4118	0.0634	6.4993	0.0000 ***
X9 税收优惠政策	0.0864	0.0643	1.3452	0.1812
X10 中小企业贷款风险补偿政策	0.1895	0.0637	2.9740	0.0036 ***

注：*** 表示估计系数在 1% 的水平上显著。

（一）银行规模（X1）

银行规模（X1）的虚拟变量与银行中小企业贷款占比之间存在显著相关关系，在 1% 的显著性水平上负相关，符合预期。说明小银行较大银行在中小企业贷款占比上更具有优势，即规模越小的银行，其中小企业贷款占比就越高，相比国有银行和股份制银行，中小企业更容易从农村商业银行和村镇银行获得信贷，即银行规模对银行中小企业贷款占比高低程度存在影响，并且小银行比大银行中小企业贷款占比更高。从访谈中得知，对比国有银行和股份制银行，农村商业银行和村镇银行扎根当地，其市场定位和宗旨主要就是为中小企业提供融资服务，有较强的地缘性，网点多、人脉熟，能够得到更多的软信息，在一定程度上克服了信息不对称问题，因此提高了中小企业贷款占比高低程度。

（二）银行服务方式（X3~X8）

在变量 X3~X8 中，有四个变量通过显著性检验，分别为贷款利率上浮区间（X3）、是否设置中小企业信贷业务管理部门（X4）、是否提供互联网金融（$X8$）和中小企业贷款风险补偿政策（$X10$）。

贷款利率上浮区间（$X3$）在 1% 的显著性水平上通过检验，与银行中小企业贷款占比高低程度负相关。说明贷款利率上浮的区间越大，则银行中小企业贷款占比越低。人民银行规定一个基准利率，各银行根据相应情形调整其贷款利率，但一般情况下都是上浮利率，这使想贷款并满足贷款条件的中小企业不得不接受银行利率上浮的条件，从而付出更高的成本。而一些银行，尤其是大银行为了降低风险，设置的贷款利率较高，使部分企业难以承担相应的成本而不能贷到款，因此上浮利率越大，银行中小企业贷款占比越低。实际调查中，对三省 128 家商业银行中小企业贷款利率上浮区间进行统计（见表 8 - 3）发现，大部分银行利率上浮区间在 20%~40%（含），有 95 家，占比 74.22%，在所有选项中比重最大；其次是利率上浮区间在 0 ~ 20%（含）的样本银行，有 33 家，占比 25.78%；贷款利率上浮区间在 40%~50%（含）、50% ~ 70%（含）和 70% 以上的比重分别是 13.28%、9.38% 和 12.50%。从商业银行的类型来看，其在中小企业贷款利率上浮空间的选择上存在共性，比重最大的区间均为上浮 20%~40%（含），分别是 37 家国有银行，占比 92.50%；16 家股份制银行，占比 94.12%；35 家农村商业银行，占比 74.47%。由此可见，几乎所有类型的商业银行中小企业贷款利率上浮的区间都较大，中小企业为取得银行贷款付出了较高的成本，对中小企业的发展有一定的阻碍。但是由于各类商业银行受经营目标、自身性质、客户群体和规模等因素的影响不同，不同类型商业银行的中小企业贷款利率上浮区间存在着一定的差异。国有银行和农村商业银行都有一定比重选择较小的上浮区间，选择 0 ~ 20%（含）区间的国有银行和农村商业银行，分别达到 32.50% 和 34.04%，而股份制银行和村镇银行的比重较小。对于 40%~50%（含）、50% ~ 70%（含）和 70% 以上的区间，国有银行都没有选择，因为国有银行实力较强、规模较大，其客户也比较优质，国家扶持力度较大，因此在一定程度上减小了上浮的区间，减少了在利率上对中小企业的盈利。从区域上也可以发现，在 70% 以上的区间选项上，浙江省的比重远远大于江苏省和安徽省，主要是因为浙江省有 15 家村镇银行选择了该区间，中小企业若向村镇银行贷款则需付出更高的成本，实地调查发现浙江省村镇银行大都属于小型银行，成立时间较短，规模实力较小，经营上还存在很多困难，并且受吸收存款困难、业务能力不足、营业成本过高等多种因素制约，因而通过上浮贷款利率的方式增加盈利，而作为村镇银行主要客户的中小企业就成了直接受害者，对中小企业融资造成一定的阻碍。

表8－3　　　　　　　　样本银行中小企业贷款利率上浮区间　　　　　　　单位：%

指标名称	国有银行	股份制银行	农村商业银行	村镇银行	合计			
					江苏	浙江	安徽	三省
0～20（含）	32.50 (13)	11.76 (2)	34.04 (16)	8.33 (2)	26.00 (13)	26.15 (17)	23.08 (3)	25.78 (33)
20～40（含）	92.50 (37)	94.12 (16)	74.47 (35)	29.17 (7)	80.00 (40)	70.77 (46)	69.23 (9)	74.22 (95)
40～50（含）	0 (0)	17.65 (3)	12.77 (6)	33.33 (8)	12.00 (6)	12.31 (8)	23.08 (3)	13.28 (17)
50～70（含）	0 (0)	5.88 (1)	8.51 (4)	33.33 (8)	4.00 (2)	9.23 (6)	30.77 (4)	9.38 (12)
70 以上	0 (0)	5.88 (1)	0 (0)	62.50 (15)	2.00 (1)	23.08 (15)	0 (0)	12.50 (16)

注：该表格涉及的是多选题，所以数值百分比总和大于100%；括号中的是样本数；区间各类型银行比例为该类型银行选择该区间的样本数/该类型银行总数×100，区间各省比例为该省选择该区间的样本数/各省商业银行样本数之和×100。

是否设置中小企业信贷业务管理部门（$X4$）在1%的显著性水平上通过检验，与银行中小企业贷款占比高低程度正相关。说明若商业银行为中小企业成立专门的信贷业务管理部门，则中小企业更有可能得到商业银行的贷款。因为成立专门的部门或专营机构，可以集中管理中小企业的业务，更有效率地为中小企业服务，减少不必要的程序，减少信贷申请到批准的程序，缩短中间环节，降低中小企业融资程序的烦琐程度，并降低相关的人力成本，因此会让一些企业更快得到银行融资，提高融资供给的效率。对商业银行中小企业贷款的审批层级进行问卷调查，问卷中涉及的层级有一般信贷员的审批、该行信贷部门的审批、该行分管行长的审批、上级行相关信贷部门的审批、上级行分管行长的审批、总行相关信贷部门的审批。对问卷进行统计，从表8－4可以看出，中小企业信贷审批层级多，在一定程度上影响了融资供给的效率，降低了银行中小企业贷款的占比。(1)在银行规模异质性上，除了股份制银行外，国有银行、农村商业银行和村镇银行对中小企业贷款审批层级的调查比较一致，审批层级都集中于4级或5级，分别占比45.00%、63.83%和50.00%，说明在中小企业向银行申请贷款时，绝大多数商业银行需要经过的审批程序层级多，比较复杂，会在一定程度上影响融资的时效。(2)在区域上，江苏省在3级及以下的比重是48%，4级或5级的比重是34%，6级或7级的比重是18%，即4级及以上占比52%；浙江省在3级及以下的比重是26.15%，4级或5级的比重是 66.15%，6 级或 7 级的比重是 7.69%，即 4 级及以上占比 73.85%；安徽省在 3 级及以下的比重是 46.15%，4 级或 5 级的比重是 46.15%，6 级或 7 级的比重是 7.69%，即 4 级及以上占比 53.85%。总体上，三省在 3 级及以下的比重是 36.72%，4 级或 5 级的比重是 51.56%，6 级或 7 级的比重是 11.72%，即 4 级及以上占比 63.28%。可以看出各省份存在共性，其商业银行的信贷审批层级在 4 级及以上的占比都大于一半，说明各省份商业银行对中小企业信贷的审批都比较严格，经历的层级较多。

表 8 - 4　　　　样本商业银行中小企业信贷审批层级情况　　　单位：%

| 层级 | 国有银行 | 股份制银行 | 农村商业银行 | 村镇银行 | 合计 | | | |
					江苏	浙江	安徽	三省
3 级及以下	42.50	47.06	29.79	33.33	48.00	26.15	46.15	36.72
4 级或 5 级	45.00	35.29	63.83	50.00	34.00	66.15	46.15	51.56
6 级或 7 级	12.50	17.65	6.38	16.67	18.00	7.69	7.69	11.72

注：各类型银行比例为该类型银行选择该指标的样本数/该类型银行总数×100，各省比例为该省选择该指标的样本数/各省商业银行样本数之和×100。

设置中小企业信贷业务管理部门能减少信贷审批环节，更有利于提高银行中小企业贷款占比。从表 8 - 5 可以看出，72.50% 的国有银行、94.12% 的股份制银行、61.70% 的农村商业银行和 50.00% 的村镇银行都设置了中小企业信贷业务的服务部门，区域上，78.00% 的江苏省样本商业行业、55.38% 的浙江省样本商业行业和 84.62% 的安徽省样本商业银行设置了该部门，说明各地区不同类型的商业银行都比较重视对中小企业信贷业务的管理，尤其是股份制银行，投入较大资金与人力为中小企业服务，可以更好、更专业化地为中小企业提供服务与咨询，中小企业信贷业务服务将会取得较大的进步。

表 8 - 5　　样本商业银行中小企业信贷业务服务管理部门设置情况　　单位：%

| 指标名称 | 国有银行 | 股份制银行 | 农村商业银行 | 村镇银行 | 合计 | | | |
					江苏	浙江	安徽	三省
设置	72.50	94.12	61.70	50.00	78.00	55.38	84.62	67.19
未设置	27.50	5.88	38.30	50.00	22.00	44.62	15.38	32.81

注：各类型银行比例为该类型银行选择该指标的样本数/该类型银行总数×100，各省比例为该省选择该指标的样本数/各省商业银行样本数之和×100。

是否提供互联网金融（X8）在 1% 的显著性水平上通过检验，与银行中小企业贷款占比高低程度正相关。互联网金融是新兴发展的产品，能为企业融资提供更多的供给渠道，互联网借贷平台以小额、快捷、透明、直接的特性，满足中小企业额度低、时间短等融资需求，并通过互联网平台聚集社会的闲散资金，将其重新整合来满足中小企业融资需求，而互联网金融和传统银行为不同类型的企业提供不同类型的产品，它们通过不一样的方式为客户带来更好的服务，共同促使市场以客户为中心，从而提供更加个性化的金融服务，大大丰富了中小企业融资方式，拓展企业的传统融资方式，拓宽了融资来源渠道，对银行中小企业贷款占比的提高是有利的。但是在实际调查中发现，银行互联网金融开展数量少，未得到全面发展。如表8-6所示，只有47家商业银行开展了互联网金融业务为中小企业服务，其中国有银行有23家，占比57.50%，而股份制银行和农村商业银行分别占比35.29%和38.50%，绝大部分银行还没有开展互联网金融服务，尤其是股份制银行和农村商业银行情况不容乐观，还有部分银行对互联网金融前景不清楚，短时间内不会涉及，说明这些银行没有意识到互联网金融的重要性，不能为中小企业提供全面的互联网金融服务。在银行的信贷产品供给上，互联网金融产品供给不足。因为大部分银行还没有开展互联网金融服务，因此相对应地，银行对于互联网金融产品的供给也非常不足。从表8-6可以看出，各类商业银行中，国有银行对互联网金融产品的供给最多，情况最好。说明国有银行的研发水平和资金实力相比农村商业银行和村镇银行强，可以进一步发展互联网金融产品，为企业融资提供新的平台，也能增强银行的竞争实力。分地区来看，江苏省对互联网金融产品的供给情况最好，目前已经有21家样本银行开展了相关业务。但是，总体上三省的各类商业银行的互联网金融产品的供给比重都是较低的（均低于50%）。商业银行对互联网金融产品的低水平供给不利于改善企业融资渠道的多元化，也是造成中小企业融资难的原因之一。

表8-6　　　　　　　　　样本商业银行发展互联网金融情况　　　　　　　单位：%

指标名称	国有银行	股份制银行	农村商业银行	村镇银行	合计			
					江苏	浙江	安徽	三省
已经开展	57.50 (23)	35.29 (6)	38.30 (18)	0 (0)	42.00 (21)	35.38 (23)	23.08 (3)	36.72 (47)
目前尚未开展，但计划和电商或互联网公司开展互联网金融服务	7.50 (3)	35.29 (6)	25.53 (12)	45.83 (11)	24.00 (12)	27.69 (18)	15.38 (2)	25.00 (32)
目前尚未开展，但计划独立开展互联网金融服务	12.50 (5)	23.53 (4)	10.64 (5)	16.67 (4)	16.00 (8)	10.77 (7)	23.08 (3)	14.06 (18)

指标名称	国有银行	股份制银行	农村商业银行	村镇银行	合计			
					江苏	浙江	安徽	三省
对互联网金融的前景不清楚，短时间内不会涉足	22.50 (9)	5.88 (1)	25.53 (12)	37.50 (9)	18.00 (9)	26.15 (17)	38.46 (5)	24.22 (31)

注：括号中的是样本数；各类型银行比例为该类型银行选择该指标的样本数/该类型银行总数×100，各省比例为该省选择该指标的样本数/各省商业银行样本数之和×100。

　　互联网金融产品的发行依赖于网络技术的提高，在调查商业银行网络技术的运用对业务收集的情况的过程中发现（见表8-7），商业银行网络技术便利于信贷业务信息的收集，但网上融资渠道仍处于初步阶段。样本中共有53家银行已经开通了中小企业网上融资申请和审批渠道，占比41.41%，仍有75家银行则未开通中小企业网上融资申请和审批渠道，占比58.59%，说明中小企业向银行申请贷款依然依赖于传统的实地渠道，不能使中小企业快速便利地利用网络资源申请贷款，在一定程度上增加了企业时间成本。商业银行利用网络技术为中小企业提供便利的融资渠道，但尚处于初步阶段，还有大部分银行没有意识到网络技术的重要性，需要银行提高网络技术的水平，为中小企业扩大融资渠道。而国有银行和股份制银行是开通了网上融资申请和审批渠道最多的银行类别，说明国有银行和股份制银行的资本、技术及人才资源雄厚，从而拥有足够的资源进行网络贷款技术的创新，能很好地利用网络技术为中小企业服务，能增加客户资源，提升客户体验，多渠道增加自身的竞争优势。

表8-7　　　　样本商业银行信贷业务信息收集网络技术运用情况　　　　单位：%

指标名称		国有银行	股份制银行	农村商业银行	村镇银行	合计			
						江苏	浙江	安徽	三省
是否开通中小企业网上融资申请和审批渠道	是	57.50 (23)	64.71 (11)	38.30 (18)	4.17 (1)	52.00 (26)	33.85 (22)	38.46 (5)	41.41 (53)
	否	42.50 (17)	35.29 (6)	61.70 (29)	95.83 (23)	48.00 (24)	66.15 (43)	61.54 (8)	58.59 (75)
中小企业的信息是否可以以电子形式通过网络传输给信贷审批部门	是	82.50 (33)	82.35 (14)	91.49 (43)	37.50 (9)	94.00 (47)	64.62 (42)	76.92 (10)	77.34 (99)
	否	17.50 (7)	17.65 (3)	8.51 (4)	62.50 (15)	6.00 (3)	35.38 (23)	23.08 (3)	22.66 (29)

注：括号中的是样本数；各类型银行比例为该类型银行选择该指标的样本数/该类型银行总数×100，各省比例为该省选择该指标的样本数/各省商业银行样本数之和×100。

因此，网络技术的提高有利于商业银行开拓互联网金融融资渠道，充分发挥其网络技术性，不仅便利企业申请融资，也便于银行提高收集企业信用等情况的工作效率。

中小企业贷款风险补偿政策（$X10$）在 1% 的显著性水平上通过检验，与银行中小企业贷款占比高低程度正相关。风险补偿资金是政府部门专门用来促进金融机构增加中小企业贷款的资金，可以补偿当年新增的中小企业贷款而产生的风险。同时，对企业增加贷款较多、风险控制较好的银行业金融机构也可以适当用于奖励。政府提供中小企业贷款的风险补偿，一定程度上减少了银行向中小企业贷款时的不良贷款风险及损失，提高了银行向中小企业贷款的积极性，因此政府发布贷款风险补偿政策，会提高银行中小企业的信贷占比。但在实际访谈中发现，信贷风险分担和补偿机制不完善。部分中小企业希望获取银行的商业担保融资，但是中小企业自身存在的弱质性，会导致担保公司在为其担保的过程中产生较大的风险，难以实现融资活动中的目标利润，所以很少有担保公司愿意为企业提供信用担保。并且企业无法承担过高的担保费。在这些问题下，需建立政府采用资金担保的机制，通过财政出资为企业担保来获得金融机构信贷，但是政府的信贷补偿机制不完善，落实不到位，导致银行为了避免风险而惜贷。

政府的税收优惠政策未通过显著性检验，与假设不一致。通过实际访谈了解到，虽然目前国家政府开展了多种金融政策，但是在实际落实过程中还是存在着一些问题。政府出台了相关的税收等优惠政策，但真正落实到企业的比例却很小，一些经营效绩良好的企业才能得到政策的补助，即使很多企业符合条件也未享受到。说明政策实施情况不容乐观，需要政府做出一定措施改变，从而使中小企业享受到政策，更加有利于中小企业融资，解决融资难问题。

第三节　本章小结

本章首先通过理论分析得出银行规模、银行服务方式、政府的政策与银行中小企业贷款占比高低程度的关系，在一定的理论基础上，建立模型，通过实证分析得出结果。实证结果显示银行规模对银行中小企业贷款占比高低程度有显著影响。规模越小的银行，其中小企业贷款占比就越高，即中小企业更容易从小银行中获取贷款，相比国有银行和股份制银行,农村商业银行和村镇银行的中小企业贷款占比更高。银行的服务方式、政府政策是中小企业贷款占比高低程度的显著影响因素。贷款利率上浮的区间越大,则银行中小企业贷款占比高低程度越低。商业银行设置的中小企业信贷业务管理部门能更专业地服务于中小企业,减少不必要的环节,提高银行中小企业的贷款占比。商业银行提供的互联网金融越完善,就越有利于提高其中小企业贷款占比。中小企业贷款风险补偿与银行中小企业贷款占比高低程度呈正相关关系。

本章实证模型中的核心变量只引入了银行规模,但是本书还将考察另一核心变量——贷款技术对银行中小企业贷款占比高低程度的影响作用,因此在下一章将重新建立模型,引入贷款技术变量来考察银行规模、贷款技术对银行中小企业贷款占比高低程度的影响作用。

第九章 银行规模、贷款技术对银行中小企业贷款占比的影响

第一节 理论分析

一、银行贷款技术对银行中小企业贷款占比的影响

贷款技术是金融机构在发放贷款过程中，为了解决在信息审核、信息甄别、监督申请贷款的企业和控制贷款风险、回收贷款整个流程所产生的信息不对称的应对技术组合机制。由此可知，商业银行可以通过选择不同的贷款技术对企业进行信贷的发放。对于商业银行对中小企业信贷的有效供给能否满足企业的信贷需求，本章认为贷款技术是影响有效供给的关键因素。贷款技术一般分为交易型贷款技术和关系型贷款技术。结合本章调查问卷的设定，将交易型贷款技术划分为信用等级型贷款技术、财务报表型贷款技术、抵押型贷款技术、担保型贷款技术和质押型贷款技术五种。在具体实施上，商业银行将贷款技术运用到信贷产品的设计上，不同的贷款技术决定了不同的信贷产品的推出。而根据表9-1，信用等级型贷款技术的运用有小额透支业务、信用融资、保证保险贷款、联保贷款/互保贷款和小企业保函产品，财务报表型贷款技术的运用有财务管理服务产品，抵押型贷款技术的运用有抵押融资产品，担保型贷款技术的运用有担保融资产品，质押型贷款技术的运用有动产质押融资、金融票据质押融资、应收账款质押融资、订单质押融资、商铺经营权质押融资、知识产权质押融资、股权质押融资、收费权质押融资和保单质押融资产品。关系型贷款技术的运用主要是依据信贷员的意见在贷款审批中的作用。

表 9 - 1　　　　　　　　　　银行贷款技术及其金融产品划分情况

贷款技术	交易型贷款技术					关系型贷款技术
	信用等级型贷款技术	财务报表型贷款技术	抵押型贷款技术	担保型贷款技术	质押型贷款技术	
产品类型	小额透支业务	财务管理服务	抵押融资	担保融资	动产质押融资	信贷员的意见在贷款审批中的作用
	信用融资				金融票据质押融资	
	保证保险贷款				应收账款质押融资	
	联保贷款/互保贷款				订单质押融资	
					商铺经营权质押融资	
					知识产权质押融资	
	小企业保函				股权质押融资	
					收费权质押融资	
					保单质押融资	

　　交易型贷款技术可以在一定程度上减少商业银行金融机构由于不良贷款产生的风险。信用等级型贷款技术可以在一定程度上减少企业由于缺乏合格的抵押物而无法申贷的制约，商业银行金融机构可以运用信用等级型贷款技术来评定企业的信用情况，如小额透支业务、信用融资等产品的发放，都是商业银行根据企业的信用等级情况来判断是否通过企业的信贷申请。如果中小企业的信用情况好，银行考虑到不良贷款损失发生的概率就会相应地降低，那么该企业通过银行信贷审批的可能性就越大，即银行中小企业的贷款占比就会相应提高。

　　财务报表型贷款技术根据申请贷款的中小企业提供的财务报表，对企业的财务状况及信息进行收集与研究，从而评估与判断是否通过企业的贷款申请。而每家企业都要有相应的财务报表，这也是商业银行金融机构考核企业财务状况的基础条件，如果企业的财务状况健康透明，说明企业经营良好，发展稳定，并有稳定的还款源，因此银行中小企业的贷款占比也会相应提高。

抵押型贷款技术主要运用于抵押融资产品，需要中小企业在申贷时提供一定的合格抵押物，从而使商业银行金融机构能减少因不良贷款损失带来的风险，但是在实际调查中发现，很多新兴发展的中小企业是无法提供合格的抵押物的，商业银行为了减少风险而拒绝这些企业的申贷请求，因此抵押型贷款技术在一定程度上会降低银行中小企业的贷款占比。

担保型贷款技术主要运用于担保融资产品中，需要中小企业在申贷时有具有一定担保资质的担任人为其作担保，使商业银行金融机构在不良贷款发生后能由担保人对其进行一定的代偿。但是通常情况下，商业银行考虑到申请担保融资的中小企业的资产规模等实力和抵抗风险的能力往往较弱，因此为了减少违约的风险，商业银行会降低该类企业的贷款占比，因此担保型贷款技术会在一定程度上制约银行中小企业信贷占比的提高。

质押型贷款技术是商业银行金融机构在考虑到一些中小企业无法提供合格的抵押物而无法申贷的情况下运用的新贷款技术，可以减少商业银行对抵押型贷款技术的运用，商业银行推出了相应的质押类融资产品，虽然这些信贷产品也都需要企业提供一定的有偿物，但是在此条件下，可以减少商业银行不良贷款的损失风险，因此，商业银行对企业信贷的供给积极性相应增加，企业通过信贷审核的可能性也增大，质押型贷款技术的运用则会提高银行中小企业贷款的占比。

关系型贷款技术通过商业银行金融机构长期与申贷中小企业深入地了解来往，能更好地了解企业的真实经营状况信息、企业主的信用情况等，从而减少由于信息不对称导致企业无法通过信贷申请的现象。通过问卷调查发现，商业银行通过信贷员意见在贷款审批中的作用大小来运用关系型贷款技术，信贷员通过长期与企业深入交往较好地掌握了申贷企业的经营信息，如果实地调查了解到的真实经营信息是健康透明的，而信贷员又可以在企业向银行申贷过程中起到一定的积极促进作用，那么关系型贷款技术有利于提高银行中小企业的贷款占比。

因此，金融机构通过改善贷款技术，根据企业实际需求相应调整金融产品，是有利于提高银行中小企业贷款占比的。

二、不同规模银行的贷款技术对银行中小企业贷款占比影响的差异性

不同规模的商业银行选择不同的贷款技术将对其中小企业贷款占比的影响产生差异性。在向中小企业提供融资服务方面，小银行比大银行拥有信息优势，小银行能集中于较小的地理范围来集中经营业务，并且在很大程度上依赖于与借款人的关系和了解程度，可以以相对较低的成本与中小企业长期保持较亲密的关系来获得很多非公开的信息，即软信息。然而，中小企业由于具有规模较小等特点，与大型企业相比，中小企业更缺乏一些标准的信息，从而使关系型贷款技术对审核企业信贷来说更适用，因此小银行对中小企业信贷的支持更大，并且更倾向于选择关系型贷款技术。而大银行由于在资金、人才和技术上具有优势，可以分析和处理硬信息，从而更倾向于为信息透明、资金安全的企业发放贷款。大银行在进行信贷审核时，更倾向于使用财务报表型贷款技术，信贷风险问题在这种有一定客观标准的贷款技术下能够得到改善，信贷审批标准也将保持一致。而其他交易型贷款技术，如信用型贷款技术、抵押型贷款技术、担保型贷款技术和质押型贷款技术相对会减少由于信贷风险产生的不良贷款损失，而大银行由于经济规模实力等原因，对这些交易型贷款技术的使用更加擅长，因此实际中，大银行会更加倾向于对中小企业信贷使用交易型贷款技术。

第二节　银行贷款技术对银行中小企业 贷款占比的实证分析

一、变量说明

在上一章节样本商业银行中小企业贷款占比的影响因素的模型中加入另一核心变量——贷款技术因素，并将其他变量重新代入有序 Logistic 回归方程模型，以此检验贷款技术对银行中小企业贷款占比是否存在影响，如果存在影响，那么银行规模如何通过贷款技术来作用于银行中小企业贷款占比高低的。

根据银行放款时对企业信用等级、抵押、担保和财务报表的重要性考虑，问卷设置根据重要性由 1~5 从低到高打分来表示信用等级型贷款技

术、抵押型贷款技术、担保型贷款技术和财务报表型贷款技术。质押型贷款技术则根据银行是否提供质押贷款方式来衡量，1 表示提供，0 表示不提供。关系型贷款技术用信贷员的意见在贷款审批中的作用表示，根据重要性由 1～5 从低到高打分。

二、变量描述性统计分析

如表 9-2 所示，对自变量和因变量进行描述性统计分析，在表 9-1 的基础上，增加贷款技术变量，对所有变量重新进行统计分析。

表 9-2　　　　　　　　　　　　变量的选择及其含义

变量类别	变量名称		变量含义	均值	标准差	预期符号
被解释变量	商业银行中小企业贷款占比高低程度		各银行中小企业贷款余额/总贷款余额。0＝程度较低，1＝程度一般，2＝程度较高，3＝程度很高	1.5313	1.2098	
解释变量	银行因素					
	虚拟变量	X1 银行规模	国有银行和股份制银行表示为 1，农村商业银行和村镇银行表示为 0	0.5703	0.4970	正
		X2 所在区域（用 D 表示地区）	"D1＝0，D2＝0"表示江苏省，"D1＝0，D2＝1"表示浙江省，"D1＝1，D2＝0"表示安徽省	0.4063	0.4931	不清楚
	交易型贷款技术指标	X3 信用等级型贷款技术	银行贷款时，对企业信用等级、抵押、担保和财务报表重要性的考虑。1＝一点都不重要，2＝不是很重要，3＝相当重要，4＝非常重要，5＝决定性的	3.6016	1.0298	正
		X4 抵押型贷款技术		3.5703	1.1272	负
		X5 担保型贷款技术		3.6719	1.4036	负
		X6 财务报表型贷款技术		3.4609	1.1495	负
		X7 质押型贷款技术	1＝提供质押贷款方式，0＝不提供质押贷款方式	0.6250	0.4860	负
	关系型贷款技术指标	X8 信贷员在中小企业贷款审批中的作用	信贷员的意见在贷款审批中的作用。1＝一点都不重要，2＝不是很重要，3＝相当重要，4＝非常重要，5＝决定性的	3.5938	1.1599	正

续表

变量类别	变量名称		变量含义	均值	标准差	预期符号
解释变量	控制变量（金融服务方式）	X9 贷款利率上浮区间	1 = 0 ~ 20%，2 = 20% ~ 40%，3 = 40% ~ 60%，4 = 60% 以上	2.4062	1.2000	负
		X10 是否设置中小企业信贷业务管理部门	0 = 否，1 = 是	0.6641	0.4742	正
		X11 向企业发放贷款产品种类	1 = 标准化产品，2 = 在标准化基础上按企业需求定制，3 = 完全按企业需求定制	1.8281	0.8613	正
		X12 是否有独立于大型企业的信贷审批机制	0 = 否，1 = 是	0.6563	0.4768	负
		X13 是否有独立于大型企业的信用评级标准	0 = 否，1 = 是	0.5781	0.4958	正
		X14 是否提供互联网金融	0 = 否，1 = 是	0.3906	0.4898	正
	政府因素					
	X15 税收优惠政策		1 = 没有作用，2 = 作用不明显，3 = 作用不是很明显，4 = 作用比较明显，5 = 作用相当明显	3.5859	1.4004	正
	X16 中小企业贷款风险补偿政策			3.5937	1.2130	正

三、实证结果分析

基于变量，应用 Logistic 回归方法来进行实证分析，建立模型，有效样本共 128 个，对各变量进行多元回归分析，实证结果如表 9-3 所示。

表 9-3　　　银行规模、贷款技术对银行中小企业贷款占比高低程度的回归估计结果

变量类别	标准系数	标准差	t 值	P 值
X1 银行规模	0.0213	0.0578	0.3682	0.7134
X2 所在区域	0.0579	0.0517	1.1204	0.2649

续表

变量类别	标准系数	标准差	t 值	P 值
X3 信用等级型贷款技术	0.2251	0.0549	4.1034	0.0001 ***
X4 抵押型贷款技术	−0.1976	0.0590	−3.3476	0.0011 ***
X5 担保型贷款技术	−0.0093	0.0509	−0.1833	0.8549
X6 财务报表型贷款技术	−0.1892	0.0578	−3.2717	0.0014 ***
X7 质押型贷款技术	−0.0092	0.0530	−0.1737	0.8624
X8 信贷员在中小企业贷款审批中的作用	0.316	0.0559	5.6562	0.0000 ***
X9 贷款利率上浮区间	−0.3169	0.0522	−6.0742	0.0000 ***
X10 是否设置中小企业信贷业务管理部门	0.0097	0.0647	0.1497	0.8813
X11 向企业发放贷款产品种类	−0.0172	0.0554	−0.3109	0.7565
X12 是否有独立于大型企业的信贷审批机制	0.0683	0.0515	1.3279	0.1869
X13 是否有独立于大型企业的信用评级标准	0.1312	0.0510	2.5745	0.0114 **
X14 是否提供互联网金融	0.3994	0.0517	7.7275	0.0000 ***
X15 税收优惠政策	0.0483	0.0531	0.9102	0.3647
X16 中小企业贷款风险补偿政策	0.1754	0.0511	3.4344	0.0008 ***

注：** 、*** 分别表示估计系数在 5% 、1% 的水平下显著。

通过表 9 - 3 可以看出，银行金融机构是通过贷款技术对银行中小企业贷款占比高低程度发挥作用的。在表 8 - 1 的基础上，将贷款技术的变量引入，即引入交易型贷款技术和关系型贷款技术，则本模型共有 16 个自变量进行回归分析。在未引入贷款技术的模型中，银行规模（X1）是通过显著性水平检验的，而此模型中，银行规模（X1）并没有通过显著性水平检验，则说明银行规模是通过贷款技术，即交易型贷款技术和关系型贷款技术作用于银行中小企业贷款的占比高低程度的。

交易型贷款技术变量中，信用等级型贷款技术（X3）在 1% 的显著性水平上正相关，说明如果商业银行能根据企业的信用等级审核其信贷，则中小企业就越有可能得到银行的贷款，即商业银行中小企业贷款占比就越高。商业银行根据企业的信用是否良好决定是否提供信贷，将有助于信誉良好的企业减少提供抵押物等环节而获得贷款，因此企业对信用融资产品的需求也很大。

抵押型贷款技术（X4）和财务报表型贷款技术（X6）都在 1% 的显著性水平上负相关，说明这两种交易型贷款技术的使用是制约银行中小企业贷款占比提高的因素。在实际调研中了解到，商业银行对中小企业发放贷款时偏向于使用抵押融资贷款，从表 7 - 2 中可以看出，江苏、浙江和安徽的银行对抵押融资产品的供给分别是 88%、93.85% 和 76.92%，商业银行在一定程度上力推抵押融资产品。但是对企业主访谈后发现，部分中小企业由于无法提供银行所需的合格抵押物而贷款申请被拒，导致中小企业的信贷需求无法被满足，即商业银行的有效供给不能适应和满足企业的实际信贷需求，其中小企业的贷款占比高低程度在一定程度上受到抵押型贷款技术的制约。财务报表健康的企业还款能力较强，银行的不良贷款损失的风险降低，而一些财务报表不健康的企业，其得到贷款的可能性就较小。

担保型贷款技术（$X5$）和质押型贷款技术（$X7$）虽然没有通过显著性水平的检验，但系数为负，符合预期。其可能的原因有两个：一是如表 7 - 2 所示，虽然江苏、浙江和安徽的银行对担保型融资产品的供给率分别达到 88%、92.31% 和 84.62%，供给较多，但是实际访谈中发现企业对担保融资产品的需求率较低，商业银行对这类产品的提供不能完全满足企业的实际信贷需求；二是中小企业对银行提供的担保型和质押型的融资产品的了解不够而不愿意尝试，导致该类贷款技术并没有很好地作用于企业信贷的发放。

关系型贷款技术（$X8$）在 1% 的显著性水平上正相关，说明银行使用关系型贷款技术有利于提高其中小企业贷款占比高低程度。在实际调研中发现，关系型贷款技术主要是指信贷员对中小企业进行的深入调查了解，商业银行的信贷员会深入走访企业，对企业的信贷需求及企业经营、信用等情况深入了解，并将信息反馈给银行，符合条件的企业会因此通过贷款申请，可见信贷员的作用很重要，在一定程度上影响着银行中小企业贷款占比。从表 9 - 4 中也能看出，各省份各类商业银行信贷员在企业贷款中都在一定程度上起到作用。具体到银行类型来看，82.50% 的国有银行、82.35% 的股份制银行、95.74% 的农村商业银行和 95.83% 的村镇银行的信贷员都能在企业贷款中起到一定的作用，尤其是扎根于当地的小银行（农村商业银行和村镇银行），达到 95% 以上的比例，可见即使商业银行开发了很多交易型贷款技术，运用多种金融产品来发展与服务中小企业，但是关系型贷款技术仍在一定程度上对提高银行中小企业贷款占比的高低程度发挥作用。

表 9 – 4　　　　　　　　样本商业银行信贷员在贷款中的作用情况　　　　　　单位：%

指标名称		国有银行	股份制银行	农村商业银行	村镇银行	合计			
						江苏	浙江	安徽	三省
信贷员在中小企业贷款中是否发挥作用	是	82.50	82.35	95.74	95.83	88.00	93.85	76.92	89.84
	否	17.50	17.65	4.26	4.17	12.00	6.15	23.08	10.16

注：各类型银行比例为该类型银行选择该指标的样本数/该类型银行总数×100，各省比例为该省选择该指标的样本数/各省商业银行样本数之和×100。

在解释变量上，仍是四个变量通过了显著性水平检验，贷款利率上浮区间（$X9$）、是否提供互联网金融（$X14$）和中小企业贷款风险补偿政策（$X16$）在 1% 的显著性上通过了显著性水平检验，还有是否有独立于大型企业的信用评级标准（$X13$）也在 5% 的显著性水平上与银行中小企业贷款占比程度高低相关。说明商业银行建立独立的中小企业信用评级标准，对提高银行中小企业贷款占比有利。因为独立的信用等级对中小企业融资申请十分重要，商业银行可以更好地审核中小企业信用情况，而不是一味地适用大型企业的信用等级标准，从而减少中小企业因信用情况而不符合贷款标准的情况。但从表 9 – 5 可以看出，虽然商业银行有超过一半的比例设置了独立的信用评级标准，但是具体来看，70.00% 的国有银行、70.59% 的股份制银行、57.45% 的农村商业银行和25% 的村镇银行设置了独立的中小企业信用评级标准，总体上三省只有 57.03% 的样本银行设置了信用评级标准，并不是每家商业银行都建立了适合中小企业的信用等级标准，而且实际访谈中发现目前大部分商业银行对中小企业的信用等级评估仍然习惯使用大型企业的信用评级标准，存在着企业信用等级评估标准过于偏向大型企业的现象，从而使许多中小企业的信用等级较低而难以获得银行的信用贷款。因此建立独立于大型企业的信用评级标准对中小企业获得银行贷款很重要。

表 9 – 5　　　　　　　　样本商业银行企业信用评级标准情况

指标名称		国有银行	股份制银行	农村商业银行	村镇银行	合计			
						江苏	浙江	安徽	三省
是否有独立于大型企业的信用评级标准	是	70.00 (28)	70.59 (12)	57.45 (27)	25.00 (6)	56.00 (33)	47.69 (31)	69.23 (9)	57.03 (73)
	否	30.00 (12)	29.41 (5)	42.55 (20)	75.00 (18)	34.00 (17)	52.31 (34)	30.77 (4)	42.97 (55)

注：各类型银行比例为该类型银行选择该指标的样本数/该类型银行总数×100，各省比例为该省选择该指标的样本数/各省商业银行样本数之和×100。

第三节　不同规模银行的贷款技术对银行中小企业贷款占比的影响

一、实证结果

上一节验证了银行规模是通过贷款技术作用于银行中小企业贷款占比高低程度的，因此，本节建立模型来研究不同规模银行的贷款技术怎样影响商业银行中小企业贷款占比高低程度，在模型中将银行规模与贷款技术两个核心变量进行交叉代入回归方程检验结果。$Jc1$ 表示银行规模与信用等级型贷款技术乘积的交叉项，$Jc2$ 表示银行规模与抵押型贷款技术乘积的交叉项，$Jc3$ 表示银行规模与担保型贷款技术乘积的交叉项，$Jc4$ 表示银行规模与财务报表型贷款技术乘积的交叉项，$Jc5$ 表示银行规模与质押型贷款技术乘积的交叉项，$Jc6$ 表示银行规模与关系型贷款技术乘积的交叉项（见表 9 - 6）。

表 9 - 6　不同规模银行的贷款技术对银行中小企业贷款占比高低程度的回归结果

变量类别	标准系数	标准差	t 值	P 值
X1 银行规模	0.0469	0.0397	1.1831	0.2394
X2 所在区域	- 0.0103	0.0347	- 0.2980	0.7663
X3 信用等级型贷款技术	0.2220	0.0369	6.0096	0.0000 ***
X4 抵押型贷款技术	- 0.2126	0.0388	- 5.4742	0.0000 ***
X5 担保型贷款技术	0.0499	0.0342	1.4599	0.1473
X6 财务报表型贷款技术	- 0.2138	0.0381	- 5.6082	0.0000 ***
X7 质押型贷款技术	- 0.0221	0.0351	- 0.6284	0.5311
X8 信贷员在中小企业贷款审批中的作用	0.3137	0.0369	8.4933	0.0000 ***
Jc1 银行规模与信用等级型贷款技术乘积	0.2046	0.0386	5.7386	0.0000 ***
Jc2 银行规模与抵押型贷款技术乘积	- 0.2589	0.0354	- 7.4107	0.0000 ***
Jc3 银行规模与担保型贷款技术乘积	0.0151	0.0345	0.4420	0.6594
Jc4 银行规模与财务报表型贷款技术乘积	0.0486	0.0343	1.4317	0.1552
Jc5 银行规模与质押型贷款技术乘积	0.0172	0.0341	0.5055	0.6143
Jc6 银行规模与关系型贷款技术乘积	- 0.2712	0.0394	- 7.6665	0.0000 ***
X9 贷款利率上浮区间	- 0.3041	0.0352	- 8.6469	0.0000 ***

变量类别	标准系数	标准差	t 值	P 值
X10 是否设置中小企业信贷业务管理部门	0.0084	0.0427	0.1967	0.8444
X11 向企业发放贷款产品种类	−0.0398	0.0373	−1.0694	0.2874
X12 是否有独立于大型企业的信贷审批机制	0.0357	0.0337	1.0587	0.2922
X13 是否有独立于大型企业的信用评级标准	0.0641	0.0339	1.8899	0.0615 *
X14 是否提供互联网金融	0.3431	0.0347	9.8951	0.0000 ***
X15 税收优惠政策	0.0384	0.0351	1.0947	0.2761
X16 中小企业贷款风险补偿政策	0.2307	0.0337	6.8450	0.0000 ***

注：*、***分别表示估计系数在 10%、1% 的水平下显著。

二、实证结果分析

从实证结果可以看出，不同规模的银行在贷款技术的选择上呈现差异。结果中有 $Jc1$、$Jc2$ 和 $Jc6$ 通过显著性检验。具体来看，交叉项 $Jc1$（银行规模与信用等级型贷款技术乘积的交叉项）在 1% 的显著性水平上与银行中小企业贷款占比正相关，而在上一节的模型中，信用等级型贷款技术与银行中小企业贷款占比正相关，此次结果中系数也为正，则说明规模越大的银行使用信用等级型贷款技术越有利于提高银行中小企业的贷款占比高低程度。因为规模越大的银行，越能根据中小企业的信用等级做出是否发放贷款的准确判断，并且大银行的金融产品相对丰富些，可以使企业申贷时不仅限于抵押担保类的信贷产品。

交叉项 $Jc2$（银行规模与抵押型贷款技术的乘积的交叉项）在 1% 的显著性水平上与银行中小企业贷款占比高低程度负相关，而在上一节的模型中，抵押型贷款技术与银行中小企业贷款占比高低程度是负相关的，此次结果中系数为负，则说明规模大的银行使用抵押型贷款技术会制约银行中小企业贷款占比高低程度。和交叉项 $Jc1$ 与银行中小企业贷款占比高低程度正相关的结果相适应，大银行有一定的实力开发种类丰富的信贷产品，如信用融资产品有利于提高银行中小企业贷款占比高低程度，而抵押融资产品要求企业提供合格的抵押品等，严格的抵押条件会在一定程度上导致一些因无法提供抵押品但信用良好、发展好的企业无法贷款，因此会制约银行中小企业的贷款占比高低程度。

交叉项 $Jc6$（银行规模与关系型贷款技术的乘积的交叉项）在 1% 的显著性水平上与银行中小企业贷款占比高低程度负相关，而在上一节的模型中，关系型贷款技术与银行中小企业贷款占比高低程度是正相关的，此次结果中系数为负，说明规模小的银行使用关系型贷款技术有利于提高银行中小企业贷款占比高低程度。因为小银行扎根于当地，拥有较强的地缘性、人脉等关系，银行工作人员可以通过实地考察了解企业的真实经营状况来决定是否发放贷款，在一定程度上节约了时间成本等。因此，对于小银行来说，使用关系型贷款技术有利于提高中小企业贷款的占比高低程度。

第四节　本章小结

本章在第八章模型的基础上，引入另一核心变量——贷款技术，而贷款技术又可以分为交易型贷款技术和关系型贷款技术，其中，交易型贷款技术有信用等级型贷款技术、财务报表型贷款技术、抵押型贷款技术、担保型贷款技术和质押型贷款技术五种，每种贷款技术对应了不同的信贷产品。将新加入的 6 个自变量重新与其他变量一起建立新的模型，考察银行规模与贷款技术对银行中小企业占比高低程度的影响。此时的结果是银行规模未通过显著性检验，则说明银行金融机构是通过贷款技术，即交易型贷款技术和关系型贷款技术作用于银行中小企业的贷款占比高低程度。

在加入的新核心变量——贷款技术因素后，信用等级贷款技术对银行中小企业贷款占比高低程度正相关，如果商业银行能根据企业的信用等级审核其信贷，则银行中小企业贷款占比高低程度就会相应提高。抵押型贷款技术和财务报表型贷款技术对银行中小企业贷款占比高低程度负相关，银行在对企业贷款审核时使用这两种技术会制约银行中小企业贷款占比高低程度，这两种贷款技术都要求企业要有合格的抵押物或是健康的财务报表等，这对企业的要求很高，有很多企业因在这方面无法满足银行的要求而无法获取贷款。而担保型贷款技术和质押型贷款技术虽然没有通过显著性水平的检验，但系数为负，符合预期。关系型贷款技术对银行中小企业贷款占比高低程度正相关，说明银行使用关系型贷款技术有利于提高银行中小企业贷款占比高低程度。

最后，考察不同规模的银行贷款技术怎样影响银行中小企业贷款占比高低程度。建立新的模型，将银行规模与贷款技术两个核心变量进行交叉代入回归方程检验结果。结果发现不同规模的银行贷款技术的选择呈现差异。规模越大的银行使用信用等级型贷款技术越有利于提高银行中小企业的贷款占比高低程度，因为大银行获取企业信用状况相对更全面、更准确，信用状况良好的企业通过信用融资可以减少因缺少合格的抵押物等条件而无法取得融资的现象。规模越大的银行使用抵押型贷款技术对其中小企业贷款占比的制约作用越强，因为大银行为了避免不良贷款的风险往往要求企业提供抵押品，而很多企业无法满足获取贷款的条件。规模越小的银行使用关系型贷款技术越有利于提高银行中小企业贷款占比高低程度。小银行往往扎根当地，有着较好的地缘性、便利性，企业使用关系型贷款可以更好地使企业得到贷款。在建立了实证模型，得出银行中小企业贷款占比高低程度的显著影响因素后，后文将根据本章的结论提出提高商业银行中小企业贷款占比的政策建议。

第十章　金融综合改革试验区

——以温州为例

第一节　温州金融综合改革运行机制

一、温州金融综合改革路线框架

（一）改革背景概况

温州市位于浙江东南部，早年间具有自然资源匮乏、人均耕地少、交通条件差的特点，但也是我国民营经济发展的起源地。改革开放以后，温州地区居民依托于小商品家庭作坊生产的经济业态模式逐渐走出了独特的发展路径，逐渐形成了民营经济占据绝对比例的温州经济发展模式。可见，温州的经济发展模式彰显出显著的民本型特征，具有立足民力、依靠民资、发展民营、注重民享、实现民富等丰富特质。同时，温州民营经济的快速发展也大力促进了温州民间融资中介机构的迅速成长，民间直接融资、典当行、民间租赁以及票据贴现等多种形式的民间金融在温州地区得以蓬勃发展。

温州民营企业之所以选择民间融资，具有以下两方面原因：一方面，民间金融准入门槛较低。银行类金融机构对于企业贷款提出了较高的抵押担保物的要求，使很多企业被割裂在信贷市场之外，难以满足相关的贷款获取标准。另一方面，银行等正规金融机构交易成本较高。即使企业主体能够满足获取银行贷款的相关标准，但也面临着较为烦琐的银行贷款审批与发放流程，而选择民间金融渠道能够极大地缩短贷款审批与获取时间，较快地解决资金融通需求。不过，值得注意的是，虽然民间金融能够较快地以及以较低要求去满足企业主体的融资需求，但是这种非正规金融模式一般并没有纳入金融监管部门的监管范围内，同时部分企业过度依赖于民间金融借贷以及民间互相担保等工具的滥用，使民间借贷的债务链条累积较长，隐藏着巨大的局部与区域违约风险。2008 年全球金融危机对全球经济的巨大冲击，势必波及了民营经济发展较为旺盛的温州。随着大宗商品以及劳动力等要素投入的成本大幅上升，在 2011 年大量温州市民营企业出现资金链断裂现象，进而引发了企业破产、老板"跑路"以及职工讨薪等社会性事件。根据浙江省最高人民法院 2011 年内发布的数据显示，其受理的关于民间借贷纠纷的案件数量即占据到全国的 15%。

据此，为了规范温州市民间金融市场发展，更好地服务于温州市地方经济的发展，2012 年 3 月 28 日召开的国务院常务会议明确在温州市设立金融综合改革试验区，确定了 12 项主要任务；同年 7 月，中国人民银行等九部委联合印发了《浙江省温州市金融综合改革实验区总体方案》，对国常会确定的 12 条内容进行了细化；11 月 20 日，浙江省省政府在前述文件的基础上出台了温州市金融综合改革实施细则，全面开启温州市 78 个金融改革项目的试点工作。随后，随着试点工作的不断推进与完善，温州市金融综合改革工作取得了积极的阶段性成果。随后，为了深入推进改革试点工作，2015 年 3 月 26 日，浙江省再次出台《关于进一步深化温州金融综合改革试验区建设的意见》，明确了温州市综合金融改革的"新 12条"具体内容。

2020 年，新冠肺炎疫情发生后，为了强化金融对缓解疫情冲击影响的重要作用，温州市多家地方金融部门联合发布了《关于强化金融服务保障配合做好新型冠状病毒感染的肺炎疫情防控工作的通知》，作为全市范围内各类型金融机构积极参与确保疫情防控期间的各项金融服务可持续供给的指导性文件。同时，地方金融管理部门积极落实省委省政府以及市委市政府关于疫情防控下金融支持企业稳定发展的相关要求，发布了浙江省第一个地级市层级的政策性担保机构专项抗疫政策支持文件。总体来看，随着温州市综合金融改革各项工作的不断推进，其整体的不良贷款率呈现快速下降的趋势。根据温州市金融工作办公室公布的数据，温州市金融机构的不良贷款于 2017 年底首次下降至 2% 以下；2018 年、2019 年两年继续分别下降至 1.29%、0.94%；截至 2020 年 11 月底，已进一步下降至 0.79%。

（二）改革路线框架

根据温州市金融综合改革实践情况，除个人境外投资试点外，其他 11 项任务均取得了较好的成绩。具体而言，温州市金融综合改革 11 项实践可以概括为在互联网金融的大环境下推进四个方面的改革，分别为金融组

织体系建设、资本市场体系建设、金融服务体系建设和地方监管体系建设
（见图 10 - 1）。其中，金融组织体系建设包括三项主要内容，即发展新型
金融组织、地方金融机构改革以及发展专业资产管理机构，具体包括温州
保险总公司、证券总公司、小额信贷公司、农村资金互助会、民间资本管
理公司、金融资产管理公司和社区银行等方面的改革与建设；资本市场体
系建设包括发展各类融资债券产品和发展地方资本市场 2 项，具体包括幸
福股份、蓝海股份、企业定向债、保障房私募债的发行以及推行民资公司
定向集合资金和企业的改制等；金融服务体系建设包含创新金融产品服务
和拓宽保险服务领域两项，主要包括颁布"双十条"措施、开设中小企业
融资综合服务网、兴办地方征信分中心、设立小额信贷保证保险等；地方
监管体系建设主要包含社会信用体系建设、强化地方金融管理机制、建立
风险防范机制和规范民间融资 4 项，具体实践有构筑地方金融监管框架、
发行温州市民间借贷融资管理条例、推行民间借贷备案、发布温州指数以
及化解不良贷款等。本小节将在简要介绍温州金融综合改革相关方面基础
上，着重分析温州金融综合改革在民间借贷监管方面的具体做法，分析温
州市金融综合改革取得的成效和存在的问题，并对进一步深化改革设想进
行研究。

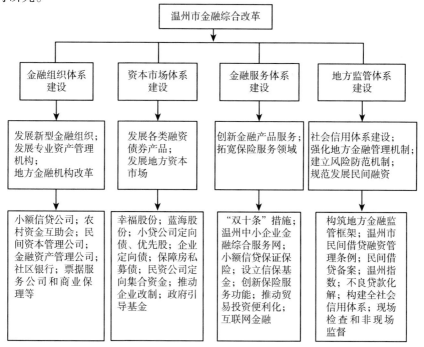

图 10 - 1　温州市金融综合改革框架

二、温州金融综合改具体实践内容介绍

(一) 民间融资监管体系建设

温州市具有数量较多、较大规模的新型金融机构的数量以及较为活跃的民间融资活动,为此,温州市金融改革实践中由当地政府设立地方金融管理部门对民间融资进行管理和规范。经过多年的实践,逐渐形成较为完善的温州民间融资监管体系(见表 10–1)。

表 10–1　　温州地方金融管理部门管理和规模民间融资特征

管理规范类型	管理规范方式
法律规范	《温州市民间融资管理条例》
监管手段	现场检查; 地方金融非现场监管系统非现场监管(全国首个)
利率监测	温州指数
民间借贷备案	民间借贷融资服务中心
司法保障	市、县两级的金融审判法庭; 金融犯罪侦查支(大)队; 金融仲裁院
监管协调机制	地方金融监管工作协调小组; 《温州市地方金融监管协调机制》
信用体系建设	中国人民银行地市级的征信分中心(全国首个); 第三方征信公司

一是法律规范。在法律条文方面,温州市地方政府部门编制并出台了《温州市民间融资管理条例》,明确赋予了温州市地方金融管理部门对于温州市民间金融的指导、监督和管理职能。该文件的发布,从地方法律的层面确立了温州市地方金融监管部门的核心位置,对国内政策以及学术界长期讨论的民间金融究竟由谁管理的问题作出了较好的解答。此外,国家金融监管派出机构在整个监管过程中起到指导地方机构监督管理的作用(见图 10–2)。

二是监管手段。温州市对于民间金融活动的监管手段包含两类,分别为现场检查与非现场监督。其中,前者引入第三方机构通过定期与不定期开展现场检查实现;后者通过设立全国首个地方民间金融非现场监督系统

监管 9 类 2200 多家民间金融组织，为温州市重要的民间金融监管创新。通过互联网技术将民间金融主体的监管数据纳入监管系统，对监管中发现的问题，通过抄送监管建议书及风险提示单等形式报送给市场主体主管单位，强化事后监管。

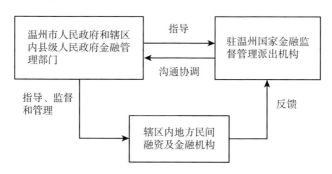

图 10 - 2　温州市民间融资监管中地方监管机构与中央监管机构关系

三是民间融资价格监测。温州首次编制温州指数，实时反映民间融资利率，为融资双方主体提供参考。

四是民间融资登记备案。为了更好地规范民间借贷的备案登记与管理，温州市正式设立了民间融资借贷服务中心。

五是司法保障。温州设立了市、县两级的金融审判法庭，组建金融犯罪侦查支（大）队和金融仲裁院，为严厉打击非法金融活动，维护公平公开的经济金融秩序奠定了基础。

六是监管协调机制。为了推进温州市金融综合改革试点工作中的金融风险的监管、甄别以及处置工作，温州市协调地方 20 多个政府部门联合成立温州地方金融监管小组，其中，由温州市委、市政府牵头。

七是构建全社会信用体系建设。温州拥有央行第一个地市级的征信分中心，并且温州正在加强第三方征信机构建设步伐，完善信用服务市场，实现政府、央行以及民间三方信用信息共享。上述监管实践中，《温州市民间融资管理条例》的制定、温州指数的编制以及民间借贷融资服务中心的设立均是全国在民间融资监管方面的重大创新和突破。

（二）制定《温州市民间融资管理条例》

作为我国首部地方性的关于民间融资的法律法规，《温州市民间融资管理条例》（以下简称《条例》）于 2013 年 11 月 22 日在浙江省第十二届人民代表大会常务委员会第六次会议上被审议通过，并于次年 3 月 1 日正式实施。这是温州金融综合改革纲领性文件，是温州民间借贷规范化、阳光化、法制化的重大突破，对防范和化解地方金融风险发挥了积极作用。

《条例》共包括 7 章 50 条具体内容，分为总则、民间融资服务主体、民间借贷、定向债券融资和定向集合资金、风险防范和处置、法律责任以及附则。其中，总则对整个《条例》的约束目标、约束准则、约束对象以及相关工作的分工作了概括性的介绍，明确指出了本《条例》的主要适用范围包括温州市行政区内的民间金融活动，以及本《条例》中所述的民间融资活动指的是自然人、非金融机构企业以及其他社会组织等市场主体之间，以民间借贷、定向融资债券等方式进行的资金融通的行为。此外，剩余的章节分别针对各自章节的主题展开描述对应的约束内容，并对民间融资的监督与检查及相应的法律责任进行了规定。

（三）编制温州指数

温州指数是温州市人民政府主办的，而信息采取、计算以及公布等一系列工作由温州市金融监管局负责。目前，温州指数包含温州民间融资综合利率指数和温州·中国民间融资综合利率指数两个部分。其中，温州民间融资综合利率指数反映的是一定时期内温州民间融资价格变动情况以及趋势，于 2012 年 12 月 7 日正式对外发布，并从 2013 年 1 月 1 日起每日更新。而温州·中国民间融资综合利率指数反映的是一定时期内省内外各城市民间融资价格变动情况以及趋势，于 2013 年 6 月 28 日在内部试发，并于 2013 年 9 月 26 日开始对外发布，定时更新，成为全国各地民间融资市场的"风向标"。

两种指数均是通过监测点对相应的地域的不同融资主体、产品以及期限的利率进行监测，将取得利率信息加权合成编制得出结果，其中各成分权重的确定均采用德菲尔法。具体监测的主体和分期限利率如表 10-2 所示。根据温州指数官网数据，截至 2021 年 7 月，温州地区民间融资利率指数的监测点共有 420 个，包含多种借贷主体，如小额信贷公司、典当行以及民间借贷服务中心等，其每周监测的样本数每天高达 300 笔左右，均以当天实际发生的交易利率为样本进行监测采集。而温州·中国民间融资综合利率指数的涉及面更广，共有 32 个城市的金融监管局、金融机构、P2P 机构等加入监测与被监测行为中，样本采集量每周高达300 笔左右。

表 10 - 2　　　　　　　　　　　温州指数组成成分

大类指标	二级指标	具体条目	发布周期
温州民间融资综合利率指数	温州地区民间借贷分主体利率指数	农村互助会互助金费率； 民间借贷服务中心登记的利率指数； 民间资本管理公司融资价格指数； 小额信贷公司发放利率贷款指数； 民间直接借贷利率指数； 其他市场主体利率指数	实行按周与按日发布结合，即每周发布周利率指数；每日发布日利率指数
温州地区民间借贷综合利率指数	温州地区民间借贷分期限利率指数	10 天期限利率指数（计划）； 1 个月期限利率指数； 3 个月期限利率指数； 6 个月期限利率指数； 12 个月期限利率指数； 12 个月以上期限利率指数	
温州·中国民间融资综合利率指数	全国地区性民间借贷分主体利率指数	地区性小额贷款公司利率指数； 地区性民间直接借贷利率指数	初期实行按周发布，即每周发布利率指数
全国地区性民间借贷综合利率指数	地区民间借贷分期限利率指数	1 个月期限利率指数（计划）； 3 个月期限利率指数（计划）； 6 个月期限利率指数（计划）； 12 个月期限利率指数（计划）； 12 个月以上期限利率指数（计划）	

资料来源：温州指数网。

根据表 10 - 2 可知，温州民间融资综合利率指数主要包括六个方面的具体指数，如农村互助会互助金费率、民间直接借贷利率指数等；按融资期限分为 10 天、1 个月、3 个月、6 个月、12 个月以及 12 个月以上六种；按发布的频率分为每日发布日指数和每周发布周指数两种。而温州·中国民间融资综合利率指数涉及的融资主体分为地区性小额贷款公司利率指数和地区性民间直接借贷利率指数两大类；按期限计划分为 1 个月、3 个月、6 个月、12 个月以及 12 个月以上五大类，发布频率为每周一次。

（四）建立民间借贷登记服务中心

2012 年 4 月，由 22 个股东共同出资 600 万元正式设立温州民间借贷登记服务中心。其中，开源公司是最大的出资股东，出资达 100 万元，其他股东均出资 20 万 ~30 万元不等。中心设立后，主要从事两方面的民间融资服务。一方面，通过吸纳多类型的金融机构入驻，促进民间借贷的供需对接；另一方面，统一民间金融的借贷协议，同时对于达到一定标准的民间金融行为进行登记，实施民间借贷备案管理和监测制度。截至 2017 年 2 月 23 日，相关数据显示全国范围内有近 150 个地区参考温州模式设立民间借贷中心。其中，云南省有 60 家，山东 14 家，浙江 13 家，湖南 12 家，贵州 9 家，江西 6 家，吉林 5 家，宁夏 4 家，内蒙古、江苏、黑龙江各 3 家，陕西、福建、广东、河南、湖北各 2 家，辽宁、甘肃、山西、四川、新疆、海南各 1 家。

海外在民间借贷登记备案方面也存在实践。南非于 2005 年出台《国家信贷法》对信贷从业者进行监管，要求达到 100 份以上信贷协议的信贷提供者的信贷记录必须在征信局登记，并且消费者对征信局的相关记录可以提出异议。不过，虽然南非一直在探索并建立全国统一信贷登记体系，但碍于成本等原因，在全国征信体系的构建上一直止步不前。值得注意的是，《国家信贷法》的义务人为资金借出方，并且仅限于对民间融资与借贷进行监管，而不参与到具体的民间融资行为中去。对比以上实践，温州市民间借贷登记服务中心具有如下特点。

一是温州市民间借贷登记服务中心的义务人是资金借入方。与南非对放债人的约束不同，温州市民间借贷登记服务中心的义务人是资金借入方。根据《条例》中的相关规定，对于借款对象超过 30 人的、单笔融资金额超过 300 万元的，以及民间贷款余额超过 1000 万元的均需要将民间借贷合同报送至登记中心备案。民间借贷金额未达到上述标准的，鼓励当事人报送备案，但无强制性要求。在复合强制备案要求的民间借贷案例中，应该履行备案义务的是资金借入方，即当资金借贷发生或者变动时，资金借入方有义务到民间借贷登记服务中心进行登记。而资金借出方有权对资金借入方进行监督，督促资金借入方履行登记义务，或者自行前往民间借贷登记服务中心进行登记。

二是温州市民间借贷登记服务中心实行永久免费服务。依据《条例》中规定以及调研资料，温州市民间借贷登记服务中心向民间金融的实际参与者提供民间借贷备案登记服务不允许收取任何服务费用。免费的营运方式很好地提高了民间借贷融资主体履行义务的积极性，同时也降低了温州市民间借贷登记服务中心作为公共服务中心的纠纷风险。

三是温州市民间借贷登记服务中心提供融资对接业务。前文提到南非的民间借贷登记备案并不参与到具体的民间融资交易中，但温州市民间借贷登记服务中心提供融资对接业务服务，为融资需求与供给双方提供对接平台。但在具体操作中，融资主体双方需自行选择中介，中心提供中介业务范围的咨询，但不进行中介推荐。中心根据融资主体选择的一家或多家中介机构，将融资信息发放到被选中介的信息获取平台上，对其他中介保密。其具体流程如图 10 – 3 所示。

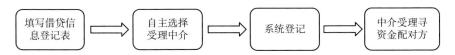

图 10 – 3　温州市民间借贷登记服务中心服务流程

四是温州市民间借贷登记服务中心吸收多家民间融资信息服务企业入驻。得益于较低的进入门槛，温州市民间融资信息服务企业得到快速发展。根据调研数据显示，温州现有本地的线上 P2P 公司多达 30 多家，外地入驻的线上 P2P 公司也有 20 ~ 30 家，线下的民间融资信息服务企业也多达 80 家左右。温州市民间借贷登记服务中心直接吸纳多家上述民间融资信息服务企业入驻供融资需求方选择，在给予融资主体方便的基础上，形成民间融资信息服务企业之间的良性竞争，并实行监管与登记。以所调研的鹿城区民间借贷登记服务中心为例，共有 7 家民间融资信息服务企业入驻，如浙贷通、翼龙贷、福元运通、滨江创业服务社、金算子等。多家企业相互竞争，推出多种创新产品，如浙贷通推出了低成本高效率的低息速贷和针对股民的股票速贷，翼龙贷推出网上纯信用贷款，金算子推出房产顺位抵押贷款（即将已经抵押的房产中未抵押的部分进行二次抵押）等。中心在温州市民间借贷登记服务网上详细公布这些企业的相关信息供融资需求方选择。

五是温州市民间借贷登记服务中心引入多家配套服务机构。中心吸收工商部门、公证处、会计师事务所、律师事务所、担保机构、银行等配套服务机构入驻，为融资主体提供一条龙的借贷服务。相关借贷主体所需的任何行政性证明均可以分别在服务中心的不同窗口实时完成，极大地提升了融资借贷的服务效率；同时为了降低民间借贷双方的风险与缓解可能的借贷纠纷，服务中心通过引入相关法律中介以形成强有力的配套法律服务体系。

六是温州市民间借贷登记服务中心旨在建立统一的征信系统。中心建立民间融资信用档案，跟踪分析民间融资的资金使用和履约情况，一方面为司法机构的审判提供参照，另一方面与司法机构合作将民间融资中出现资金违约的融资主体记录在案。并结合温州市金融监管局给予的关于其他金融机构的信用档案数据，建立统一的征信系统，为各融资主体在后续的融资选择中提供参考依据。

（五）建立温州中小企业融资服务中心

温州中小企业融资服务中心共分为五个部分，分别为温州金融改革广场、鹿城金融广场、龙湾科技金融服务中心、瓯海区金融综合服务区以及苍南金融超市。五大服务中心的基本业务相差不大，主要提供征集贷款项目、开展融资辅导、项目定期推荐、提供担保服务、各项评估服务以及财务顾问服务。现以温州金融改革广场为例，详细介绍其主要运营情况。

温州金融改革广场正式开业于 2012 年 8 月 8 日，共五层，主要包括小微企业融资综合服务中心、金融要素交易中心、金融电子商务中心和入驻的企业及机构。目前，入驻温州市金融改革广场的金融机构达到 39 家。温州市金融改革广场的建设主要是为了解决温州小微企业难融资、产权股权难交易、商品物资难流通和金融资产难处置五大问题。下面将具体介绍小微企业融资服务中心、金融要素交易中心以及金融电子商务中心。

一是小微企业融资综合服务中心。小微企业融资综合服务中心，以构建信息对称平台、实现融资需求"一站式"服务为目标，吸纳银行、网贷公司、小额贷款公司、担保公司、再担保公司、律师事务所等相关企业或机构入驻。小微企业融资综合服务中心主要分为传统融资区、现代融资区、新型机构融资区和配套服务区四个功能区。其中，传统融资区主要提供的是银行业务；现代融资区主要通过互联网技术，提供线上融资服务；新型融资区主要是提供一些创新的融资产品，如应收账款融资等；配套服务区，主要提供融资担保、再担保、资产评估、财务管理、法律咨询等服务。其主要业务流程如图 10 - 4 所示。

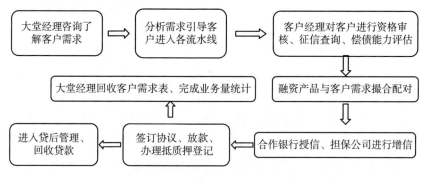

图 10 - 4 小微融资服务中心流程

二是金融要素交易中心。金融要素中心主要通过吸纳温州股权营运中心、温州农村产权交易市场、温州知识产权交易中心等在内的各类产权交易中心，重点发展、完善交易品种及服务，力争成为温州地区资产产权的有效流转平台，以达到规模温州市产权交易市场发展的目的。温州产权交易市场以金融资产作为非国有产权业务发展的主要方向，正在努力开拓产权业务来源，实现多渠道、多品类、多模式发展产权交易，从而协助提升温州金融投资环境。

三是金融电子商务中心。设立在温州金融改革广场的金融电子商务中心，旨在帮助温州市中小企业通过电商平台更好地整合传统企业线上、线下优势资源，实现成功触网，最终带动多个产业转型升级。为此，广场成功吸引了大量优秀的涉足电子商务及金融软件服务的区域龙头企业入驻，合作开发电子商务代运营、管理咨询和企业内训等服务在内的多种金融与电子商务相结合的业务。此外，温州市也大力推进了温金所网上金融超市。该项目是一个新模式下的网络投融资平台，通过互联网平台设计、集聚标准化低风险的金融产品，以电子商务平台撮合网民的小资金投资需求与项目融资需求。总的来看，温金所网上超市的设立为中小额投资搭建了便捷通道，综合解决了民间闲散资本投资难、项目融资交易成本高等难题。

（六）互联网金融平台

互联网金融早已渗透到温州金融改革的实践中，多数平台均有完善的网络服务体系。温州指数、民间借贷服务中心与小微企业融资综合服务中心均有独立建立的网站。温州指数自设立以来，已经形成了较为完善的发布渠道体系，涵盖了网站、微博以及微信等诸多主流网络发布平台。其中，每天温州地区民间融资综合利率指数于次日下午四点在上述平台实时同步发布；每周温州地区民间融资综合利率指数于次周周二下午四点发布；每周温州·中国民间融资综合利率指数的指数于次周周三下午四点发布。此外，民间借贷登记服务中心自成立以来，开通了温州民间借贷服务网，为融资主体的借入、借出与备案提供一站式申请服务。融资主体双方可以直接在温州民间借贷服务网上查阅相应的中介资料、民间借贷利率等相关信息，为融资选择提高参照依据，大大降低了融资双方的时间成本。其运营模式如图 10－5 所示。

温州市民间借贷服务中心提供融资信息登记业务，为融资需求与供给双方提供对接平台，但是，温州市民间借贷服务中心并不参与到具体的融资对接业务中。中心直接吸纳多家 P2P 网络借贷服务中介入驻，供融资需求方选择，在给予融资主体方便的基础上，形成民间融资信息服务企业之

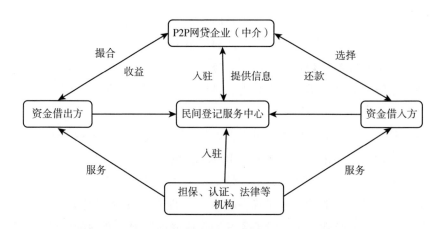

图 10 – 5 温州民间借贷 P2P 融资服务平台利益主体关系

间的良性竞争，并实行监管与登记。资金借入方在自行选择中介后，中心根据融资主体选择的一家或多家中介机构，将融资信息发放到被选中介的信息获取平台上，对其他中介保密。而接收到中心提供信息的 P2P 网络借贷中介，根据资金介入方的需求进行撮合，促使交易完成，并收取一定的佣金。值得注意的是，整个过程中，中心并不会为融资主体推荐中介，由融资主体自由选择。此外，温州市民间借贷登记服务中心引入多家配套服务机构，如吸收工商部门、公证处、会计师事务所、律师事务所、担保机构、银行等配套服务机构入驻，为融资主体提供"一条龙"的借贷服务，大幅提升相关业务的办理效率。

（七）金融综合服务平台

在数据成为重要生产要素之一的大背景下，2020 年 9 月，温州市金融综合服务平台正式上线试运行。温州市金融综合服务平台旨在建成"数据一流、服务一流、管理一流、功能一流"的"四个一流"金融服务平台，主要功能在于通过收集全温州市 24 个政府部门的 1300 多个企业指标数据，以大数据以及云计算等现代数字信息技术为支撑，构建温州市企业信用评价体系以及金融风险预警体系。其中，为解决现有金融信息数据采集散乱的特征，温州市金融综合服务平台打通了包括"信易贷""96871""金融大脑""不动产线上抵押登记"等信息系统间的数据阻碍，实现了数据系统间的功能融合。该平台具备"数据归集""供需对接""信用评价""银行审批""风险防范""线上抵押登记"等功能，将解决信息不对称导致的融资难、融资贵等问题。目前，温州市金融服务平台已经吸纳了该地区全部 51 家金融机构，上架金融产品达 223 个。

（八）资本市场体系建设

一是引导企业改制。为了提升企业融资能力和发展后劲、培育区域资本市场、推动经济转型升级、规范中小企业的组织管理和行为，温州市3年来对中小企业的改制实践可以总结为："个转企""小升规""规改股""股上市"，实际上就是提升市场主体的治理结构。企业主体的治理结构需要与现代经济的发展阶段相适应，现代金融资源也会更多地流向具有完善组织治理结构的企业主体。因此，在现代经济发展的新阶段，推动具有条件的企业主体实施组织治理结构的升级，有利于实现与现代经济的良性循环发展。在温州多个部门主体的共同努力下，温州市地区企业主体的改制工作不断取得新成果。根据温州市统计局发布的数据，截至2020年底，全温州市境内外上市公司累计达41家，其中当年增加9家；新三板累计挂牌企业达92家，当年新增2家；区域性资本市场累计挂牌企业达899家，当年新增223家；股份有限公司累计达1738家，当年新增239家。2020年全年证券交易额39472亿元，期货交易额31363亿元。此外，2021年5月19日，上海证券交易所的资本市场服务基地在温州正式挂牌，上海、温州两地金融合作进一步加深。

二是发放多种创新债券产品。涵盖中小企业私募债券、企业债券等在内的多种类型的创新债券的发行，是温州金融综合改革试点中的重要内容，其对缓解温州市诸多中小企业融资难、融资贵以及基础设施建设资金短缺等问题起到了重要作用。其中，温州市发行的第一支民营企业债券为募集额度8亿元的华峰集团企业债。随后，在2012年12月12日，随着"幸福股份一期"的发行，温州市开启了国内轨道交通民间债券募资的先例。2013年初，温州市又发行了首笔中小企业集合贷。同年7月30日，"幸福股份二期"再次发行。2014年2月，温州市成为全国第一个发行保障房私募债的地级市。4月23日，"幸福股份三期"再次发行募集资金，个人投资者最高出资额度调高至500万元。9月，温州市"蓝海股份"第一期完成资金募集。2015年，在获得发改委的核准后，募资额度达15亿元的全国第二单国家创新型债券市域铁路"永续债"在温州市正式发布，所筹集的资金将全部用于温州市域铁路S1线一期工程。2016年5月，中信银行温州分行承销的正泰集团股份有限公司成功注册了永续债，这也是温州市正式募集发行的首单企业永续债。

（九）金融组织体系建设

温州市对于金融组织体系建设的探索，主要包含发展新型金融组织、发展专业资产管理机构以及地方金融机构改革三项内容。本节将简单介绍温州市在金融组织体系建设中的实践。

首先，就民间资本管理公司而言，早在 2012 年 3 月，作为温州市首家相关机构，瓯海区信通民间资本管理公司便正式开始营业。民间资本管理公司的目的是在于通过公司组织化的运作，筹集规模在 1 亿元以内的资金，并投向到实体经济发展项目中去，以更好地支持实体经济的发展。其次，就农村资金互助社而言，温州市第一家相关机构成立于 2013 年 1 月，具体名为文成县黄坦镇农产品产销专业合作社资金互助会。农村资金互助组织的设立，有利于整合农村居民拥有的闲散资金进行再分配，进而有利于缓解农民在生产过程面临的贷款难、资金短缺等问题。温州市的农村资金互助组织主要具有以下三个特征：其一，大多设立在农业生产型专业合作组织内部，并且尊重社员的参与意愿，自愿入社；其二，资金互助组织严格实施会员制，即不管是吸纳社员股金还是发放贷款资金，均只限于组织的社员，以达到严格控制风险的目的；其三，农村资金互助组织的资金用途严格限定于生产经营项目，尤其是农业生产经营项目。再次，就农村商业银行而言，随着我国产权制度改革进程的不断推进，早期的农村合作银行组织由于股权分散、投资短缺等问题，难以满足其旅行社基本职能的需求，而按照现代企业制度进行股份制改革，能够显著提升农村金融机构的资金配置效率，进而改善农村金融市场的现状。为此，在获得银监会批准后，2013 年 2 月，温州市第一家农商行龙湾区农村商业银行正式改制设立。最后，就农村保险互助组织而言，为给农村居民提供便捷的风险管理类产品，2015 年 1 月，温州市在农村资金互助组织实践探索的基础上，打造了全国第一家以服务农业生产财产险为主的农村保险互助组织，即兴民农村保险互助社。

第二节　温州金融综合改革初见成效

一、温州指数引导民间借贷规范化和阳光化发展

三年来的实践证明温州指数的发布对民间融资的规范化和阳光化发展起到了十分积极的作用，主要表现在以下三个方面。

一是良性发展引导利率下降。根据温州金融办发布的数据，2012 年，

温州市民间借贷利率高达 21.33%，而从 2021 年 7 月的温州指数数据来看，温州地区民间融资综合利率指数已经下降至 14.72%，同比下降 1.40 个百分点。温州指数的发布，可以同时提供给资金借出方和借入方参考，消除了借贷双方对利率价格的信息不对称性，降低了民间借贷过程中利率定价随意性，避免了借贷中畸高利率的产生。

二是规范发展提供法院审判依据。《条例》规定民间借贷活动的参与双方，原则上可以自由协商其借贷利率，但是根据最高院最新的司法规定，如果民间借贷利率超过 LPR 四倍以上，超过的部分将不受保护，这就造成很多民间融资的利率合理但不合法。而温州利率的公布，为法院解决因过高利率引起的民间借贷纠纷案件提供了相应的参考依据。

三是形成区域性民间借贷市场价格"风向标"。温州·中国民间融资综合利率指数的发布，能够及时准确地反映全国民间融资市场资金价格趋势和波动情况，使温州指数成为全国民间融资市场的"风向标"，对优化各地区民间借贷市场的资源配置起到了十分重要的作用。

二、民间借贷备案登记中心运行良好

1. 温州市民间借贷备案登记发展趋势良好，但地区间差异较为明显

民间融资方面，由于民间融资的登记备案，非法集资案件不断下降，2014 年 1~8 月民间融资案件同比下降 10%，金额下降 14%，涉案人数下降 7.8%（张学峰，2015）。截至 2015 年 3 月末，温州市 7 家民间借贷融资备案登记服务中心登记数量达 10371 笔，交易金额达 126.17 亿元（见表 10-3）。

表 10-3　　温州市民间借贷备案量、金额及机构入驻地区分布

区（县）	登记备案笔数	交易金额（亿元）	该区备案中心入驻民间融资信息服务企业数量	所有民间借贷备案中心入驻其他机构数量
鹿城区	4312	25.75	7	
龙湾区	314	15.69	—	6 家入驻公证机构； 4 家入驻评估机构； 1 家入驻会计师事务所； 1 家入驻律师事务所； 5 家入驻保险公司； 5 家入驻担保公司
瓯海区	256	10.62	—	
经开区	21	2.09	—	
乐清市	912	16.39	3	
瑞安市	1648	19.59	3	
永嘉县	617	14.18	2	均设立

续表

区（县）	登记备案笔数	交易金额（亿元）	该区备案中心入驻民间融资信息服务企业数量	所有民间借贷备案中心入驻其他机构数量
平阳县	477	9.69	3	人行专线查询点；车辆抵押登记手续办理点；社会公共信用查询点
苍南县	780	7.54	7	
洞头县	24	0.27	—	
文成县	789	2.33	1	
泰顺县	221	2.03	—	
总计	10371	126.17	26	

注：表中标注"—"的均为此区县没有民间借贷备案登记中心。

资料来源：根据温州市金融监管局调研数据整理。

根据表 10-3 可知，温州市民间借贷备案登记发展趋势良好，但地区间差异也较为明显。其中鹿城区备案登记笔数最高，达 4312 笔，其融资金额也高达 25.75 亿元；而经开区的登记笔数最低，只有 21 笔，其交易金额也相应最低，只有 2.09 亿元。此外，全市 7 家民间借贷服务中心总计入驻 26 家民间融资信息服务企业，其中鹿城区和苍南县入驻企业数量最多，均达 7 家；而永嘉县相对较低，只有 2 家企业入驻。在其他机构入驻方面，7 家民间借贷服务中心均设有人行专线查询点；车辆抵押登记手续办理点和社会公共信用查询点。其他机构中公证机构入驻最为广泛，多达 6 家，此外，5 家入驻保险公司和担保公司，会计师事务所与律师事务所只有一家中心吸纳入驻。

登记备案的 10371 笔借贷业务，涉及"三农"、零售等行业，在服务小微企业信贷方面，涉及信用担保的贷款笔数就高达 2443 笔，成交金额为 29.17 亿元。到 2015 年，温州全市法院新收民间借贷纠纷 12052 件，收案标的金额为 113.43 万元，相较于 2012 年的高峰时期，分别下降了 37.90% 和 47.78%。而 2016 年的上半年，全市法院新收的民间借贷纠纷案件达到 9964 件，收案标的金额达 71.12 亿元，分别同比增长 18.64%、下降 12.11%（金广荣等，2017）。

2. 中小企业借贷备案制度有利于控制风险

如表 10-4 所示，从备案金额区间来看，其中 1 万~10 万元的融资笔数达到 2877 笔，成交金额 1.4 亿元；10 万~100 万元的融资交易高达 5014 笔，金额有 15.85 亿元；金额在 100 万~300 万元的融资行为达 1561 笔，金额 25.61 亿元。融资行为主体为小微企业、初创企业以及个体工商户，其月利率控制在 9‰~15‰，低于小额贷款与其他市场主体利率，有利于控制风险。

表 10 - 4　　　　　　　　中小企业借贷备案金额区间分布

区　间	笔数	金额（亿元）	融资主体及利率
1 万 ~ 10 万元	2877	1.40	小微企业、初创企业以及个体工商户，月利率在 9‰ ~ 15‰ 之间，涉及"三农"、制造、零售等 18 个行业
10 万 ~ 100 万元	5014	15.85	
100 万 ~ 300 万元	1561	25.61	
总计	9452	42.86	
信用担保民间借贷	2443	29.17	

资料来源：根据温州市金融监管局调研数据整理。

3. 充分调动民间资本服务实体经济

自温州金融综合改革以来，截至 2014 年底，温州市新增直接融资规模超 470 亿元。2013 ~ 2014 年，温州市新增股份制企业数达 364 家，是温州市 2012 年全市股份制公司的 2.96 倍，同时推动了企业 IPO、新三板以及区域股权交易平台上市、挂牌共达 112 家。此外，截至 2015 年 3 月末，温州市首创的小额信贷公司定向债累计备案金额为 5.5 亿元，发行 5000 万元，完成 3 家小额贷款公司优先股备案发行 2.9 亿元，企业定向债登记金额 1.77 亿元，民间资本管理公司定向资金募集登记 6.05 亿元，为大项目提供小资本的对接平台。以"蓝海股份"为例，其当前 2 年期、3 年期、4 年期和 5 年期利率分别为 6.5%、7%、7.5% 和 8%。"幸福股份"第三期已发行 10 亿元，"蓝海股份"第一期首批 8 亿元于 2014 年 9 月 2 日顺利完成募集。此外，地级市保障房非公开定向债也已经募集资金 36 亿元，设立的 3 支政府引导基金，撬动资本 52 亿元。截至 2016 年 6 月，温州市运营的民间资本管理公司达到 10 家，注册资本为 10 亿元，累计组织了 58.64 亿元资金投向 1308 个项目。

4. 金融组织体系日趋完善

截至 2014 年 12 月末，温州市金融综合改革中有 8 家农村合作金融机构改制为农村商业银行。45 家小额信贷公司累计投放贷款额达 1863 亿元，累计缴纳营业税及所得税超过 20 亿元；12 家民间资本管理公司累计组织 39 亿元资金投向 1020 各项目；39 家农村资金互助会共有会员 25718 人，资金总规模达到 3.22 亿元。累计投放资金 3846 笔，金额 7.4 亿元。此外，温州银行、中国交通银行、中国工商银行、中国农业银行等发起并开设社区支行或有人值守的自助银行 57 家，并创设了一批服务小微企业的地方金融组织。根据温州指数官网发布的数据，截至 2021 年 7 月，温州各市场主体利率变化同比呈现全部下降的特点，农村资金互助会、小额贷款公司、民间资本管理公司、社会直接借贷、民间借贷服务中心和其他市场主体利率分别为11.80%、16.16%、12.26%、12.47%、12.23%和20.86%，同比分别下降0.82个、0.69个、2.74个、0.62个、4.55个和1.72个百分点。

第三节　温州金融改革存在的问题

一、部分创新服务产品运营状况较差

根据前文描述，温州市金融综合改革三年取得的成绩是显著的，在金融综合改革实践中进行了较多的金融服务创新，如温州指数、民间借贷服务中心、小微企业融资服务中心等。温州指数与民间借贷服务中心由于实践起步早，并且得益于良好的宣传与普及工作，成果显著。但是中小微融资服务网以及金融要素交易中心等运行情况并不理想。以龙湾区中小企业融资综合服务中心网为例，贷方产品非常多，但是公布融资需求数量的却只有10笔，并且仅有一笔融资率达到100%。此外，调研数据显示，在温州股权交易中心挂牌的企业也只有数十家。

二、登记备案民间借贷金额较市场总额比重较低

根据调研数据，温州市现行的民间资本预计高达8000亿元，其中参与到民间借贷中的资本约800亿元。根据温州市金融办发布的数据，截至2020年12月31日，温州市已经累计开展民间借贷备案登记87576笔，备案金额758.6亿元，备案率已达约30%，而长期目标则是50%。可见，温州市民间借贷登记服务还有很大的缺口，仍然有大量的民间借贷资本并未到民间借贷服务中心登记备案。

三、线上融资服务平台企业监管松懈

根据《条例》规定，融资服务企业不允许吸纳存款，只允许撮合借贷对接。但是，就目前全国范围内的线上融资平台来看，由于各类融资服务企业为了提高自身的竞争能力，设立贷款随时退出机制，致使借出方需求还款日与借入方的合约还款日不能一一对应，大部分线上融资服务平台设有资金池。然而，温州市对线上融资服务企业的进入并不设门槛，并且对

线上融资服务企业尚未形成系统的监管体系。线上融资服务平台设立资金池，而缺少对这类资金的来源与流向的监管与记录，势必会提高融资双方的风险。此外，线上融资服务平台为了竞争经营业务，不断放开贷款抵押需求，甚至提供纯信用贷款，大幅度增加了不良贷款风险。

四、"三个不协调、一个缺陷"

目前，结合调研情况，温州市的金融发展存在"三个不协调、一个缺陷"。

"三个不协调"是指：（1）地方金融组织和国家在温州的金融机构发展不协调。温州市地方金融机构发展比较薄弱，国家金融机构在温州则相对较强。这样对共同发展、和谐发展和对地方经济的推动有欠缺。（2）间接金融为主，直接金融较少。从前文可以看出，温州市直接金融业发展较好的仅为企业定向债券，如"幸福股份"，而股票交易中心发展状况并不理想；相对而言，间接金融取得较好的成绩，如银行贷款、民间借贷等。依照2014年温州市国民经济和社会发展统计公报，年末金融机构本外币贷款余额7346.76亿元，增长1.1%，其中人民币贷款余额7223.63亿元，增长1.9%，但全年通过债权、股权等直接融资形式获得资金仅219.7亿元。（3）正规金融中，银行业、证券业较为发达，但保险业相对落后。根据2020年温州市国民经济和社会发展统计公报，截至2020年末，存款方面，温州市金融机构现存15270.4亿元本外币存款，较2019年年底增长14.1%。其中，现存15032.0亿元人民币存款，较2019年末增长14.3%。贷款方面，温州市金融机构现存13639.1亿元本外币贷款，较2019年末增长17.5%。其中，现存13565.3亿元人民币贷款，较2019年末增长17.7%。此外，2020年温州市证券交易额39472亿元，期货交易额31363亿元，保费收入300.8亿元，较2019年增长2.4%。

"一个缺陷"是指：地方金融监管体系不完善，不良贷款与风险仍旧压力大。虽然，温州市在完善地方金融监管体系建设方面已经形成了较为系统的地方金融监管体系，并且银行的不良贷款量急剧下降，但是总体来说，温州市的金融监管体系仍不完善，不良贷款仍存在80亿元左右，社会诚信亟待修复。

五、民间信贷利率仍较高

2020年8月20日，最高人民法院施行《关于审理民间借贷案件适用法律若干问题的规定》修订版,其中明确规定了以每月 20 日发布的 1 年期 LPR 的 4 倍作为民间借贷利率的司法保护上限。中国人民银行于 2021年 7 月 20 日发布的 1 年期 LPR 利率,其 4 倍约为 15.4%,而截至 2021 年7 月,温州地区民间融资综合利率指数显示为 14.72%,基本接近司法规定上限。可见,中小企业民间融资贵的问题仍然存在,存在较大潜在风险。虽然温州民间信贷利率作为一种准市场化利率,在一定程度上反映了温州地区资本的供求情况,但仍有大部分民间融资并未进行登记备案,使得温州民间信贷利率并不能全面地反映温州民间借贷市场的利率情况。此外,温州指数虽然涵盖了不同融资主体、不同融资产品,以及在不同融资期限内的利率统计,但是民间资本的流动性、隐蔽性极高,应该建立什么样的指数评价指标体系对民间融资进行动态跟踪和风险预警仍然需要继续研究。

第四节　温州金融综合改革进一步深化的设想

一、温州市金融综合改革"新 12 条"

2015 年 3 月 26 日的《关于进一步深化温州金融综合改革试验区建设的意见》中提出了温州金融综合改革的"新 12 条",为下一步温州金融综合改革制定了方向。对比分析前后两次改革方案发现,2015 年提出的"新 12 条"在前文提到的四个模块的改革中更加具有针对性(见表 10 - 5)。

表 10 - 5　　　　温州金融综合改革"新、旧 12 条"对比

金融改革分类	"旧 12 条"内容	"新 12 条"内容
地方金融监管体系	规范发展民间融资; 加强社会信用体系建设; 强化地方金融管理机制; 建立金融综合改革风险防范机制	探索建立政府增信长效体系; 优化区域金融生态环境; 构建区域金融稳定机制; 创新司法实践保障金融稳定; 推进地方金融监管创新
金融服务体系建设	拓宽保险服务领域; 创新发展金融产品与服务	互联网金融创新发展; 深化保险服务实体经济; 创新优化金融产品和服务

续表

金融改革分类	"旧12条"内容	"新12条"内容
资本市场体系建设	培育发展地方资本市场； 积极发展各类债券产品	大力发展多层次资本市场
金融组织体系建设	深化地方金融机构改革； 加快发展新型金融组织； 发展专业资产管理机构	做强做实做优地方法人金融组织； 深入推进农村金融改革发展
提高对外开放水平	开展个人境外直接投资试点	拓展外向型金融服务交流

第一，在地方金融监管体系建设方面，由于规范民间融资实践成绩显著，在"新12条"中并未再次提出；将信用体系、金融管理以及风险防范三个项目进一步细化为"探索建立政府增信长效体系""优化区域金融生态环境""构建区域金融稳定机制""创新司法实践保障金融稳定""推进地方金融监管创新"五项。

第二，在金融服务体系建设方面，原有的"创新发展金融产品与服务"的内容在"新12条"中转变为"创新优化金融产品和服务"，其目的在于在原有实践的基础上，进一步完善信贷活动中的抵押制度和风险分担制度，以及促进银行联合授信主办行制度的推广。原有的"拓宽保险服务领域"的内容在"新12条"中具体转变为"深化保险服务实体经济"，其目的在于构建涵盖政府部门、保险机构以及银行类金融机构多方共同参与的中小企业贷款保证保险机制。此外，由于互联网的快速发展，互联网金融以其快速便捷的特点成为金融业发展不可避免的趋势，因此，"新12条"加入"互联网金融创新发展"，其目的在于将资金重点投向处于初创期以及成长期的互联网金融企业。

第三，在资本市场体系建设方面，在"新12条"中合列为"大力发展多层次资本市场"一项，其目的主要在于支持和鼓励中小企业通过在境内外交易所上市以募集发展所需资金。同时，创新市政建设项目融资方式，积极运用PPP的方式引导社会资本参与市内基础设施建设。此外，积极探索符合条件的境外合格机构以人民币计价发行证券基金，募集海外人民币资金。

第四，在金融组织体系建设方面，温州市针对3年中金融机构组织建设中的不足，有针对性地提出"做强做大做优地方法人金融组织"，具体为鼓励民营银行创新发展，加快筹建民营资本发起设立的保险公司、证券公司，并积极引进和发展信托、金融租赁、消费金融公司等专业机构。此外，为了更好地服务"三农"，"新12条"加入"深入推进农村金融改革发展"一项，其目的在于构建小额信用贷款、抵押担保贷款、担保机构保证贷款"三位一体"的农村信贷产品体系。

二、温州市深化金融综合改革设想

1. 建立线上融资服务平台行业协会

所谓行业协会，是指介于政府、企业之间，商品生产者与经营者之间，并提供咨询、沟通、监督服务的公正、自律、协调的社会中介组织。建立温州市线上融资服务企业行业协会，实行协会内部之间互相监管，设立准入门槛、审查企业相关负责人，并对企业的注册资金进行严格的审查，从而对企业资金的来源与流向有全局的了解与掌控，降低企业经营风险。此外，对线上融资平台企业的业务进行约束，对风险较高的业务实行管制，严控企业不良贷款率，维持行业良性发展。

2. 建立统一的民间借贷征信体系

温州市民间借贷登记服务中心可以建立民间融资档案并进行跟踪，分析备案登记中的民间融资的资金使用和履约情况，在为司法机构的审判提供参照的同时，与司法机构合作将民间融资中出现资金违约的融资主体记录在案。并结合温州市金融监管局给予的关于其他金融机构的信用档案数据，建立统一的征信系统，为各融资主体在后续的融资选择中提供参考依据。并且，可以对各大融资主体查询征信系统时收取相应的手续费，作为中心持续发展的经济基础，改善现有的只有支出没有收入的局面。随后，可在全国范围内推广，建立全国统一的民间借贷征信体系，防止一些低信用融资主体跨地区进行融资，改善我国民间融资市场环境。

3. 深化互联网金融发展

虽然前文提到，温州市在互联网金融方面的实践已经有各网络服务平台、P2P线上融资平台以及金融电子商务中心，但温州市互联网金融的发展仍有较大潜力。

（1）加强与第三方支付平台的合作。融资主体可以通过第三方支付平台直接融资，甚至足不出户，这种融资支付方式简捷方便，输入交易账号和密码即可，而无须通过银行的分支网络，越来越多的融资主体逐渐改变了消费习惯，选择第三方支付的方式。同时，通过第三方支付平台支付的融资金额均会自动记录在案，便于监管。此外，针对现有融资服务网开发移动客户端，符合融资主体的需求，使得融资主体能够随时随地查询借贷信息。

（2）充分利用大数据分析。运用记录备案数据，结合云计算、大数据等技术系统，分析每一个融资主体的投融资需求，针对不同类型的客户提供个性化服务，增强用户体验，提高客户的受尊重程度。

（3）大力开发创新互联网金融产品。大力支持股权众筹等互联网金融业态健康发展，鼓励规范开展产品创新和服务拓展。支持发起与设立互联网金融发展专项子基金。

4．进一步完善金融监管体系

（1）完善相关配套法律法规，促进监管体制融合发展。为了深入推进温州金融综合改革探索工作，国家与地区层面应该针对现有实践中面临的法律壁垒，出台相应的法律文件。同时，在研究制定相关纲领和指导意见时，应该细化到具体的实施细节，确保出台的政策的可实施性和可操作性。建议建立多层级合作的民间金融监管机构，促进中央金融监管与地方金融监管制度相融合，确保监管体制既具有中央层面的高度与广度，也具有地方监管层面的深度与细度，进而最大化金融监管效果。

（2）强化风险信息披露，缓解市场信息不对称。越是过度竞争的市场，越是市场信息不对称。借款人市场中难以与贷款人实现匹配，这极大地降低了货币资金的流动性。通过强化企业主体资金供需信息的披露，能够显著提升市场中的信息对称程度。温州政府应该以中小企业贷款服务中心为平台，专门对企业资金信息进行披露，保证信息的真实性，增强信息的对称性。

5．推进利率市场化改革，解决利率双轨制问题

要从根本上解决正规金融市场与民间金融市场利率差过大以及民间借贷利率过高等问题，必须逐步深入推进利率市场化改革。具体应该包括以下两方面：其一，在现有基础上继续适时扩大银行基准存款利率浮动幅度，使银行存款利率能够真实地反映资金市场的供求状况；其二，大力发展各类中小民营金融机构，形成大、中、小银行并存和共同发展、相互竞争的金融体系，以适应各种不同规模企业和其他各种借款人的不同融资需求，最终使借贷双方能够自主按照法律制度规定和收益风险权衡选择差异化的资金价格交易，从根本上解决因银行业金融机构存贷款利率双轨制、银行业金融机构利率与民间借贷利率双轨制所造成的套利问题，奠定抑制民间高利贷的市场制度基础。

三、温州市金融综合改革推广

温州市金融综合改革已经历经多年，而温州试点的成功经验也应该在

全国推广。那么，温州金融综合改革推广需要具备哪些相关因素和基本条件？

1. 赋予地方监管金融机构权力

我国金融监管部门，是"一行两会"（即中国人民银行、中国银行业保险业监督管理委员会以及中国证券监督管理委员会）垂直监管的一元监管模式。权力集中于"一行两会"，地方金融监管局并无监管权力，因此地方政府参与金融机构监管的积极性并不高。但是，由于民间借贷错综复杂的特点以及各个地区的差异性，这种一元化的监管模式很容易导致监管真空。温州市金融综合改革实践中，明确赋予地方政府监管金融机构的权利，中央金融监管机构在监管过程中只起到指导作用。这种地方直接监管的模式，一方面，地方政府对所在地区民间资本的活动特点较为了解，能够根据当地特点制定适合本地的监管制度与机制；另一方面，将权力赋予地方政府，自然也将责任转移给地方政府，加大了地方政府的监管力度，也提高了其创新的积极性。

2. 民间资金较多，民营经济发达

温州市金融综合改革的主要目的是解决温州经济金融运行中存在的"两多两难"（即民间资金多、投资难；中小企业多、融资难）的问题。温州市金融综合改革主要是在区域内建立一个平台，将两种金融主体进行对接。一种是资金需求方，主要集中于陷入融资困境的中小企业；另一种便是找不到投资渠道的民间资金拥有者，民间借贷合法化，促使他们进入金融领域，通过不同的中介渠道，将资金投向中小企业。因此，温州金融综合改革在全国范围内推广时，主要针对的是具有"两多两难"问题的地区。

3. 发育良好的各类金融机构以及完善的风险监管体系

理论与实践已经证明，民间借贷是银行业不可替代的补充。但是，不可否认，民间借贷存在高风险等特点，引导民间借贷阳光化与规范化，必须建立完善的制度规范，包含优化民间融资环境以及形成良好风险防范机制等，此外，应该大力支持和发展创新型银行类的机构，包括村镇银行、民营银行。并且，除了银行以外，各种各样的金融机构，包括小额贷款公司、民间资本管理公司等都有存在的必要。这些非银行类金融机构对正规金融机构起到了很好的补充作用，并且，由于此类金融机构并不吸纳公众存款，可以适当放松对此类机构的监管。因此推广温州金融综合改革模式应该要求在减少公众所要承担的风险的基础上，尽可能地要求金融市场化、多元化。

第十一章　长三角地区中小企业科创板
融资效率及其影响因素

2020 年以来，新冠肺炎疫情防控逐渐转变为常态化，世界各国正面临着百年未有之大变局，我国宏观经济发展在迈入高质量发展阶段的同时，不仅面临着良好的发展机遇，也面临着复杂多变的外部环境导致的严峻挑战。其中，一个重要的挑战即为部分关键核心技术仍受制于人，使得如何破解"卡脖子"难题成为当下全国各界讨论的重大议题。2020 年 12 月 16 日召开的全国中央经济工作会议明确指出要实施好关键核心技术攻关工程。作为主要服务于符合国家战略和关键核心技术需求、市场认可度较高的科技创新企业的 A 股板块，科创板的进一步完善不仅有助于培育"硬科技"产业群，还关系到我国核心技术能力的突破与更新。不过，依照 2 年左右的科创板实践来看，虽然在注册制的实施中积累了重要经验，但是在市场活跃程度、筹集资金的使用效率以及头部企业的培育等方面仍然存在诸多问题。可见，研究科创板上市中小企业的融资效率及其关键的影响因素具有十分重要的现实意义。

目前，科创板已形成一股"长三角力量"。Wind 数据库数据显示，截至 2021 年上半年末，长三角地区在科创板上市企业的数量已经达到 135 家，占科创板上市企业总数量的 48%，基本汇聚了科创板近半数的上市公司。其中，上海科创板上市企业 43 家，江苏科创板上市企业 56 家，浙江科创板上市企业 25 家，安徽科创板上市企业 11 家。通过构建长三角地区科创板上市企业融资效率评价体系，比较长三角地区各科创板企业之间融资效率的差异，有针对性地提出提高长三角地区科创板企业融资效率的政策建议，希望能够为全国科技型中小企业的发展和提高提供一定的借鉴意义。为此，本章以长三角地区在科创板上市的中小企业为样本，通过构建 DEA 模型销量测度模型，在测度样本企业总体融资效率的基础之上，充分考虑长三角地区内部存在的区域差异性，将其进一步划分为上海、江苏、浙江、安徽四个区域,分别测算 2019 年和 2020 年长三角地区不同区域上市科创板企业融资效率。最后,建立 Tobit 模型对影响长三角地区科创板上市企业融资效率的各因素进行实证检验,找到影响中小企业科创板融资效率的关键因素,为后续优化中小企业融资机制奠定基础。

第一节　科创板市场运行机制及发展现状

一、科创板的市场内涵与特征

(一)科创板的市场内涵

科创板在设立之初,即旨在专门服务于那些符合国家战略和关键核心技术需求、市场认可度较高的科技创新企业。因此,科创板的良好发展能够促进科技强国战略的有效实施,进而推动我国经济实现高质量发展。具体来看,我国科创板的市场内涵主要体现在两方面。

一是在市场功能方面,科创板被称为促进科技创新与资本市场深度融合的板块。具体而言,一方面,科技创业企业离不开长期资本的扶持和培育,传统的间接融资以及短期的直接融资难以满足科技创新行业风险较高、资金投入规模较大以及盈利周期较长等特征。因此,以长期直接资金为主要特征的资本市场板块对于培育科技创新企业具有十分重要的促进作用。另一方面,虽然我国多层次资本市场体系的构建由来已久,对于扶持科技创新企业的资本市场实践也并非一片空白,但从实际情况看,种种原因导致科技创新与资本市场的耦合间仍然存在较大空隙,诸多科技创新企业不惜承担较高成本赴境外上市。因此,科创板设立的主要目的就是弥合上述空隙,更好地促进科技创新与资本市场深度融合。

二是在市场发展方面,科创板应该能够有效促进资本市场基础制度改革创新。证券监督管理部门已经明确表示,科创板是对资本市场的一次增量改革,以有效避免改革本身对现有存量资本市场的影响,继而独立地快速积累改革经验,以便推进资本市场基础制度的不断完善和适时推广。如科创板在设立之初便独立开展注册制试点,为资本市场的改革开辟了新探索路径。事实上,有关注册制的讨论已经历经多年。一方面,科创板对于注册制的试点有着较为丰厚的市场需求基础和充分的法律依据;另一方面，随着我国深入推进资本市场的从严监管，目前资本市场的发展现状为注册制试点已经创造了相应现实条件。

（二）科创板市场特征

我国科创板的市场特征同样主要体现在三个方面。

一是科创板主要服务于重点领域的科技创新型企业。证券监督委员会明确表示，科创板设立的目的主要在于补齐资本市场与科技创新融合发展的短板。据此，科创板主要服务的企业一般为重点领域的科技创新型企业。按照 2018 年 3 月 22 日证监会发布的《关于开展创新企业境内发行股票或存托凭证试点的若干意见》中的表述，科技创新企业一般具有符合国家战略、掌握核心技术、市场认可度高等特征，同时，一般属于互联网、大数据、云计算、人工智能、软件和集成电路、高端装备制造、生物医药等高新技术产业和战略性新兴产业。可见，科创板将重点服务于上述特定重点领域中具备核心关键技术的企业。

二是科创板实施注册制试点。科创板是全国第一个试点注册制的资本市场板块，而在此之前各大板块均实施核准制。两者最大的区别表现为，注册制对企业公开资料的审查不涉及发行实质条件。这意味着，一方面，只要符合证券法规定并达到注册制相关条件的公司，不需要通过证监会核准便可进行 IPO，大大提高上市速度、成本和效率，并促进新股发行节奏和价格更加市场化；另一方面，注册制对于企业的质量也提出了更高的要求，将更加注重企业信息披露的真实性与全面性。在证券发行注册制下，拟发行证券的发行人必须将与所发行证券有关的一切信息和资料按规整理并依法公开，保证公布资料的真实性、全面性、准确性，不虚假陈述，没有重大遗漏或信息误导。同时，更加注重事后控制，加快构建严格完备的惩处措施支撑。

三是科创板放宽了相关上市条件。相对于其他市场，特别是主板市场，科创板有较多较为放松的制度安排。例如，在注册制下，在盈利要求设计方面将降低门槛，允许尚未盈利的公司上市，允许不同投票权架构的公司上市，允许红筹和 VIE 架构企业上市等，以增强对科创企业的包容性。此外，科创板的单笔申报股数的起步数为 200 股，即 2 手，且每一笔申报超过 200 股之后，可以 1 股为单位递增，而不是以手为最小交易单位。同时，科创板引入盘后固定价格交易机制。这些政策大幅降低了科技创新企业的融资门槛，降低企业上市融资的流程成本，进而能够全面提升科技创新型企业上市的融资效率。

二、科创板市场运行规则

(一) 科创板上市规则

我国其他证券板块上市标准的构建基本以净利润为核心，然而科创板最主要的特征是以市值为核心的上市标准体系，具体标准又细分为 5 条。第一，以"市值 + 净利润"或者"市值 + 盈利 + 营收"为标准。具体表现为企业预计上市后市值不低于 10 亿元，近两年净利润为正且累计净利润不低于 5000 万元或者预计市值不低于 10 亿元，最近一年净利润为正且营业收入不低于 1 亿元（均以人民币计价）。第二，以"市值 + 营收 + 研发"为标准。具体表现为企业预计上市后市值不低于 15 亿元，最近一年营业收入不低于 2 亿元，且最近三年研发投入累计占最近三年营业收入的比例不低于 15%。第三，以"市值 + 营收 + 现金流"为标准。企业预计上市后市值不低于 20 亿元，最近一年营业收入不低于 3 亿元，且最近三年经营活动产生的现金流量净额累计不低于 1 亿元。第四，以"市值 + 营收"为标准。企业预计上市后市值不低于 30 亿元，且最近一年营业收入不低于 3 亿。第五，以"市值 + 产品优势"为标准。企业预计上市后市值不低于 40 亿元，同时企业的主要业务或产品需具备明显的技术优势，并且已取得了阶段性成果。例如，医药行业企业必须至少拥有一项核心产品获准开展二期临床试验。除上述五条细分标准以外，我国科创板上市还有 2 条较为特殊的标准：一是纯"市值"标准，即企业预计上市后市值不低于 100 亿元；二是以"市值 + 营收"为标准，企业预计上市后市值不低于 50 亿元，且最近一年营业收入不低于 5 亿元。

综上所述，企业在科创板上市的标准均围绕市值展开，通过与不同的其他标准进行组合预设了多套指标体系。根据 5 条常规标准体系以及 2 条特殊标准体系的具体内容，可以发现科创板企业上市后的预计市值越高，则对其他相关指标的要求越宽松，综合反映了科创板对于科技创新型企业上市的包容性。此外，其他科创板市场运行机制如表 11 - 1 所示。

表 11 - 1　　　　　　　　科创板市场运行机制

资本市场	科创板
主体资格	公开发行股票的股份公司
存续时间	存续满三年
盈利要求	具有持续盈利能力

资本市场	科创板
经营年限	持续经营满三年以上
现金流要求	无
净资产要求	无
上市要求	包含 5 套标准以及 2 套特殊上市标准体系，包括市值、营收、经营活动现金流、研发投入和产品的技术优势等综合因素
服务对象	符合国家战略、突破关键核心技术、市场认可度高的科技创新企业
交易方式	采用竞价方式，大宗交易采用协议和盘后定价方式
投资主体资格	法人、基金、自然人

（二）科创板交易规则

首先，就科创板投资账户开通条件而言，为充分保持投资者权益，投资者在上交所开通科创板投资权限需要同时满足以下三方面的条件：第一，投资账户在申请开通科创板投资权限前 20 个交易日内日均资产不得低于 50 万元；第二，投资账户在申请前已经参与证券交易超过 24 个月；第三，还需要符合上交所其他相关的适当性要求。此外，就科创板股票的申报要求而言，不同申报方式间呈现出差异性，如果在股票交易时采取限价申报方式，则单笔申报规模应当处于 200 ～ 10 万股；如果采取的是市价申报的方式，则单笔申报数量应当介于 200 ～ 5 万股；在股票卖出时，如果现存股票规模 < 200 股，应当一次性卖出。其次，就竞价跌幅限制而言，对于首次在科创板公开发行股票的企业，前 5 个交易日不设置涨跌幅限制；而在竞价交易中实行价格 20% 的涨跌幅限制。最后，就科创板股票的交易方式而言，科创板的投资者主要通过竞价交易、盘后固定价格交易以及大宗交易等三种方式参与股票交易。其中，盘后固定价格交易指的是当集合竞价结束后，在每个交易日的 15：05 ～ 15：30 时间段内，按照时间优先顺序对收盘定价申报进行撮合，并以当日收盘价进行成交的方式。此外，其他科创板市场交易规则如表 11 - 2 所示。

表 11 - 2　　　　　　　　　　　科创板交易规则

项　目	规则归纳
交易账户	沪市 A 股证券账户（需开通科创板权限）
适当性管理规定	开通前 20 个交易日账户日均资产不低于 50 万元；参与证券交易 24 个月以上

续表

项　目	规则归纳
网上申购的条件	已开通科创板交易权限，且上海市场股票持仓市值达到 10000 元以上
交易机制	T + 1
涨跌幅限制	每日涨跌幅限制为 20%；新股上市的前五个交易日不设限制
交易方式	竞价交易； 大宗交易； 盘后固定价格交易
交易时间	开盘集合竞价：9∶15 ～ 9∶25； 连续竞价：9∶30 ～ 11∶30，13∶00 ～ 15∶00； 盘后固定价格交易时间：15∶05 ～ 15∶30
申报数量	市价订单：200 股≤单笔申报数量≤5 万股； 限价订单：200 股≤单笔申报数量≤10 万股； 超过 200 股的订单，可以 1 股为单位递增； 若卖出余额不足 200 股，应一次性申报卖出
打新方法	方法一：直接网上申购打新； 方式二：购买普通公募基金间接参与； 方式三：通过战略配售基金参与科创板打新

三、科创板发展现状分析

(一) 募资金额及效率分析

就科创板募资金额而言，超募比例较高。Wind 数据库相关数据显示，截至 2019 年底，科创板上市的 70 家企业实际募资规模为 824.27 亿元，相较于拟募资规模 719.01 亿元超募比例达 14.64%；而 2020 年新增的 145 家科创板上市企业实际募资规模达 2226.22 亿元，相较于拟募资规模 1614.86 亿元超募比例达 37.86%。就一级子行业而言，新能源产业超募比例最高，达 55.22%，新一代信息技术领域的超募比例也超过一半，达 50.12%，其他一级子行业的超募比例均低于 20%。其中，节能环保领域最低，仅 1.12%（见图 11 - 1）。

就募资效率而言，募资周期相对较长。Wind 数据库数据显示，2020 年新增上市的科创板企业从受理到过会的平均时间为 105 天，快于主板的平均 131 天，但慢于创业板的平均 39 天。此外，从过会到发行科创板平均历时 87 天，高于主板的 46 天以及创业板的 71 天。

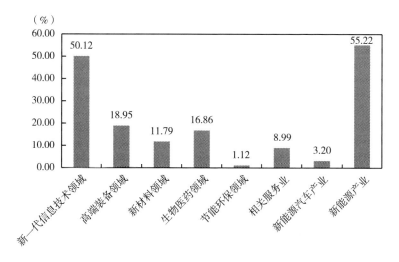

图 11 - 1　科创板一级子行业超募比例

资料来源：Wind 数据库。

（二）科创板市场规模分析

2020 年，科创板 IPO 继续维持在较高水平，月均 IPO 约 12 家，与 2019 年的月均数量基本持平，全年累计新增 145 家科创板公司，占 A 股 IPO 总数比例达 36.62%，领先于其他各大板块。此外，科创板全年 IPO 融资规模累计达 2226.22 亿元，占 A 股总规模比例高达 47%（见图 11 - 2）。

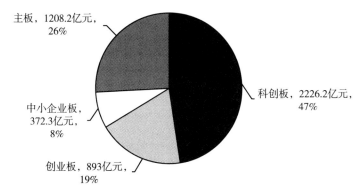

图 11 - 2　2020 年 A 股 IPO 融资规模板块分布

资料来源：Wind 数据库。

（三）科创板制度建设简介

一是科创板编制红筹新规。2020 年 6 月 5 日，上海证券交易所印发的《关于红筹企业申报科创板发行上市有关事项的通知》，详细规定了红筹企业在科创板上市过程中涉及的对赌协议、股本计量、退市标准等制度安排。该规定的发布能够有效缓解货币和统计口径差异带来的影响，打通优质红筹回归 A 股的通道，再次显现出科创板巨大的包容性。

二是科创板颁布再融资新规。2020 年 7 月 3 日，上海证券交易所印发的《上海证券交易所科创板上市公司证券发行上市审核规则》《上海证券交易所科创板上市公司证券发行承销实施细则》以及《上海证券交易所科创板上市公司证券发行上市审核问答》，是科创板再融资规定正式落地的标志。上述规定进一步优化和精简了相关审核流程，提升了科创板上市企业再融资的便利化程度，进而加速资本市场对科技创新企业的服务。

三是科创板修订退市制度。2020 年 12 月 31 日，上海证券交易所发布的《上海证券交易所科创板股票上市规则（2020 年 12 月修订）》，一方面完善了科创板上市企业各项退市指标；另一方面也明确了退市风险警示股票的交易限制，完善了退市整理期的交易安排。退市要求的进一步规范和完善有助于推动科创板公司优胜劣汰，继续提升上市公司质量，并为科创板培育长期投资者奠定基础。

（四）科创板业绩预估值分析

2020 年，科创板继续维持高研发投入，如图 11 - 3 所示，从指数层面看，科创 50 研发投入营收占比一直维持在 7% 以上，明显优于同期创业板指和沪深 300。与此同时，科创板业绩自 2020 年第二季度以来持续恢复，2020 年前三季度业绩同比增速分别为 - 10.4%、- 0.2% 和 14.3%，相比创业板指和沪深 300，科创 50 业绩修复更具弹性和可持续性（见图 11 - 4）。

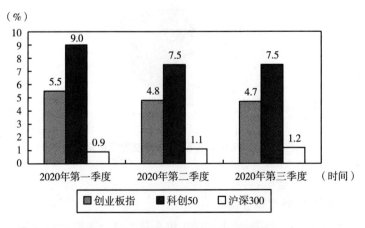

图 11 - 3　指数研发投入营收占比对比

资料来源：Wind 数据库。

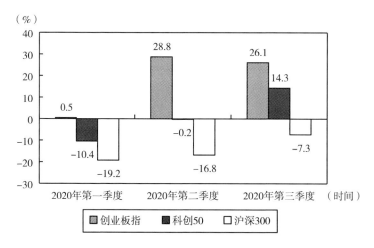

图 11 - 4　指数净利润同比增速对比
资料来源：Wind 数据库。

此外，在新冠肺炎疫情冲击之下，全球市场业绩普遍遭受巨大冲击，叠加货币宽松的大环境，主要指数均经历了明显的"拔估值"，2020 年科创50PE 估值由 56.87 倍增至 79.82 倍，位居 A 股主要指数前列（见图 11 - 5）。2020 年以来，科创 50 相对于纳斯达克和上证综指的估值溢价均在下半年收窄，相对创业板指的估值溢价也基本维持在 1.2 上下，科创板估值性价比正在逐步提升（见图 11 - 6）。

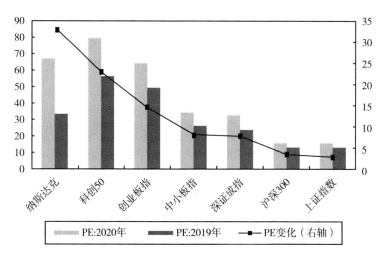

图 11 - 5　科创板与其他核心指数估值水平与年度调整对比
资料来源：Wind 数据库。

图 11 - 6　2020 年科创 50 的 PE 估值比价走势

资料来源：Wind 数据库。

第二节　科创板市场上市企业运行效率

一、理论基础与研究方法

（一）效率理论简介

在经济学中，对于效率的研究一直是重中之重，最早的效率评价理论是由意大利学者帕累托提出，随着效率研究方法的不断更新换代，目前学术界对于效率的评价更加偏向于法雷尔（Farrell）所提出的相对效率方法。法雷尔等人认为之前效率评价方法存在漏洞，相对效率的提出可以有效解决这一漏洞，相对效率是指某个决策单元的相对有效，当其他决策单元在投入与产出无法达到该决策单位水平且无法影响某些决策单元投入与产出，并且相对无效的决策单位在投入与产出无法改进的情况下，才能称某个决策单元是有效单元，这就是"效率边界前沿"。早在 1957 年，法雷尔就采用边界生产函数对工厂生产效率进行测量，在所有测量的效率值中，将最具有效率的生产点进行整合组成效率生产边界，再通过比较各个生产点的效率与效率生产边界之间的差距，来说明某个生产点的效率程度。然而，这种边界分析研究成果具有极大的局限性，仅适用于单一的投入与产出，但是实际操作过程中多为多投入与多产出，因此查恩斯

（Charnes）、库伯（Cooper）和罗兹（Rhodes）通过改良法雷尔的理论提出了适用于多投入与多产出的 CCR 模型，通过数学线性规划的方式进一步简化求解，并正式取名为数据包络分析法（DEA）。

在实际操作中发现，CCR 模型存在固定规模报酬假设，但是现实情况中还存在规模报酬递增（TRS）与规模报酬递减（DRS）情况，据此查恩斯、库伯等学者进一步提出了 BCC 模式，由原有的 CCR 模式中固定规模报酬修改为变动规模报酬（VRS），后来的学者通过不断研究，在 CCR 与 BCC 的模型基础上提出了新的计算模型，包括两阶段 DEA、三阶段 DEA 和网络 DEA 等超过 100 种 DEA 模型，极大地丰富和扩展了研究领域，目前 DEA 模型充分应用于制造业、服务业、公用事业和金融业等多个行业效率研究。

（二）两阶段 DEA 模型简介

科创板企业融资效率的研究属于相对效率范畴。传统的 DEA 模型对于效率的研究，一般将研究对象看成不可分割的整体，只考虑投入和产出两个步骤，并不考虑到研究对象在产出之前和投入之后的中间产出过程。然而，在对科创板企业的融资效率研究的过程中，可以将企业运营过程分为两个不同的相关联的阶段。其中，第一阶段融资效率即企业的交易效率和资金融入效率，第二阶段融资效率即企业内部组织效率和资金使用效率。据此，本章会采用两阶段关联 DEA 对科技型中小企业融资效率进行实证分析，不再将科技型中小企业融资看成投入和产出，而是把整个过程看成有着紧密联系和关联性的两个子阶段，并且第二个阶段的输入是由第一个阶段的输出所决定的。同时，考虑到两阶段存在着紧密的联系性和关联性，因此可将第一个阶段的输出权重与第二个阶段的输入权重视作一样。两阶段关联 DEA 模型的基本过程如图 11 - 7 所示。

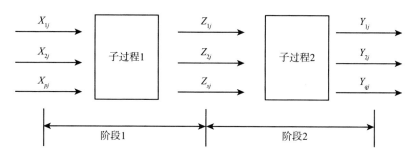

图 11 - 7　两阶段 DEA 模型机制

假设研究中存在 n 个决策研究对象，在研究每个的决策研究对象时，把它的研究过程看作一前一后两个相连的子过程。而在这个过程中，存在初始输入的种类、中间输出的种类和最终输出的种类分别是 p 种、s 种和 q 种。同传统 DEA 模型一样，我们把 $X_{ij}(i=1,2,\cdots,p)$ 表示第 j 个决策研究对象的第 i 项投入量，把 $Y_{rj}(r=1,2,\cdots,q)$ 表示第 j 个决策研究的第 j 项产出量，而 $Z_{mj}(m=1,2,\cdots,s)$ 表示第 j 个决策研究对象的第 m 项中间产出，它不仅是第一阶段的第 m 项产出，也是第二阶段的第 m 项投入。$X_j=(x_{1j},x_{2j},\cdots,x_{pj})T$ 表示第 j 个决策研究对象的全部输入向量，$Y_j=(y_{1j},y_{2j},\cdots,y_{qj})T$ 表示第 j 个决策研究对象的全部输出向量，$Z_j=(z_{1j},z_{2j},\cdots,z_{sj})T$ 表示第 j 个决策研究对象中间的全部输出向量。$U=(u_1,u_2,\cdots,u_p)T$ 表示初始输入的权重、$V=(v_1,v_2,\cdots,v_q)T$ 表示最终输出的权重、$W=(w_1,w_2,\cdots,w_s)T$ 则表示中间输出的权重。

约束 u 和 v 取值，将规模报酬不变的 CCR 模型变形为：

$$\begin{cases} \theta_k=\max V^T Y_k \\ U^T X_k=1 \\ U^T X_j-V^T Y_j\geq 0, j=1,2,\cdots,n \\ U\geq 0, V\geq 0 \end{cases} \quad (11-1)$$

整合两阶段 DEA 的约束条件，得到两阶段关联 DEA 的模型：

$$\begin{cases} \theta_k=\max V^T Y_k \\ U^T X_K=1 \\ U^T X_j-V^T Y_j\geq 0, j=1,2,\cdots,n \\ U^T X_j-W^T Y_j\geq 0, j=1,2,\cdots,n \\ W^T Z_j-V^T Y_j\geq 0, j=1,2,\cdots,n \\ U\geq 0, V\geq 0, W\geq 0 \end{cases} \quad (11-2)$$

θ_k 为被评价单元 k 的整体效率值。同理，我们可以保持被评价单元整体效率差不变的条件下，构建测算子阶段效率 θ_{k1}、θ_{k2} 的模型：

$$\begin{cases} \theta_{k1}=\max W^T Z_j \\ W^T Z_j=1 \\ V^T Y_k-\theta_k U^T X_k=0 \\ U^T X_j-V^T Y_j\geq 0, j=1,2,\cdots,n \\ U^T X_j-W^T Z_j\geq 0, j=1,2,\cdots,n \\ W^T Z_j-V^T Y_j\geq 0, j=1,2,\cdots,n \\ U\geq 0, V\geq 0, W\geq 0 \end{cases} \quad (11-3)$$

$$\begin{cases} \theta_{k2} = \max V^T Y_k \\ W^T Z_j = 1 \\ V^T Y_k - \theta_k U^T X_k = 0 \\ U^T X_j - V^T Y_j \geqslant 0, j = 1, 2, \cdots, n \\ U^T X_j - W^T Z_j \geqslant 0, j = 1, 2, \cdots, n \\ W^T Z_j - V^T Y_j \geqslant 0, j = 1, 2, \cdots, n \\ U \geqslant 0, V \geqslant 0, W \geqslant 0 \end{cases} \qquad (11-4)$$

其中，中间输出 Z_{mj} 的加权平均值 $W^T Z_j$ 在计算 θ_{k1} 和 θ_{k2} 时是一致的。

二、模型设定与描述性统计分析

（一）模型设定与指标选取

1. 模型设定

科创板企业在科创板上融资的效率评价主要体现在两个方面：一是通过多渠道融入的固定资产投入，以及通过人力、管理费用等方式支出的生产过程；二是通过营业收入所得进行企业再生产，提高企业管理与运行效率，提高市场份额。因此，本章遵从科创板企业的经营过程，将其分为内部管理阶段与资金利用阶段两个阶段（见图 11-8）。内部管理阶段主要探讨企业如何通过内部管理，在一定的人力成本费用、管理费用和固定资产费用投入的基础上，获取营业收入的效率；资金利用阶段探讨企业如何在获得营业收入后进行再生产的效率，产生净利润和基本每股收益。

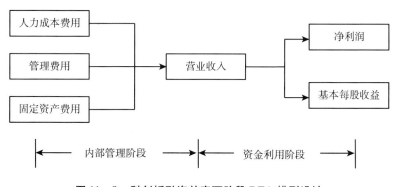

图 11-8　科创板融资效率两阶段 DEA 模型设计

2. 指标选取

在使用 DEA 模型时，合理地选择投入与产出指标是获得可靠效率评价结果的前提。因此，在选择投入与产出指数时应该遵循以下几个原则：

（1）真实性原则。在选择数据时要保持实事求是、不做虚假数据的态度，在选择方法上保证方法的客观公正，在数据来源上确保数据的真实存在，选择正规公正权威的数据来源。（2）可行性原则。在选择数据指标时，要确保数据指标可以操作与分析，契合评价主体与评价目的。（3）关联性原则。要保证各个选取指标之间具有关联性，对具有相同内容的指标应予以剔除，确保各个指标之间的独立关系。本章从科创板企业的经营过程的特点和数据可得性角度出发，在分析和研究国内外文献综述的基础上，选取的两阶段的投入、产出指标具体如表11-3所示。

表11-3　　　　　　投入与产出指标及计算方式

指标体系	指标代码	指标名称	计算方法
投入指标	X1	人力成本	应付职工薪酬
	X2	物力成本	固定资产增加值
	X3	财力成本	管理费用＋其他业务费用
中间产出	K1	营业收入	主营业务收入＋其他业务收入
产出指标	Y1	净利润	利润总额－所得税费用
	Y2	基本每股收益	普通股股东的当期净利润/当期发行 在外普通股的加权平均数

（二）样本选择与数据统计分析

1. 样本选择

考虑到数据收集的可行性、连续性及实证结果的稳健性以及科创板市场的特殊性，本章选取了2019年91家科创板企业数据，以及2020年86家科创板企业数据。

2019年所选取的企业代码有：688001、688002、688003、688005、688006、688007、688008、688009、688010、688011、688012、688015、688016、688018、688019、688020、688021、688022、688023、688025、688026、688028、688029、688030、688033、688036、688037、688039、688058、688066、688068、688078、688080、688081、688086、688088、688089、688090、688098、688099、688100、688101、688108、688111、688116、688118、688122、688123、688126、688128、688138、688139、688158、688159、688166、688168、688169、688177、688178、688181、688186、688188、688196、688198、688199、688200、688202、688208、688218、688233、688258、688268、688278、688288、688298、688299、

688300、688310、688321、688333、688357、688358、688399、688363、688366、688368、688369、688388、688389、688396、688398。

2020 年所选取的企业代码有：688003、688009、688011、688012、688015、688016、688018、688019、688021、688037、688050、688057、688059、688060、688065、688077、688078、688081、688089、688101、688106、688111、688116、688122、688129、688138、688139、688155、688166、688177、688178、688180、688183、688185、688186、688188、688189、688196、688208、688215、688221、688228、688277、688278、688289、688299、688301、688308、688318、688321、688330、688336、688350、688356、688357、688360、688363、688365、688366、688377、688386、688388、688389、688399、688505、688508、688513、688516、688521、688550、688551、688568、688569、688571、688580、688585、688586、688589、688598、688599、688669、688677、688699、688777、688819、688981。

2. 描述性统计分析

（1）2019 年样本企业描述统计分析。如表 11 - 4 所示，2019 年科创板上市样本企业的各指标表现出以下特征：一是物资成本方面，2019 年的 91 家科创板企业固定资产投入资金为 31414 万元，其中上海地区科创板企业固定资产最多，平均值为 36020 万元，是江苏地区固定资产的两倍，比其他地区的固定资产多 2000 万元。二是管理费用方面，2019 年管理费用支出的平均值为 10095 万元，两省一市中上海地区科创板企业支出最高，平均值为 7536 万元，比两省一市 6043 万元的平均值高出 24.71%，其中江苏地区管理费用支出最低，仅为 4965 万元，与最高的上海相比，是上海地区管理费用支出的 65.88%。然而，全国其他地区科创板企业的管理费用均值为 13001 万元，仍然高出管理费用最高的上海地区 72.52%。三是人力成本方面，长三角地区两省一市科创板企业 2019 年的平均支出为 3353 万元，其中上海地区人力支出最多，平均值为 4517 万元，江苏省最低，平均支出 2305 万元，最高与最低之间相差 95.97%，且上海地区人力成本费用低于全国其他地区平均值，仅为全国其他地区的 81.49%。四是营业收入方面，2019 年长三角地区两省一市科创板企业年营业平均收入为 87208 万元，浙江地区科创板企业营业收入最高，平均收入为 101068 万元，江苏地区科创板企业营业收入最低，平均值为 65356 万元，仅为两省一市平均营业收入的 74.94%，与全国其他地区的 208520

万元相比，两省一市相对落后。五是净利润方面，2019 年长三角地区两省一市科创板企业年平均收益为 13820 万元，上海地区企业平均利润最高，达到 17139 万元，江苏省地区最低，仅有 11280 万元。六是基本每股收益方面，2019 年长三角地区两省一市科创板企业年平均收益 1.073 元，其中上海地区年平均基本每股收益最高，为 1.212 元，浙江地区最低，为 0.853 元。

表 11 - 4　　　　　　　　　　2019 年样本描述性统计

地区	数量	指标	投入指标			中间产出	最终产出	
			固定资产（万元）	薪酬及福利（万元）	管理费用（万元）	营业收入（万元）	净利润（万元）	基本每股收益
上海	15	mean	36020	4517	7536	99287	17139	1.212
		sd	79765	3628	6871	70896	23652	0.957
		min	193.3	932.4	1598	25381	-10126	-0.05
		max	311491	13990	26656	235773	93286	2.96
江苏	14	mean	16114	2305	4965	65356	11280	1.066
		sd	15070	1962	4357	42798	6812	0.711
		min	2129	435.8	2045	21283	4107	0.3
		max	56873	7895	17725	158830	31515	2.666
浙江	9	mean	28180	3043	5233	101068	12238	0.853
		sd	38151	4228	3088	124902	7974	0.423
		min	408.2	591	1963	20955	4629	0.21
		max	116540	14109	9709	418967	29119	1.62
两省一市	38	mean	26829	3353	6043	87208	13820	1.073
		sd	53666	3345	5301	78772	15787	0.763
		min	193.3	435.8	1598	20955	-10126	-0.05
		max	311491	14109	26656	418967	93286	2.96
其他	53	mean	34702	5543	13001	208520	23974	1.219
		sd	77061	11856	37064	655830	63563	2.183
		min	204.5	434.2	1255	70	-102262	-2.96
		max	432930	59282	253003	4170000	417705	15.66
总体	91	mean	31414	4628	10095	157862	19733	1.158
		sd	68046	9327	28586	504658	49621	1.732
		min	193.3	434.2	1255	70	-102262	-2.96
		max	432930	59282	253003	4170000	417705	15.66

（2）2020 年样本企业描述统计分析。如表 11－5 所示，2019 年科创板上市样本企业的各指标表现出以下特征：一是物资成本方面，2020 年的 86 家科创板企业固定资产资金平均金额为 107248 万元，其中江苏省地区科创板企业固定资产最多，平均值为 86，087 万元，大约是上海地区固定资产的 2.5 倍，是安徽地区的 3 倍多，但与全国其他地区的 151310 万元相比，最高的江苏仅占全国其他地区的 56.89%。二是管理费用方面，长三角地区 2020 年管理费用支出的平均值为 11319 万元，其中浙江地区科创板企业支出最高，平均值为 16930 万元，比长三角地区平均值高出 49.57%，安徽地区管理费用支出最低，仅为 5460 万元，大约是长三角地区平均管理费用的 1/2，仅为浙江地区管理费用支出的 32.25%，全国其他地区管理费用平均 14177 万元相比，高出长三角地区平均管理费用的 25.25%。三是人力成本方面，长三角地区科创板企业 2020 年的平均支出为 6261 万元，其中浙江地区人力支出最多，平均值为 11740 万元，安徽省最低，平均支出 2759 万元，最高与最低之间相差 325.52%，且浙江地区人力成本费用也高出全国其他地区平均值 3645 万元。四是营业收入方面，2020 年长三角地区科创板企业年营业平均收入为 241965 万元，浙江地区科创板企业营业收入最高，平均收入为 595729 万元，安徽地区科创板企业营业收入最低，平均值为 59187 万元，仅为长三角地区平均营业收入的 24.46%，与全国其他地区的 244186 万元相比，长三角地区相对落后。五是净利润方面，2020 年长三角地区科创板企业年平均净利润为 18987 万元，浙江地区企业平均净利润最高，达到 45847 万元，上海地区最低，仅有 6576 万元。六是基本每股收益方面，2020 年长三角地区科创板企业年平均收益 1.379 元，其中江苏地区年平均基本每股收益最高，为 1.73 元，安徽地区最低，为 0.717 元。

表 11－5　　　　　　　　　　2020 年描述性统计

地区	数量	指标	投入指标			中间产出	最终产出	
			固定资产（万元）	薪酬及福利（万元）	管理费用（万元）	营业收入（万元）	净利润（万元）	基本每股收益
上海	16	mean	34685	5078	9492	103352	6576	1.362
		sd	53356	5279	10593	58267	49621	1.685
		min	858.1	690.9	1981	40799	－166861	－2.03
		max	190591	20503	43980	227329	49231	3.92

续表

地区	数量	指标	投入指标			中间产出	最终产出	
			固定资产（万元）	薪酬及福利（万元）	管理费用（万元）	营业收入（万元）	净利润（万元）	基本每股收益
江苏	16	mean	86087	5704	11790	260076	21331	1.73
		sd	245630	11104	26545	716948	34043	3.346
		min	1867	501.7	1049	4662	−23552	−0.8
		max	1000000	44506	110904	2940000	123314	13.98
浙江	7	mean	78616	11740	16930	595729	45847	0.899
		sd	156654	16454	23574	1290000	83143	0.814
		min	283.2	318.4	1229	13340	1623	0.24
		max	431115	42045	66556	3510000	231906	2.66
安徽	3	mean	27679	2759	5460	59187	10004	0.717
		sd	23258	1933	4987	37266	8127	0.14
		min	5484	976.3	1975	16248	5220	0.56
		max	51872	4814	11173	83097	19388	0.83
三省一市	42	mean	61088	6261	11319	241965	18987	1.379
		sd	165477	10090	19765	681063	50309	2.313
		min	283.2	318.4	1049	4662	−166861	−2.03
		max	1000000	44506	110904	3510000	231906	13.98
其他	44	mean	151310	8095	14177	244186	39448	1.224
		sd	772777	20184	37574	712206	93024	1.359
		min	993.9	509.2	587.3	2489	−51323	−1.72
		max	5140000	122311	205956	4010000	423942	7.01
总体	86	mean	107248	7200	243101	12781	29455	1.3
		sd	563357	16002	693067	30078	75527	1.877
		min	283.2	318.4	2489	587.3	−166861	−2.03
		max	5140000	122311	4010000	205956	423942	13.98

三、样本企业融资效率比较分析

（一）2019 年样本企业融资效率比较分析

通过 DEAP 2.1 软件测算 2019 年样本科创板企业运行效率及两阶段子效率，测算结果如表 11 -6 至表 11 -8 所示。其中，*MTE* 代表测评单元的综合效率，*MTE*1 代表测评单元在内部经营阶段效率，*MTE*2 代表测评单元资金利用阶段效率。综合效率 MTE 是内部经营阶段内部经营效率 $MTE1$ 与资金利用阶段资金利用效率 $MTE2$ 的乘积，即 $MTE = MTE1 \times MTE2$。

表 11-6　　　　　　　　　2019 年 DEA 第一阶段效率结果

地区	综合效率（$MTE1$）	纯技术效率	规模效率	效率为 1 的企业	最优效率占比（%）
上海	0.4373	0.5771	0.7684	2	2.19
江苏	0.4011	0.6359	0.6428	0	0
浙江	0.4348	0.6553	0.6828	1	1.1
两省一市	0.4244	0.6228	0.6980	3	3.3
其他	0.3951	0.6398	0.6470	1	1.1
均值	0.4171	0.6270	0.6852	—	—

表 11-7　　　　　　　　　2019 年 DEA 第二阶段效率结果

地区	综合效率（$MTE2$）	纯技术效率	规模效率	效率为 1 的企业	最优效率占比
上海	0.4183	0.6263	0.6874	0	0
江苏	0.4183	0.6263	0.6874	0	0
浙江	0.4121	0.6298	0.6767	0	0
两省一市	0.4163	0.6275	0.6838	0	0
其他	0.0238	0.5091	0.0286	1	1.1
均值	0.0238	0.5091	0.0286	—	—

表 11-8　　　　　　　　　2019 年 DEA 综合阶段效率结果

地区	综合效率（MTE）	纯技术效率	规模效率	效率为 1 的企业	最优效率占比
上海	0.0016	0.2706	0.0078	0	0
江苏	0.0015	0.2526	0.0066	0	0
浙江	0.0017	0.2809	0.0069	0	0
两省一市	0.0016	0.2681	0.0071	0	0
其他	0.0017	0.3516	0.0058	0	0
均值	0.0016	0.2890	0.0068	—	—

根据 2019 年科创板样本企业的融资效率分析可以得出以下结论：第一，各地区 DEA 有效的样本企业占比较低。在综合阶段表现为资金利用有效的决策单元有 0 个；在内部经营阶段表现为资金利用有效的决策单元

有4个,其中2个来自上海地区,1个来自浙江地区,1个来自其他地区;
资金利用阶段表现为资金利用有效的决策单元仅有1个,来自其他地区。
第二,在具体效率值方面,两省一市科创板企业综合阶段平均值为
0.0016,内部管理阶段平均值为0.4244,资金利用阶段平均值为0.4163。
其中,分地区来看,表现最好地区为浙江地区,综合阶段平均值为
0.0017,内部经营阶段效率平均值0.4348,资金利用阶段平均效率值为
0.4121;上海地区综合阶段平均值为0.0016,内部管理阶段效率平均值
0.4373,资金利用阶段平均效率值为0.4183,处于第二位;而江苏地区综
合阶段平均值为0.0015,内部管理阶段效率平均值0.4011,资金利用阶
段平均效率值为0.4183处于第三位(见表11-6至表11-8)。

(二)2020年样本企业融资效率比较分析

通过DEAP 2.1软件测算2020年样本科创板企业运行效率及两阶段子
效率,测算结果如表11-9至表11-11所示。

表11-9　　　　　　　　2020年DEA第一阶段效率结果

地区	综合效率（MTE1）	纯技术效率	规模效率	效率为1的企业	最优效率占比（%）
上海	0.581	0.610	0.936	3	3.49
江苏	0.523	0.627	0.824	2	2.33
浙江	0.657	0.686	0.943	2	2.33
安徽	0.271	0.394	0.762	0	0
三省一市	0.508	0.579	0.866	7	8.14
其他	0.442	0.542	0.784	4	4.65
均值	0.495	0.577	0.832	—	—

表11-10　　　　　　2020年科创板企业二阶段DEA效率结果

地区	综合效率（MTE2）	纯技术效率	规模效率	效率为1的企业	最优效率占比（%）
上海	0.085	0.319	0.330	0	0
江苏	0.135	0.385	0.309	0	0
浙江	0.096	0.315	0.240	0	0
安徽	0.158	0.454	0.326	0	0
三省一市	0.119	0.368	0.301	0	0
其他	0.149	0.491	0.295	1	1.16
均值	0.131	0.424	0.301	—	—

表 11 – 11　　　　　2020 年科创板企业综合阶段 DEA 效率结果

地区	综合效率（MTE）	纯技术效率	规模效率	效率为 1 的企业	最优效率占比（%）
上海	0.051	0.216	0.305	0	0
江苏	0.052	0.234	0.240	0	0
浙江	0.080	0.253	0.231	0	0
安徽	0.040	0.210	0.237	0	0
三省一市	0.056	0.228	0.253	0	0
其他	0.048	0.269	0.204	0	0
均值	0.052	0.249	0.233	—	—

根据 2020 年科创板样本企业的融资效率分析可以得出以下结论：第一，各样本科创板企业的 DEA 有效占比仍然不高，但较 2019 年表现较好。在综合阶段表现为资金利用有效的决策单元有 0 个；在内部经营阶段表现为资金利用有效的决策单元有 11 个，其中，3 个来自上海地区，2 个来自江苏，2 个来自浙江地区，4 个来自其他地区；资金利用阶段表现为资金利用有效的决策单元仅有 1 个，来自其他地区。第二，在具体效率值方面，三省一市科创板企业综合阶段平均值为 0.056，内部管理阶段平均值为 0.508，资金利用阶段平均值为 0.119。其中，表现最好的地区为浙江，综合阶段平均值为 0.080，内部管理阶段效率平均值为 0.657，资金利用阶段平均效率值为 0.096；江苏综合阶段平均值为 0.052，内部管理阶段效率平均值为 0.523，资金利用阶段平均效率值为 0.135，处于第二位；而上海综合阶段平均值为 0.051，内部管理阶段效率平均值为 0.581，资金利用阶段平均效率值为 0.085，处于第三位；安徽综合阶段平均值为 0.040，处于第四位。

第三节　科创板上市企业运行效率影响因素

一、模型设定与变量选取

（一）模型设定

Tobit 模型适用于在正值上大致连续分布但包含一部分以正概率取值为零的因变量。近年来计量经济学、社会学等学科领域广泛采用这类模型对效率进行测算和评价，经过开发和改进，Tobit 模型从最初的结构式模型发展为今天的时间序列模型、面板数据模型和非参数模型等诸多形式。基本形式表示如下：

$$Y_i^* = X_i\beta + \varepsilon_i Y_i \begin{cases} Y_i^* & \text{如果 } Y_i^* > 0 \\ 0 & \text{如果 } Y_i^* \leq 0 \end{cases}, \quad \varepsilon_i \in (0, \delta^2) \qquad (11-5)$$

本章根据研究融资效率的取值特征，选用 Tobit 模型建立面板数据计量分析长三角地区科创板企业融资效率影响因素，建立的回归模型如下：

$$MTE1_{it} = \beta_0 + \beta_1 ES_{it} + \beta_2 HR_{it} + \beta_3 MS_{it} + \beta_4 SIZE_{it} + \beta_5 EM_{it} + \beta_6 NPMS_{it}$$
$$+ \beta_7 CPM_{it} + \varepsilon_{it} \qquad (11-6)$$

$$MTE2_{it} = \beta_0 + \beta_1 ES_{it} + \beta_2 HR_{it} + \beta_3 MS_{it} + \beta_4 SIZE_{it} + \beta_5 EM_{it} + \beta_6 NPMS_{it}$$
$$+ \beta_7 CPM_{it} + \varepsilon_{it} \qquad (11-7)$$

（二）变量选取

一是因变量。本章主要分析不同地区科创板企业融资效率影响的因素，因此，因变量为前文对于不同区域企业融资效率的测度，具体包括 2019 年与 2020 年的一阶段效率、二阶段效率的度量，以便分析不同阶段融资效率的具体影响因素。

二是自变量。本章主要分析不同地区科创板企业融资效率影响的因素，认为影响不同企业融资效率的因素主要分为以下四类：第一类是企业科创板上市属性，包括企业的上市标准以及企业的科创主题。其中，上市标准方面，样本企业涵盖了科创板上市标准 1～5 以及特别标准、红筹标准等类型，但大多按照标准 1 上市；科创主题方面，上市企业设计了包括高端装备制造业等在内的 8 种大类主题。第二类是企业科技属性，包括企业的研发人员占比以及核心技术人员个数。第三类是企业经营属性，包括企业的权益乘数、股权集中程度、企业的属性以及企业的董事长与总经理是否为一人担任、企业的市场份额以及企业的成本利润率。第四类是区位因素，包括该地区是否为长三角地区，以便于与其他地区比较科创板上市企业的融资效率。所有变量的含义以及统计特征如表 11-12 所示。

表 11-12　　　　　　　　　变量选取及含义描述

变量类别	变量名称	变量含义	样本均值		
			2019 年	2020 年	总体
因变量					
一阶段融资效率	一阶段融资效率	一阶段融资效率计算值	0.407	0.494	0.449
二阶段融资效率	二阶段融资效率	二阶段融资效率计算值	0.016	0.131	0.071

续表

变量类别	变量名称	变量含义	样本均值		
			2019 年	2020 年	总体
自变量					
科创板上市特征	上市标准	5 大标准分别赋值 1 - 5，特别二赋值 6，红筹二赋值 7	1.495	1.511	1.503
	企业科创主题	高端装备 = 1，节能环保 = 2，生物产业 = 3，服务业 = 4，新材料 = 5，新能源 = 6，新能源汽车 = 7，新型信息技术 = 8	5.296	4.756	5.034
企业科创特征	研发人员占比	研发人员占比（％）	0.306	0.266	0.286
	核心技术人员	核心技术人员人数（名）	5.967	6.081	6.022
企业运营特征	股权集中程度	第一大股东占比（％）	0.305	0.325	0.315
	权益乘数	权益乘数资产总额与所有者权益的比率	1.308	1.372	1.339
	企业属性	民营 = 1，公众 = 2，国有 = 3，外资 = 4	1.472	1.686	1.576
	董事长经理是否一人	是 = 1，否 = 0	0.615	0.581	0.599
	市场份额	企业营业收入与行业营业收入的离差比值（％）	-67.542	-8.027	-38.625
	成本费用利润率	获得利润/投入成本	0.409	0.752	0.576
区位特征	是否为长三角地区	是 = 1，否 = 0	0.417	0.488	0.452

二、实证结果分析

根据两个模型的实证结果（见表 11 - 13），各类因素对于样本科创板企业不同阶段融资效率的影响具有如下特征。科创板上市企业一阶段融资效率方面：第一，就科创板市场特征而言，一方面，企业上市标准对于企业的内部管理效率表现出显著的负向影响，即企业通过资产以及费用产出收入的效率在采用不同上市标准的科创板企业中呈现出对于净利润要求的标准越严格的上市企业融资效率越高的特征；另一方面，在不同科创主体企业内部呈现出一定的差异，其中，在以高端制造业为参照的基础上，新能源行业的第一阶段效率明显高于高端制造业，其他行业与高端制造业第一阶段效率无显著差异。第二，就企业科创特征而言，企业的研发人员占比对样本科创板上市企业的一阶段效率呈现出显著的正向影响，即企业的研发人员占比越高企业的一阶段融资效率越高。其可能的原因在于，对于上市科创板的企业而言，研究人员和复合人才无疑是企业的核心竞争力，高素质科技人才无论是对于科技创新未来发展方向的把控，还是对于核心技术的开发与研究都具有无可比拟的作用。同时，高素质的复合型人才可以利用风险模型更好地测算和计量企业经营风险，做好产品模型测算，提供更加合理科学的经营策略和投资策略。不过，实践中部分申报企业也出现了缺乏核心技术、科技创新能力不足、市场认可度不高等问题。此外，企业的核心技术人员数量并不显著影响企业的一阶段融资效率。第三，就企业运营特征而言，除股权集中程度、成本利润率两个变量外，企业属性、董事长与总经理是否为一人以及市场份额等因素均未表现出对企业一阶段融资效率的显著影响，而股权集中度以及成本费用利润率对因变量均表现出显著的正向影响，即企业的第一大股东股份占比越高，企业的成本费用利润率越高，其一阶段融资效率越高。可能的原因在于，高度集权可以有效提高科创板企业的运行效率。一方面，股权集中或者大股东的存在会对企业运行产生激励效果，可以有效减少代理成本，提高企业运行效率；另一方面，科创板行业处于高速发展期，市场变化迅速，分散的股权不利于企业快速做出决策，以应对环境的变化。此外，就成本费用利润率而言，成本利润率反映了企业投入成本与获得利润的比值，该指标越高，则科创板企业的成本费用控制越得当，资源配置方式较合理，在内部经营阶段和资金利用阶段则更具优势。因此，成本利润率越高，则科创板企业为了获取利润付出的成本费用越少，也就是企业运行效率越高。第四，就区位特征而言，长三角地区的科创板上市企业的一阶段融资效率显著高于其他地区企业，这与长三角地区的经济发展以及中小企业发展现状相符合。科创板上市企业二阶段融资效率方面：第一，就科创板市场特征而言，一方面，企业上市标准对于企业的资金利用效率有显著正向影响，即企业上市标准越宽松其资金利用效率越高，其原因在于除按照上市标准1上市的企业，按照其他标准如红筹、特别等上市的企业本身资金利用状况就较好；另一方面，在不同科创主体企业间并未有其他主体相对于高端制造存在显著二阶段融资效率差异。第二，就企业科创特征而言，不管是研发人员占比还是企业核心技术人员人数，均未表现出样本科创板上市企业的二阶段效率显著影响。第三，就企业运营特征而言，除权益乘数、成本费用利润率外，包括企业属性、董事长与总经理是否为一人以及市场份额等因素均未表现出对企业二阶段融资效率的显著影响，而权益乘数对因变量表现出显著的负向影响，成本费用利润率表现与一阶段一致。其中，权益乘数即权益总资产率，是指权益乘数资产总额与所有者权益的比率。权益乘数越大，一般表明企业所有者投入企业的资本所占的比重越小，企业对权益乘数负债经营利用得越充分，企业债务融资比例越高，反之企业股权融资比例越高。因此，科创板企业权益乘数越小，效率越高，即呈现出负向关系。第四，就区位特征而言，是否处于长三角地区，企业的二阶段融资效率并未存在显著的差异。

表 11 – 13　　　　　科创板企业融资效率影响因素 Tobit 回归结果

变量类别	变量名称		第一阶段融资效率回归结果	第二阶段融资效率回归结果
科创板上市特征		上市标准	– 0.032 ** （0.015）	0.015 ** （0.007）
	企业科创主题	1 = 高端制造	—	—
		2 = 节能环保	– 0.038 （0.104）	– 0.004 （0.049）
		3 = 生物产业	– 0.082 （0.068）	0.004 （0.034）
		4 = 服务业	– 0.197 （0.238）	– 0.053 （0.121）
		5 = 新材料	0.022 （0.071）	0.015 （0.034）
		6 = 新能源	0.469 ** （0.234）	0.038 （0.119）
		7 = 新能源汽车	– 0.019 （0.175）	0.133 （0.089）
		8 = 新一代信息技术	0.035 （0.064）	– 0.022 （0.032）
企业科技特征		研发人员占比	0.002 ** （0.001）	– 0.000 （0.000）
		核心技术人员	0.010 （0.007）	– 0.002 （0.003）
企业运营特征		股权集中程度	0.002 * （0.001）	– 0.000 （0.000）
		权益乘数	0.151 （0.152）	– 0.055 ** （0.025）
	企业属性	1 = 民营企业	—	—
		2 = 公众企业	– 0.078 （0.063）	– 0.005 （0.029）
		3 = 国有企业	0.078 （0.103）	– 0.029 （0.045）
		4 = 外资企业	– 0.009 （0.060）	0.024 （0.028）
		董事长与总经理是否为一人	– 0.025 （0.041）	0.004 （0.020）
		市场份额	0.000 （0.000）	– 0.000 （0.000）
		成本利润率	0.010 * （0.006）	0.004 * （0.003）
区位特征		是否为长三角地区	0.084 ** （0.039）	– 0.018 （0.018）

注：* 、** 分别表示估计系数在 10% 、5% 的水平上显著；—代表该指标为参照组。

第四节　本章小结

本章借用两阶段 DEA 模型,将长三角地区科创板企业生产过程分为内部管理和资金利用两个子阶段,对 2019 年和 2020 年长三角地区科创板企业进行了融资效率评价,并且通过 Tobit 模型寻找影响效率的主要因素,主要得出如下结论。

就长三角地区科创板上市企业融资效率测度而言,无论是 2019 年还是 2020 年,科创板样本企业的融资效率均大致表现出以下两点特征:第一,各地区 DEA 有效的样本企业占比较低,2020 年较 2019 年表现好;第二,在具体效率值方面,各地区科创板企业融资效率表现出差异。

就长三角地区科创板上市企业融资效率影响因素而言,第一,科创板上市企业一阶段融资效率方面,企业的研发人员占比、股权集中度以及成本费用利润率对于企业的内部管理效率表现出显著的正向影响;此外,在不同科创主题企业内部呈现出一定的差异,而上市标准对因变量均表现出显著的负向影响,长三角地区的科创板上市企业的一阶段融资效率显著高于其他地区企业。第二,科创板上市企业二阶段融资效率方面,企业上市标准、成本费用利润率对于企业的资金利用效率有显著正向影响,而权益乘数对因变量表现出显著的负向影响。

第十二章　长三角地区中小企业新三板融资效率及其影响因素

改革开放以来，中国开始步入知识经济新时代，经济由高速增长阶段转向高质量发展阶段，而高新技术是实现该转变的重要一环。为此，我国不断加大对高新技术产业的扶持力度，试图通过高新技术产业占领未来发展高地。然而，由于我国高新技术企业大多是具有风险程度高、资金投入规模大以及研发周期长等特征的中小型企业，这些企业一方面难以达到银行类金融机构的抵押担保要求，另一方面也较难达到传统资本市场板块的上市条件。在这样的经济背景下，全国中小企业股份转让系统（新三板）作为我国多层次资本市场的重要补充，自成立以来缓解了诸多中小企业的融资困境。不过，新三板虽然在一定程度上缓解了中小企业融资难的问题，但从实际中不难看出，其发展仍然存在诸多缺陷。事实上，2016年以来，针对新三板在实际运营中存在的问题，政府部门就不断推行各项改革措施予以规范。特别是，2021年9月，习近平在2021年中国国际服务贸易交易会全球服务贸易峰会上发表视频致辞中明确表示，要深化新三板改革，设立北京证券交易所。这无异为新三板的进一步发展带来了极大的机遇。

本章基于以上背景，探究新三板挂牌企业融资的有效性，致力于为深化新三板改革提供参考。据此，首先，对新三板市场的发展现状与挂牌企业融资存在的问题进行描述性分析。其次，以长三角地区350家新三板挂牌企业为样本，科学合理地选取投入产出指标评价新三板挂牌企业的融资效率。最后，选取DEA模型测算出来的综合技术效率值作为被解释变量，选取企业融资效率的关键解释变量，并运用Tobit模型分析其对企业综合技术效率的影响。

第一节 新三板市场运行机制与发展现状

一、新三板运行机制

(一) 新三板发展历程

新三板起源于北京中关村科技园区非上市股份企业在代办股份转让系统进行的企业股权转让试点，试点中服务的企业基本为高新技术企业。为了完善我国多层次资本市场体系的构建，拓宽新三板的融资服务范围，2012 年，中国证券监督管理委员会扩大了新三板的试点范围，将上海、武汉和天津等地的高新技术园区中的企业纳入试点范围。随后，为了进一步扩大股份转让系统的范围，经国务院批准正式成立全国中小企业股份转让系统，开始面向全国接受企业挂牌申请，主要服务对象为创新型、创业型、成长性的中小企业。跟主板、创业板与中小板市场相比，新三板市场更具包容性，对挂牌企业不设门槛限制，在一定程度上缓解了中小型企业的融资困境。挂牌新三板以后，部分企业获得融资，企业规模不断扩大，运营管理流程更加规范，信息披露也越来越及时与全面，企业开始步入正轨并发展壮大，有的甚至转板上市。2021 年 9 月 2 日，习近平在 2021 年中国国际服务贸易交易会全球服务贸易峰会上发表视频致辞指出，将继续支持中小企业创新发展，深化新三板改革，设立北京证券交易所。随后，2021 年 9 月 5 日，北京证券交易所（以下简称北交所）印发《关于上市规则、交易规则和会员管理规则公开征求意见的通知》，明确了北交所的相关上市规则。2021 年 11 月 15 日，随着北交所的开市，新三板 71 家精选层企业联合 10 家新企业在北交所正式上市。具体的发展历程如表 12 – 1 所示。

表 12 – 1　　　　　　　　新三板发展历程

发展阶段	时间	关键事件
两网	1990 年 12 月	全国证券交易自动报价系统（STAQ）正式开启运行
	1993 年 4 月	全国电子交易系统（NET）投入运行
	1999 年 9 月	全国证券交易自动报价系统（STAQ）和全国电子交易系统（NET）关闭
三板	2001 年 7 月	代办股份转让系统开办，称为三板市场

续表

发展阶段	时间	关键事件
新三板	2006 年 1 月	新股份转让系统开办，称为新三板市场
	2009 年 7 月	《证券公司代办股份转让系统中关村科技园区非上市股份有限公司股份报价转让试点办法暂行》开始施行
	2012 年 7 月	新增上海、武汉、天津三个高新技术园区作为试点区
	2012 年 9 月	全国中小企业股份转让系统有限公司注册成立
	2013 年 1 月	全国中小企业股份转让系统有限公司正式挂牌
	2013 年 12 月	国务院发布《关于全国中小企业股份转让系统有关问题的决定》，股份转让系统开始面向全国
	2014 年 6 月	做市商制度正式实施
	2016 年 5 月	市场分层制度正式实施
	2018 年 1 月	集合竞价制度正式实施
	2018 年 4 月	与香港交易所签署合作，迈出全国股转系统走向国际化的第一步
	2019 年 1 月	三板引领指数上线
	2021 年 9 月	北交所设立，深化新三板改革，吸收一定条件的创新层企业上市

（二）新三板市场特征

新三板的出现，弥补了我国多层次资本市场体系不能为不符合上市条件的中小微企业提供服务的不足。它为中小企业提供了新的可行的融资渠道，促进了其中优秀企业的发展，提高了中国整个市场的资本配置效率。新三板属于场外交易市场，与主板不同，其上市和监管条件更为宽松，其具体运行机制如表 12 - 2 所示。

表 12 - 2　　　　　　　　　　新三板上市运行机制

资本市场	新三板
主体资格	境内股东累计超过 200 人或/及股票公开转让的非上市股份公司
存续时间	存续满两年
盈利要求	具有持续盈利能力
经营年限	存续满两年
现金流要求	无
净资产要求	无
服务对象	创新型、创业型、成长型的中小企业
交易方式	协议方式、做市方式、竞价方式或其他证监会批准的转让方式
投资主体资格	机构投资者；自然人需具备两年以上证券投资经验或相关专业背景及培训，且名下证券资产市值需达 300 万元以上

（三）新三板的融资方式

新三板是为创新型、成长型中小企业提供融资服务的平台。由于属于非上市公众公司，新三板挂牌企业不能进行公开融资，以定向融资为主。此外，目前已有挂牌公司试点发行中小企业私募债并到沪、深交易所交易。

一是定向增发。与在其他资本市场板块上市企业实施定向增发时，需要受到《上市公司证券发行管理办法》《上市公司非公开发行股票实施细则》等制度的制约不同，新三板挂牌企业实施定向增资限制较少，具体表现在以下两个方面：一方面，新三板只限于向特定对象增发，会增加注册资本。按照《非上市公众公司监督管理办法》中的规定，公众公司向特定对象发行股票，但限制在 35 人以内。其中，特定对象包括：公司股东，公司的董事、监事、高级管理人员、核心员工，符合规定的投资者适当性管理自然人投资者、法人投资者以及其他经济组织等。此外，公众企业向特定对象发行股票后，股东总数在 200（含）人以内的，由新三板实施自律管理；如果因向特定对象发行股票导致股东累计超过 200 人，应以书面形式申请核准。另一方面，新三板定向增发一次核准后可以多次分期发行。自证券监督管理委员会核准之日起，企业应该在 3 个月内进行首次发行且数量不得少于应发行总量的 50%，剩余股份应在 12 个月内完成发行。其中，每次发行后应该在 5 个工作日内向证券监督管理委员会汇报备案。此外，超过限定期限仍未发行的，应该重新经证券监督管理委员会核准。

二是中小企业私募债。目前，已有挂牌公司试点发行中小企业私募债并到沪、深交易所交易。企业发行私募债采取备案制，具有周期快、便捷程度高等特征，通过该方式融资的成本较低。私募债未对资金用途有明确约定，发行人可根据业务需要较为灵活地使用资金，如补充营运资金、偿还贷款、股权收购等。

三是银行信用贷。中小企业在新三板挂牌后，企业信用度和声誉大大提升，有利于获得银行信贷等间接融资。银行为新三板挂牌企业提供以股权质押、票据融资等为主的融资服务。银行通过开展新三板服务获得优质的贷款客户，拓宽业务渠道，增加营业收入。新三板要求挂牌企业公开信息，信息相对透明，银行由此可以深入了解客户，较好地控制贷款风险。同时，企业挂牌新三板后，因其股权具有交易价值，可以以此为担保，更易获得银行融资服务。目前，已有浦发银行、招商银行、交通银行等 22 家商业银行与全国中小企业股转系统合作，推出了共计 29 项针对性产品及服务。

四是优先股。优先股对于新三板挂牌企业有很大吸引力。在发展初期，中小企业所有者面临两难选择：一方面企业股权高度集中，并且核心成员不愿意股权被稀释；但另一方面财务投资者希望获得稳定的回报，没有精力参与企业实际管理。为兼顾两方面的需求，优先股由此诞生，在利润分红和剩余财产分配上优先于普通股，这样既能让企业所有者保持企业控制权，又能保障投资者的分红回报。

二、新三板发展现状

（一）发展规模

2013 年新三板市场的全面开放，使其成为全国性的资本市场，其挂牌公司规模也由 356 家增加到 2014 年的 1572 家，实现了新三板市场的首次飞速扩张。2015 ~ 2017 年挂牌公司规模仍处于飞速发展阶段，直至 2017 年飙升到 11630 家，新三板的市场规模空前扩大。随着新三板市场近两年监管制度的日益完善，之前搭"扩容车"的部分企业因不合格而被强制退市，所以 2018 年挂牌公司规模首次出现负增长，但仍有 10691 家。新三板企业的总市值从 2013 年的 553.06 亿元上升至 2017 年的 49404.56 亿元，其中 2014 ~ 2016 年增速最快，2017 年增速放缓，2018 ~ 2020 年连续三年实现负增长。截至 2020 年末，新三板挂牌公司总数为 8187 家，为 2013 年的 48 倍左右，总市值仍然达到 26542.31 亿元。由此可以看出，新三板市场规模巨大，为国内中小企业提供了融资渠道（见表 12 - 3、图 12 - 1）。

表 12 - 3　　　　　　　2013 ~ 2020 年新三板发展规模

项目	2013 年	2014 年	2015 年	2016 年	2017 年	2018 年	2019 年	2020 年
挂牌公司数（家）	356	1572	5129	10163	11630	10691	8953	8187
总股本（亿股）	97.17	658.35	2959.51	5851.55	6756.73	6324.53	5616.29	5335.28
总市值（亿元）	553.06	4591.72	24584.42	40558.11	49404.56	34487.26	29399.60	26542.31

资料来源：全国中小企业股份转让系统。

（二）行业分布

新三板市场的行业分类占比 2019 ~ 2020 年的变动幅度并不大，主要包括 18 个行业分类。其中，截至 2020 年末，新三板制造业以及信息传输、软件和信息技术服务业两者的总数就占据了 68.65%，其中，制造业以 49.05% 的比例稳居第一，信息传输、软件和信息技术服务业占比

19.60%, 远高于其他行业。由图 12-2 可以看出, 新三板挂牌企业行业集中度较为明显, 这跟新三板将几大科技园区率先纳入市场的发展历史相关。

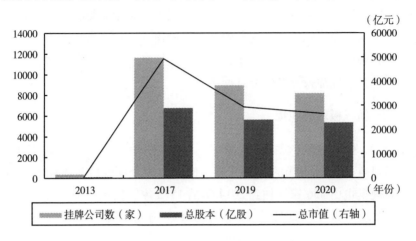

图 12-1　2013~2020 年新三板发展规模
资料来源: 全国中小企业股份转让系统。

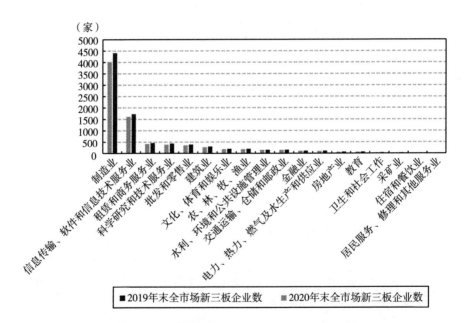

图 12-2　2019 年和 2020 年新三板行业分布情况
资料来源: 全国中小企业股份转让系统。

(三) 地区分布

通过图 12-3, 对比 2019 年和 2020 年的情况综合来看, 新三板市场主要涉及 31 个地区，主要集中于广东、北京、江苏、浙江、上海、山东六地，2020 年这六个地区的挂牌公司规模达到了 62.39%。而这些地区的共同特点便是处于沿海发达地区，企业实力相对较强。相比之下甘肃、西藏、青海三省的挂牌企业数仅占 0.59%，这在一定程度上受到了国家针对上述地区转板上市绿色通道政策影响。总体来说，这与新三板起源于沿海高新技术园区的发展历程和我国东、西部地区经济发展不平衡的总体情况相符合。

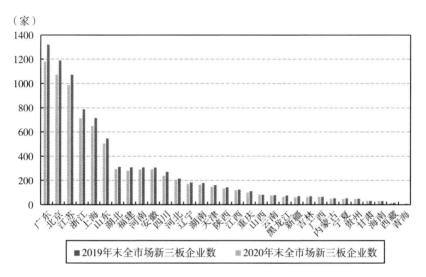

图 12 - 3 2019 年和 2020 年新三板地区分布情况

资料来源：全国中小企业股份转让系统。

第二节 新三板市场支持长三角地区企业发展现状

一、长三角地区企业新三板挂牌现状分析

一是起步较晚、发展迅猛，江苏、上海起引领作用。2012 年，国务院批准扩大非上市股份公司股份转让试点；2013 年末，新三板突破试点国家高新区限制，扩容至所有符合挂牌条件的企业。截至 2021 年 10 月，长三角地区新三板存量挂牌企业达到 2279 家，在全国企业挂牌数中占比 31.78%。近年来，长三角地区在新三板累计挂牌企业具有如下特征。

由表 12 - 4 可知，长三角地区新三板市场于 2012 年起步，起步较晚，但是逐年飞速上涨，2016 年增幅达到最高，随后开始逐年下跌，截至 2020 年 12 月 31 日，长三角地区新三板累计上市企业数量达 4378 家，占有重要的地位。2020 年，长三角地区中江苏省在新三板累计上市企业最多，有 1644 家，占地区总量的 37.55%；其次是浙江省，有 1196 家，占比为 27.32%；再次为上海市，有 1107 家，占比为 25.29%；安徽省最少，有 431 家，占比为 9.84%。

表 12 - 4　　　　　　长三角地区新三板挂牌企业数量变动情况

区域	2012年（家）	2013年（家）	2014年（家）	2015年（家）	2016年（家）	2017年（家）	2018年（家）	2019年（家）	2020年（家）	合计（家）	占比（%）
上海市	8	41	118	276	449	158	44	9	4	1107	25.29
江苏省	0	1	172	475	607	250	69	43	27	1644	37.55
浙江省	0	0	71	341	493	202	47	31	11	1196	27.32
安徽省	0	1	44	117	142	80	23	14	10	431	9.84
合计	8	43	405	1209	1691	690	183	97	52	4378	100.00

注：数据截至 2020 年 12 月 31 日。
资料来源：Wind 数据库。

行业分布广泛，以第二、第三产业为主。《长江三角洲地区区域规划》将长三角地区定位为：全球重要的制造、现代服务中心，亚太地区重要的国际门户和具有较强国际竞争力的世界级城市群。长三角地区各产业的发展在全国处于前列，现代服务业即第三产业具有较强竞争优势，但集中度偏低，资源整合意愿较强。

由表 12 - 5 可知，现存长三角地区新三板挂牌企业 2279 家，以第二、第三产业为主，制造业在总量中的占比最大，有 1323 家挂牌企业，占比为 58.05%，其中江苏省的占比最大，有 578 家企业，占长三角地区制造业的比例高达 43.69%；排名第二的是信息传输、软件和信息技术服务业，有 353 家挂牌企业，占比为 15.49%，其中上海市占比最高，有 153 家企业，占长三角地区信息技术服务业企业的比例为 43.34%；租赁和商务服务业排名第三，有 105 家企业，占比为 4.61%，其中上海市有 52 家企业，占长三角地区租赁和商务服务业挂牌企业的 49.52%。

表 12-5　　2020 年现存长三角地区新三板挂牌企业行业分布

行业	地区	挂牌数（家）	各地区占比（%）
采矿业	上海市	0	0.00
	江苏省	1	50.00
	浙江省	0	0.00
	安徽省	1	50.00
	小计	2	100.00
电力、热力、燃气及水生产和供应业	上海市	2	11.11
	江苏省	4	22.22
	浙江省	5	27.78
	安徽省	7	38.89
	小计	18	100.00
房地产业	上海市	4	28.57
	江苏省	6	42.86
	浙江省	3	21.43
	安徽省	1	7.14
	小计	14	100.00
建筑业	上海市	14	19.44
	江苏省	33	45.83
	浙江省	14	19.44
	安徽省	11	15.28
	小计	72	100.00
交通运输、仓储和邮政业	上海市	11	29.73
	江苏省	16	43.24
	浙江省	8	21.62
	安徽省	2	5.41
	小计	37	100.00
教育业	上海市	5	41.67
	江苏省	3	25.00
	浙江省	2	16.67
	安徽省	2	16.67
	小计	12	100.00
金融业	上海市	7	21.21
	江苏省	11	33.33
	浙江省	11	33.33

续表

行业	地区	挂牌数（家）	各地区占比（%）
金融业	安徽省	4	12.12
	小计	33	100.00
居民服务、修理和其他服务业	上海市	3	75.00
	江苏省	1	25.00
	浙江省	0	0.00
	安徽省	0	0.00
	小计	4	100.00
科学研究和技术服务业	上海市	34	34.00
	江苏省	28	28.00
	浙江省	27	27.00
	安徽省	11	11.00
	小计	100	100.00
农、林、牧、渔业	上海市	2	6.45
	江苏省	12	38.71
	浙江省	9	29.03
	安徽省	8	25.81
	小计	31	100.00
批发和零售业	上海市	26	30.23
	江苏省	20	23.26
	浙江省	31	36.05
	安徽省	9	10.47
	小计	86	100.00
水利、环境和公共设施管理业	上海市	5	14.71
	江苏省	16	47.06
	浙江省	11	32.35
	安徽省	2	5.88
	小计	34	100.00
卫生和社会工作	上海市	3	50.00
	江苏省	2	33.33
	浙江省	1	16.67
	安徽省	0	0.00
	小计	6	100.00

行业	地区	挂牌数（家）	各地区占比（%）
文化、体育和娱乐业	上海市	15	37.50
	江苏省	8	20.00
	浙江省	16	40.00
	安徽省	1	2.50
	小计	40	100.00
信息传输、软件和信息技术服务业	上海市	153	43.34
	江苏省	102	28.90
	浙江省	84	23.80
	安徽省	14	3.97
	小计	353	100.00
制造业	上海市	196	14.81
	江苏省	578	43.69
	浙江省	373	28.19
	安徽省	176	13.30
	小计	1323	100.00
住宿和餐饮业	上海市	3	33.33
	江苏省	2	22.22
	浙江省	2	22.22
	安徽省	2	22.22
	小计	9	100.00
租赁和商务服务业	上海市	52	49.52
	江苏省	23	21.90
	浙江省	25	23.81
	安徽省	5	4.76
	小计	105	100.00

资料来源：Wind 数据库。

二、新三板企业定向增发融资现状分析

目前，新三板挂牌企业主要采用定向增资的方式进行融资，这属于私募股权融资的性质，因而不能公开招股，并且按照相关规定在发布定向增资公告前明确融资对象、价格和额度。长三角地区企业定向增发情况如表 12 - 6 所示。

表 12 - 6　　　　　　　　　　　长三角地区新三板定向增发具体情况

年份	区域	增发数（次）	平均发行价（元）	增发数量（万股）	平均增发数（万股）	预计募集资金（亿元）	实际募资总额（亿元）	平均实际募资额（亿元）
2013 年	长三角地区	6	9.20	2484.36	414.06	1.93	1.89	0.32
	上海市	6	9.20	2484.36	414.06	1.93	1.89	0.32
2014 年	长三角地区	75	28.02	22039.89	293.87	10.80	10.80	0.14
	上海市	36	9.82	8640.81	240.02	5.63	5.63	0.16
	江苏省	21	4.95	6328.54	301.36	2.26	2.26	0.11
	浙江省	8	9.18	2607.34	325.92	1.69	1.69	0.21
	安徽省	10	4.07	4463.20	446.32	1.22	1.22	0.12
2015 年	长三角地区	556	6.61	256663.86	461.63	144.41	144.38	0.26
	上海市	196	9.26	74648.23	380.86	60.79	60.76	0.31
	江苏省	179	6.74	89507.42	500.04	41.78	41.78	0.23
	浙江省	113	5.47	65840.09	582.66	30.61	30.61	0.27
	安徽省	68	4.97	26668.12	392.18	11.23	11.23	0.17
2016 年	长三角地区	576	7.56	757754.89	1315.55	245.22	245.07	0.43
	上海市	163	10.26	203422.24	1247.99	66.87	66.86	0.41
	江苏省	192	6.73	112638.18	586.66	45.41	45.37	0.24
	浙江省	151	8.17	246688.76	1633.70	96.06	96.01	0.64
	安徽省	70	5.07	195005.71	2785.80	36.88	36.83	0.53
2017 年	长三角地区	501	7.70	396555.86	791.53	173.12	172.40	0.34
	上海市	146	9.90	106410.33	728.84	50.82	50.74	0.35
	江苏省	186	7.19	118697.56	638.16	48.56	48.44	0.26
	浙江省	118	7.87	108372.84	918.41	50.06	49.64	0.42
	安徽省	51	5.84	63075.13	1236.77	23.68	23.58	0.46
2018 年	长三角地区	303	6.56	259721.41	857.17	113.46	112.96	0.37
	上海市	68	7.78	49380.55	726.18	23.55	23.47	0.35
	江苏省	117	7.92	117447.77	1003.83	51.18	51.06	0.44
	浙江省	80	5.66	59977.14	749.71	25.98	25.79	0.32
	安徽省	38	4.88	32916.01	866.21	12.75	12.64	0.33
2019 年	长三角地区	189	5.43	332001.27	1756.62	75.99	75.87	0.40
	上海市	45	6.79	34797.96	773.29	11.49	11.47	0.25
	江苏省	82	6.29	251916.12	3072.15	47.98	47.92	0.58
	浙江省	43	4.71	25593.32	595.19	8.94	8.92	0.21
	安徽省	19	3.93	19693.87	1036.52	7.58	7.56	0.40

续表

年份	区域	增发数（次）	平均发行价（元）	增发数量（万股）	平均增发数（万股）	预计募集资金（亿元）	实际募资总额（亿元）	平均实际募资额（亿元）
2020 年	长三角地区	191	5.60	147996.18	774.85	53.72	53.79	0.30
	上海市	37	6.96	25789.52	697.01	11.89	11.90	0.33
	江苏省	74	5.56	73314.23	990.73	22.60	22.62	0.31
	浙江省	54	5.41	31720.87	587.42	13.94	13.96	0.26
	安徽省	26	4.19	17171.56	660.44	5.30	5.33	0.21

资料来源：Wind 数据库。

数据显示，长三角地区新三板企业定向增资始于 2013 年，增发数量和金额在实现逐年增长后逐渐回落。总体来看，2015 年、2016 年和 2017 年长三角地区的增发数量有了大幅增长，2017 年已达 396555.86 万股；实际募资额 2016 年有所增长，2017 年略有下降，但仍远高于以往年份。但是，2018 年、2019 年、2020 年无论是增发数还是增发数量均较 2017 年有所下降。分地区看，上海市、江苏省在增资次数和数量上都位居前列。具体而言，上海市定向增资次数在 2015 年前呈现逐年增长趋势，2015 年度增发次数很多，随后呈现出增发次数逐年下降趋势，但其平均发行价一直处于长三角地区第一位。江苏省定向增发次数自 2015 年起一直稳居长三角地区的第一位。浙江省定向增发次数与江苏省的变化趋势一致，整体水平处于中游位置。安徽省企业表现相对较差，整体融资规模远不及长三角地区其他省（市），募资能力相对不足。

第三节　新三板挂牌企业融资效率

一、DEA 模型的基本原理与分类

（一）模型选取

本章主要研究新三板挂牌企业的融资效率，通过对融资效率研究方法的梳理发现，数据包络分析法与本章研究的实际情况较为符合。最初的模型是基于规模报酬不变的适用于多投入与多产出的 CCR 模型。规模报酬不变的 CCR 模型要求当投入增加或减少时，产出必须等比例地增加或减少，但是在实际的生产经营过程中，企业会受到多种因素的制约，几乎不

可能实现投入与产出等比例的增加或减少。因此，本章最终选取了规模报酬可变的 BCC 模型，并运用 DEAP 2.1 软件来测度新三板挂牌企业的融资效率值。此外，本章将进一步运用 Malmquist 模型，分别从静态和动态分析融资效率。相较于其他方法的优势主要有以下三方面：一是 DEA 能够对决策对象进行客观评价。DEA 模型主要是利用线性规划的方法对每个决策单元的相对效率水平进行评价，模型中所运用的指标权重是通过线性规划的方法得到的。但模糊综合评价法等方法需要人为地为指标赋予权重，结果往往具有一定的主观性。所以对比其他方法，DEA 对决策对象的整体评价更具客观性。二是 DEA 更适用于研究多投入多产出的复杂问题。DEA 模型可以同时选取多项投入指标和多项产出指标来评价各个决策单元的效率值，且只要满足决策单元数量不少于投入产出指标总和三倍的要求就可以适用。本章研究主题是企业的融资效率，其决策单元数量符合 DEA 的使用要求，且该模型得出的综合技术效率、纯技术效率和规模效率能更全面地评价挂牌企业的效率水平。三是 Malmquist 指数法能够动态对比决策单元的融资效率变化趋势。DEA 模型测算出的各个年份的融资效率值主要是基于截面数据，是单独年份的静态效率对比，而通过 Malmquist 指数法能够对静态的融资效率指数进行分解，以便更加全面地了解融资产效率的变化趋势。

（二）投入产出指标的选取

使用 DEA 模型时，为了获得比较可靠的效率评价结果，必须合理地选择投入和产出指标，必须遵循以下几个原则：一是有效性原则。这要求所选取的投入产出指标要能够对融资效率产生高度影响，能够对融资效率的分析和评价具有代表性，尽可能完整地体现出三省一市新三板挂牌企业资金投入和使用的行为和效率。二是科学性原则。这要求投入产出指标数量应该适中，若指标数量过少，则会导致对 DMU 的评价不够全面，效率值不具有代表性；若指标数量过多，则会掩盖 DMU 的真实技术效率值，出现大部分技术效率值为 1 的情况。因此，在确定投入产出指标数量及 DMU 样本数量时，应遵循 DMU 样本数量至少是投入产出指标数量总和三倍的原则。三是可操作性原则。这表明所选取的投入产出指标能够客观衡量融资效率水平，受到学者们的广泛认可，具有较高的接受度。此外评价指标数据要真实可靠、便于获取，可从企业的财务报表或者相关的数据库中公开获得，以保证数据的可信度。结合新三板挂牌企业自身的特点，选择投入指标时，从资本结构、资产规模、资本使用三个方面着手，具体选择资产负债率、总资产规模和营业成本规模三个指标；选择产出指标时，在参考其他学者相关文献的基础上，从运营能力、盈利能力两个方面着手，选择总资产周转率和净资产收益率两个指标。各指标的选取依据如表 12 – 7 所示。

表 12 – 7　　　　　　　　投入与产出指标及计算公式

指标大类	指标大类	指标名称	测度方法
投入指标	资本结构	资产负债率（%）	资产/负债
	资产规模	总资产规模（亿元）	总资产具体数值
	资本使用	营业成本规模（亿元）	营业成本具体数值
产出指标	营运能力	总资产周转率（次）	营业收入净额/平均资产总额
	盈利能力	净资产收益率（%）	净利润/净资产

投入指标包括三个方面：一是资产负债率。该指标可以衡量企业资本结构，反映企业的融资来源构成。由于资本结构的不同，其融资效率水平也会存在差异。如果企业大规模实施债券融资，则其资产负债率较高，而债权融资的税盾效应可以有效降低企业的融资成本，提升企业的融资效率，但过高的资产负债率会使企业面临较大的财务风险。如果资产负债率较低，说明企业进行股权融资的比例较大，能够大大降低企业的财务风险，但融资成本却随之增加，降低企业的融资效率。因此，选取资产负债率衡量企业的资本结构。二是总资产规模。该指标是企业固定资产与流动资产的总和，反映了企业总体规模的大小。对于新三板挂牌企业来说，企业规模小，自有资产有限，资产规模的大小在较大程度上反映了企业融入资产的规模大小，使得其对融资效率的作用具有显著影响。因此，选取总资产规模代表企业规模。三是营业成本规模。该指标反映了企业在生产经营过程中所耗费的各项成本费用总和，包括营业成本、财务费用、管理费用、销售费用和相关税金等，它不仅包括企业在进行融资活动时所产生的融资成本，也包括企业因销售商品、提供劳务等日常活动而产生的成本，是对融入资金进行配置时所产生的各项成本的综合反映。该指标会对企业利润产生影响，从而影响融资效率。如果企业在生产经营的过程中成本投入过高，则会缩减企业利润，降低融资效率。尽量降低营业总成本，则会使企业利润增加，提升融资效率。因此，营业成本规模可以综合反映融入资金的使用情况。

产出指标包括两个方面：一是净资产收益率。该指标反映了企业利用股东资金赚取利润的能力以及资本使用效率。企业的净资产收益率越高，则意味着企业有良好的经营管理水平和较强的盈利能力，可以为投资者带来较高的投资回报率，更容易得到投资者的青睐，从而有效降低融资成本，提升融资效率。因此，选取净资产收益率来反映企业盈利能力。二是总资产周转率。该指标反映了资产利用效率和管理质量，可以用来评价企业能否高效运用融入的资金。总资产周转率越大，则企业融入资金的周转速度越快，资金利用效率越高，资金转化为收益的时间就越短，营运能力就越强。反之，该指标越低，表示资金转化为收益的时间周期长，营运能力较差。因此，选取总资产周转率代表企业的营运能力。

二、样本选取与数据来源

本章以新三板挂牌企业为研究对象，数据主要来源于 Wind 数据库。在综合考虑数据收集的可行性和连续性、结果的真实性和稳健性的基础上，选取了 2017 年长三角地区在新三板挂牌且数据信息充分的 336 家企业作为样本企业，对其挂牌前一年（2016 年）、挂牌当年（2017 年）与挂牌后 3 年（2018 年、2019 年和 2020 年）相关财务数据进行分析，重点研究这 336 家企业在挂牌前后的融资效率变化以及挂牌对融资效率的贡献程度。其中，江苏企业 131 家，占比 38.99%；浙江企业 96 家，占比 28.57%；上海企业 64 家，占比 19.05%；安徽企业 45 家，占比 13.39%。长三角地区新三板挂牌企业详细特征如表 12 - 8 至表 12 - 12 所示。

表 12 - 8　　2016~2020 年长三角地区新三板挂牌企业投入指标统计分析

指标名称	2016 年	2017 年	2018 年	2019 年	2020 年
资产负债率（%）	46.90	45.05	45.36	47.24	48.32
总资产规模（亿元）	1.24	1.44	1.65	1.81	2.05
营业成本规模（亿元）	0.87	1.06	1.27	1.41	1.53
总资产周转率（%）	1.26	1.21	1.18	1.11	1.04
净资产收益率（%）	20.54	12.80	9.38	5.26	9.72

表 12 - 9　　2016~2020 年江苏新三板挂牌企业投入指标统计分析

指标名称	2016 年	2017 年	2018 年	2019 年	2020 年
资产负债率（%）	45.37	44.40	45.99	48.84	50.27
总资产规模（亿元）	1.36	1.55	1.68	1.89	2.12
营业成本规模（亿元）	0.81	0.98	1.03	1.11	1.12

指标名称	2016 年	2017 年	2018 年	2019 年	2020 年
总资产周转率（%）	1.25	1.23	1.15	1.03	0.94
净资产收益率（%）	16.49	12.22	8.46	5.89	8.09

表 12 - 10　　　2016 ~ 2020 年浙江新三板挂牌企业投入指标统计分析

指标名称	2016 年	2017 年	2018 年	2019 年	2020 年
资产负债率（%）	44.98	42.16	40.48	42.63	45.14
总资产规模（亿元）	1.12	1.34	1.52	1.66	1.93
营业成本规模（亿元）	0.81	0.98	1.36	1.62	1.99
总资产周转率（%）	1.36	1.18	1.22	1.15	1.08
净资产收益率（%）	23.08	14.48	12.88	5.04	8.57

表 12 - 11　　　2016 ~ 2020 年上海新三板挂牌企业投入指标统计分析

指标名称	2016 年	2017 年	2018 年	2019 年	2020 年
资产负债率（%）	48.77	48.11	47.57	48.55	48.22
总资产规模（亿元）	1.21	1.39	1.58	1.68	1.82
营业成本规模（亿元）	1.02	1.26	1.44	1.56	1.55
总资产周转率（%）	1.24	1.29	1.23	1.17	1.06
净资产收益率（%）	19.63	14.55	10.66	4.54	10.29

表 12 - 12　　　2016 ~ 2020 年安徽新三板挂牌企业投入指标统计分析

指标名称	2016 年	2017 年	2018 年	2019 年	2020 年
资产负债率（%）	52.78	48.73	50.83	50.56	49.59
总资产规模（亿元）	1.21	1.37	1.95	2.09	2.42
营业成本规模（亿元）	0.94	1.17	1.50	1.58	1.70
总资产周转率（%）	1.14	1.12	1.09	1.14	1.18
净资产收益率（%）	28.26	8.41	2.76	4.92	16.11

三、长三角地区新三板挂牌企业融资效率实证分析

（一）新三板挂牌企业融资效率静态分析

1. 长三角地区企业总体融资效率静态分析

在整理好样本数据的基础上，首先，将投入产出指标进行无量纲化处理，保证所有数据均为正数。其次，将处理后的投入产出数据输入 DEAP 2.1

软件中，通过运行软件得到样本企业的综合技术效率、纯技术效率、规模效率及规模报酬，并对相关结果进行分析，综合判断样本企业的融资效率情况。通过 DEA 模型测算出来的各个效率值均处在 0~1 之间，当效率值为 $\theta = 1$（最佳效率）时，表示企业达到相对有效状态且效率水平达到最高，企业在资源配置、技术水平、管理能力和企业规模等方面都处于最优状态。根据实证结果，长三角地区新三板挂牌企业总体融资效率情况如表 12-13 所示。

表 12-13　　　　2016~2020 年长三角地区新三板挂牌企业融资效率统计

年份	效率指标	DEA 有效企业数（家）	所占比例（%）	效率均值
2016	技术效率	13	3.87	0.308
	纯技术效率	21	6.25	0.344
	规模效率	27	8.04	0.906
2017	技术效率	11	3.27	0.255
	纯技术效率	16	4.76	0.288
	规模效率	18	5.38	0.907
2018	技术效率	10	2.97	0.229
	纯技术效率	21	6.25	0.290
	规模效率	14	4.17	0.834
2019	技术效率	12	3.57	0.286
	纯技术效率	23	6.84	0.319
	规模效率	108	32.14	0.934
2020	技术效率	6	1.78	0.167
	纯技术效率	13	3.87	0.202
	规模效率	12	3.57	0.881

一是长三角地区新三板挂牌企业近五年的 DEA 融资效率较低。一方面，表现为企业近五年的融资效率 DEA 有效的比例较低。从数据来看，除 2019 年样本企业规模效率有效的达到 108 家、占比达到 32.14% 外，其余年份的所有指标有效率均低于 9%，特别是综合技术效率在五年中的有效率均低于 4%。其中，2020 年的企业综合技术效率有效率较低，仅 6 家企业效率有效，占比 1.78%。另一方面，表现为企业的总体平均效率值较低。企业的效率值在 0~1 之间的均可以视为无效率。但是，根据效率值的高低可以进一步划分区间。当效率值为 $0.8 \leqslant \theta < 1$（较高区间）时，则表示该效率为无效状态但效率处于较高水平，企业在资源的配置、技术水

平、管理能力和企业规模等方面都处于较高水平，企业的经营状态已经接
近最优，但还可以进一步提高；当效率值为 $0.5 \leqslant \theta < 0.8$（较低区间）
时，则表示该效率为无效状态且效率处于较低水平，企业在资源配置、技
术水平、管理能力和企业规模等方面都处于较低水平，在未来的经营中仍
有很大的提升空间；当效率值为 $0 < \theta < 0.5$（低区间）时，表示该效率为
无效状态且效率水平低下，企业在资源配置、技术水平、管理能力和企业
规模等方面需要加大改善力度。从长三角地区的融资效率测算来看，企业
的综合技术效率五年的均值分别为 0.308、0.255、0.229、0.286、0.167，
均处于低区间，即样本企业在资源配置、技术水平、管理能力和企业规模
等方面需要加大改善力度。

二是造成长三角地区挂牌样本企业综合融资效率偏低的原因主要在
于纯技术效率偏低。一方面，从有效样本数来看，每年企业的纯技术效
率有效与规模效率有效的样本数相差不大，对企业综合效率均有影响。
但是，以 2019 年来看，企业规模效率有效的样本数达到 108 家，但是
其纯技术效率有效的企业只有 23 家，使得当年导致综合技术效率较低
的主要原因为纯技术效率偏低。另一方面，从总体均值来看，纯技术效
率是造成企业综合技术效率数值偏低的主要原因。具体而言，样本企业
的规模效率的五年均值分别为 0.906、0.907、0.834、0.934、0.881，
可见均处于较高水平区间。然而，样本企业纯技术效率五年的均值分别
为 0.308、0.255、0.229、0.286、0.167，直接造成了企业的整体融资
效率处于低区间。

2. 企业融资效率对比分析

为了更好地比较长三角地区内部省市之间样本企业的融资效率差异，
本小节对不同区域的效率值进行了分表统计，具体表现为以下特征（见
表 12 – 14 至表 12 – 17）。

表 12 – 14　　　　2016～2020 年江苏省新三板挂牌企业融资效率统计

年份	效率指标	DEA 有效企业数（家）	所占比例（%）	效率均值
2016	技术效率	4	3.05	0.289
	纯技术效率	7	5.34	0.323
	规模效率	10	7.63	0.900
2017	技术效率	5	3.82	0.230
	纯技术效率	8	6.11	0.262
	规模效率	7	5.34	0.903

年份	效率指标	DEA 有效企业数（家）	所占比例（%）	效率均值
2018	技术效率	3	2.29	0.208
	纯技术效率	7	5.34	0.254
	规模效率	5	3.82	0.854
2019	技术效率	3	2.29	0.262
	纯技术效率	4	3.05	0.280
	规模效率	50	38.17	0.961
2020	技术效率	1	0.76	0.145
	纯技术效率	2	1.53	0.170
	规模效率	5	3.82	0.888

表 12 – 15   2016～2020 年浙江省新三板挂牌企业融资效率统计

年份	效率指标	DEA 有效企业数（家）	所占比例（%）	效率均值
2016	技术效率	5	5.21	0.327
	纯技术效率	7	7.29	0.369
	规模效率	9	9.38	0.898
2017	技术效率	3	3.13	0.277
	纯技术效率	5	5.21	0.316
	规模效率	6	6.25	0.900
2018	技术效率	2	2.08	0.241
	纯技术效率	8	8.33	0.341
	规模效率	3	3.13	0.773
2019	技术效率	4	4.17	0.301
	纯技术效率	9	9.38	0.349
	规模效率	26	27.08	0.909
2020	技术效率	1	1.04	0.169
	纯技术效率	5	5.21	0.228
	规模效率	3	3.13	0.842

表 12 – 16   2016～2020 年上海市新三板挂牌企业融资效率统计

年份	效率指标	DEA 有效企业数（家）	所占比例（%）	效率均值
2016	技术效率	4	6.25	0.388
	纯技术效率	6	9.38	0.407
	规模效率	5	7.81	0.947

续表

年份	效率指标	DEA 有效企业数（家）	所占比例（％）	效率均值
2017	技术效率	3	4.69	0.348
	纯技术效率	3	4.69	0.386
	规模效率	5	7.81	0.919
2018	技术效率	5	7.81	0.318
	纯技术效率	6	9.38	0.374
	规模效率	6	9.38	0.862
2019	技术效率	5	7.81	0.384
	纯技术效率	9	14.06	0.426
	规模效率	21	32.81	0.921
2020	技术效率	4	6.25	0.242
	纯技术效率	5	7.81	0.273
	规模效率	4	6.25	0.904

表 12 – 17　　　　　2016～2020 年安徽省新三板挂牌企业融资效率统计

年份	效率指标	DEA 有效企业数（家）	所占比例（％）	效率均值
2016	技术效率	0	0.00	0.211
	纯技术效率	1	2.22	0.259
	规模效率	3	6.67	0.881
2017	技术效率	0	0.00	0.146
	纯技术效率	0	0.00	0.158
	规模效率	0	0.00	0.913
2018	技术效率	0	0.00	0.135
	纯技术效率	0	0.00	0.163
	规模效率	0	0.00	0.862
2019	技术效率	0	0.00	0.187
	纯技术效率	1	2.22	0.219
	规模效率	11	24.44	0.928
2020	技术效率	0	0.00	0.123
	纯技术效率	1	2.22	0.140
	规模效率	0	0.00	0.908

　　长三角地区五年的数据显示，其一，从总体来看，三省一市的企业综合融资效率均处于较低水平。一方面，4 个地区样本企业的综合效率的每

年有效占比分别为低于 8%；另一方面，4 个地区样本企业的综合融资效率均值均低于 0.5，处于低区间水平。其二，从指标结构来看，造成各地区综合融资效率较低的主要原因在于纯技术效率偏低。其中，各地区的规模效率均值每年在 0.8 以上，而各地区的纯技术效率均值均在 0.5 以下。其三，从地区结构来看，上海每年的技术效率、纯技术效率和规模效率有效的企业占比以及效率均值比其他省份高。除此以外，综合表现较好的是浙江省与江苏省，安徽省样本企业综合表现较低，部分原因在于安徽省上市企业数量较少。

（二）新三板挂牌企业融资效率动态分析

前文对长三角地区新三板挂牌企业 2016～2020 年每年的融资效率进行了静态分析，但生产经营往往是一个连续的、长期的过程，企业的生产技术、规模等都在不断发生变化，仅仅进行静态分析不能全面评价企业融资效率的变化趋势。因此，本章接下来将运用 Malmquist 指数法对样本企业的融资效率进行动态分析。Malmquist 指数主要包括五部分，其中全要素生产力指数（TFPch）代表了企业整体融资效率水平的变动情况，而全要素生产力指数（TFPch）可以分解为技术效率指数（Effch）和技术进步指数（Techch），技术效率指数（Effch）又可以进一步分解为纯技术效率指数（Pech）和规模效率指数（Sech）。对于各项指标而言，如果全要素生产力要素各项指标大于 1，表示融资效率较上期有所上升；如果全要素生产力指数各项指标小于 1，表示融资效率较上期有所下降。2016～2020 年长三角地区样本企业融资效率动态变化情况如表 12-18 至表 12-19 所示。

表 12-18　　　2016～2020 年长三角地区融资效率动态分析

年份	技术效率指数	技术进步指数	纯技术效率指数	规模效率指数	全要素生产力指数
2016～2017	0.768	1.209	0.777	0.988	0.929
2017～2018	0.915	1.032	1.010	0.906	0.944
2018～2019	1.291	0.720	1.120	1.152	0.929
2019～2020	0.561	1.660	0.605	0.927	0.931
均值	0.844	1.105	0.854	0.989	0.933

表 12-19　　　2016～2020 年长三角地区融资效率动态变化均值

区域	技术效率指数	技术进步指数	纯技术效率指数	规模效率指数	全要素生产力指数
江苏	0.851	1.098	0.857	0.996	0.927
浙江	0.858	1.114	0.887	0.979	0.945

区域	技术效率指数	技术进步指数	纯技术效率指数	规模效率指数	全要素生产力指数
上海	0.855	1.119	0.867	0.988	0.954
安徽	0.857	1.133	0.851	1.014	0.967
均值	0.844	1.105	0.854	0.989	0.933

　　就总体表现而言：第一，长三角地区 4 个时间段的全要素生产力指数呈逐年小幅下降趋势。表 12 - 18 的融资效率指数分布结果显示，总体来看，4 个时间段的全要素生产力指数均值为 0.933，表明 2016 ~ 2020 年样本企业的融资效率年均下降 6.7%。其中，每年的数据显示，2016 ~ 2017 年长三角地区新三板挂牌企业的全要素生产力指数为 0.929，说明与 2016 年的融资效率相比，2017 年的融资效率下降了 7.1%；2017 ~ 2018 年长三角地区新三板挂牌企业的全要素生产力指数为 0.944，说明与 2017 年的融资效率相比，2018 年的融资效率下降了 5.6%；2018 ~ 2019 年长三角地区新三板挂牌企业的全要素生产力指数为 0.929，说明与 2018 ~ 2019 年的融资效率相比，2019 年的融资效率下降了 7.1%；2019 ~ 2020 年长三角地区新三板挂牌企业的全要素生产力指数为 0.931，说明与 2019 年的融资效率相比，2020 年的融资效率下降了 6.9%。第二，每年造成样本企业全要素生产率指数整体下降的原因不同，但主要在于技术效率指数较低。一方面，从 5 年均值看，企业的技术进步指数大于 1，企业的技术效率指数小于 1，说明整体而言，造成企业全要素生产率指数逐年下降的主要原因在于技术效率指数较低。此外，造成企业技术效率指数较低的主要原因在于纯技术效率指数较低，当然规模效率指数也是一部分原因，两者均值分别为 0.854 和 0.989。另一方面，从每年数据看，大部分年度数据均是技术效率指数较低，但在 2019 年，样本企业技术进步指数小于 1，而企业的技术效率指数大于 1。其中，当年企业的纯技术效率指数以及规模效率指数均大于 1，即 2019 年的纯技术效率、规模效率指数相对于 2018 年均有提高。

　　就各地区表现而言：第一，4 个地区 4 个时间段的全要素生产力指数均小幅下降。表 12 - 19 的融资效率指数分布结果显示，4 个地区的全要素生产率指数 5 年的均值分别为 0.927、0.945、0.954、0.967，即表明 2016 ~ 2020 年间江苏样本企业的融资效率年均下降 7.3%；浙江样本企业的融资效率年均下降 5.5%；上海样本企业的融资效率年均下降 4.6%；安徽样本企业的融资效率年均下降 3.3%。第二，造成 4 个地区全要素生产指数下降的原因基本在于技术效率指数偏低。数据显示，4 个地区 4 个时间段的技术进步指数分别为 1.098、1.114、1.119、1.133，均大于 1；而技术效率指数分别为 0.851、0.858、0.855、0.857，均小于 1。

第四节 新三板挂牌企业融资效率影响因素

一、模型构建

Tobit 模型是美国经济学家托宾（Tobit）于 1958 年提出的，又称为截断式回归模型，是指因变量虽然在正值上大致连续分布，但值被限定在某一范围的一类模型，属于受限因变量回归的一种。在新三板挂牌企业融资效率的研究中，通过 DEA 测算出长三角地区样本企业的融资效率，并以测算出的综合效率、技术效率和规模效率分别作为因变量，以所选自变量进行回归，并由自变量的系数判断各种因素对因变量的影响方向，从而有针对性地调整资源配置，提高企业整体的融资效率。由于利用 DEA 测算出的企业效率值在 0~1 之间，若运用最小二乘法，其参数估计会产生严重偏差，因而当被解释变量受到限制时，采用 Tobit 模型进行测算效果更佳。基本形式为：

$$Y_i^* = X_i\beta + \varepsilon_i$$

$$Y_i = \begin{cases} Y_i^*, & Y_i^* > 0 \\ 0, & Y_i^* \leqslant 0 \end{cases}, \quad \varepsilon_i \sim Normal(0, \delta^2) \qquad (12-1)$$

二、变量选取

新三板挂牌企业由于自身特殊性，其融资效率的影响因素在某些方面区别于其他类型企业。具体变量选择如下。

一是因变量。本章主要分析长三角地区不同区域新三板挂牌企业融资效率影响的因素，因此，因变量为前文中对于不同区域的企业的纯技术效率以及规模效率的测度。考虑到企业在挂牌前的 2016 年数据公开不完全，本模型采用的数据是企业 2017~2020 年的纯技术效率、规模效率，以便分析两种效率的不同影响因素。

二是自变量。本章主要分析不同地区新三板挂牌企业不同融资效率的影响因素，而影响因素主要分为以下四类：第一类是新三板挂牌特征，包括企业属于的新三板层级、流通股数以及股票的交易类型。在新三板分层中，用1表示基础层，用2表示创新层；在股权交易类型中，集合经济交易用1表示，协议交易用2表示，做市交易用3表示，暂未交易的用4表示①。第二类是企业行业属性，包括企业的行业门类一级企业是否属于专精特新企业。其中，企业门类中重点关注企业是否属于制造业以及科研技术行业，其他合并称为其他。第三类是企业股权人员特征，包括企业的股权集中程度、企业的权益乘数以及企业的人员分布。第四类是区位因素，包括企业具体的省份，便于长三角地区内部比较融资效率差异。所有变量的含义以及2017～2020年统计特征如表12-20所示。

表 12-20　　　　　　2017～2020 年长三角地区相关变量选取及含义描述

变量属性	变量类别	变量名称	变量含义/取值	2017 年	2018 年	2019 年	2020 年	均值
因变量	融资效率	纯技术效率	纯技术效率值	0.288	0.289	0.319	0.202	0.275
		规模效率	规模效率值	0.906	0.833	0.934	0.881	0.889
自变量	企业挂牌属性特征	所属新三板分层	基础层 =1，创新层 =2	1.006	1.018	1.018	1.095	1.034
		流通股数	当年末流通三板股（万股）	534.92	1039.45	1461.49	1702.65	1184.63
		股权交易类型	集合竞价 =1，协议交易 =2，做市交易 =3，暂未交易 =4	2.211	1.012	1.006	1.012	1.310
	企业行业属性	企业门类	制造业 =1，科研技术类行业 =2，其他行业 =3	1.693	1.693	1.693	1.693	1.693
		是否专精特新	是 =1，否 =0	0.033	0.033	0.033	0.033	0.033
	企业股权人员特征	股权集中度	第一大股东比例	54.590	54.133	53.701	53.947	54.093
			股东人数	15.176	16.467	17.208	24.074	18.231
			董事会人员	5.253	5.259	5.271	5.324	5.277
		权益乘数	权益乘数取值	2.185	2.241	2.647	2.791	2.466
		人员分布	实际高管人员数	4.023	3.878	3.851	3.863	3.904
			核心技术人员人数	0.029	0.029	0.029	0.029	0.030
	区位特征	具体省份	江苏 =1，浙江 =2，上海 =3，安徽 =4	2.068	2.068	2.068	2.068	2.068

---

① 由于选取的企业的跨度年是农历年，所以存在部分企业 2017 年底事实还未挂牌的现象。

三、实证结果分析

综合理论分析和面板 Tobit 回归模型的构建，对全国 366 家创业板上市企业的面板数据进行回归分析，利用 Stata 17 软件得出对应的实证结果。对长三角地区创业板企业融资效率影响因素的回归结果如表 12 - 21 所示。

表 12 - 21　　　　　　　　　　实证分析结果

变量名称	变量含义/取值	纯技术效率	规模效率
所属新三板分层	新三板分层	- 0.037（0.029）	0.036（0.025）
流通股数	当年末流通三板股数	- 0.000 *** （0.000）	0.000 ** （0.000）
股权交易类型	集和竞价	—	—
	协议交易	0.009（0.010）	0.029 *** （0.011）
	做市交易	0.104（0.098）	- 0.119 * （0.068）
	暂未交易	- 0.0004（0.027）	0.034（0.028）
企业门类	制造业	—	—
	科研技术类行业	0.201 *** （0.028）	0.018（0.012）
	其他行业	0.093 *** （0.025）	- 0.025 ** （0.011）
是否专精特新	是否专精特新	- 0.088（0.059）	0.033（0.025）
股权集中度	第一大股东比例	- 0.0002（0.0004）	- 0.0002（0.0003）
	股东人数	- 0.000（0.000）	- 0.0001 ** （0.000）
	董事会人员	- 0.006（0.010）	- 0.012 * （0.006）
权益乘数	权益乘数取值	- 0.005 *** （0.002）	- 0.001（0.001）
人员分布	实际高管人员数	- 0.018 *** （0.006）	- 0.011 *** （0.003）
	核心技术人员人数	- 0.064（0.039）	0.031 * （0.017）
省份	江苏	—	—
	浙江	0.063 ** （0.025）	- 0.048 *** （0.011）
	上海	0.095 *** （0.029）	- 0.003（0.012）
	安徽	- 0.041（0.033）	0.012（0.014）

注：*、**、*** 分别表示估计系数在 10%、5%、1% 的水平上显著；括号内值表示系数标准差。

就纯技术效率而言：第一，就企业新三板挂牌特征而言，企业所属的新三排挂牌分层以及企业股权交易的方式均不显著影响企业的纯技术效率。然而，企业当年末在新三板中流通的股权数通过 1% 水平下的显著性检验，表现为流通股权数越高的企业纯技术效率越低。第二，就企业的行业属性而言，企业是否属于专精特新并不显著影响其融资的技术效率，但不同行业门类企业的融资纯技术效率存在差异。具体表现为，相较于制造业企业，科研技术类行业以及其他类型行业（具体行业分布见表 12 – 5）的融资纯技术效率更高。第三，就企业的股权人员分布而言，企业的股东人数、董事会人数以及核心技术人员数并不显著影响企业的融资纯技术效率，但是企业的权益乘数、高管人员对企业的融资纯技术效率存在显著影响。具体表现为，权益乘数越高，企业的融资纯技术效率越低；企业的高管人数越高，企业的融资纯技术效率越低。第四，就区位特征而言，长三角地区的新三板挂牌企业的融资纯技术效率存在显著差异。具体表现为，相较于江苏省挂牌企业的纯技术效率，浙江省和上海市挂牌企业的纯技术效率更高，安徽省与江苏省之间不存在显著差异。

就规模效率而言：第一，就企业新三板挂牌特征而言，企业所属的新三板挂牌分层并不显著影响企业的规模效率。然而，企业当年末在新三板中流通的股权数通过 5% 水平下的显著性检验，企业的股权交易类型中协议交易通过 10% 水平下的显著性建议，做市交易通过 1% 水平下的显著性检验。具体表现为，企业流通股权数越高，企业的融资规模效率越高。此外，采用协议交易方式的企业相较于集合竞价的企业融资规模效率更高，而通过做市方式交易的企业的融资规模效率较集合竞价的企业低。第二，就企业的行业属性而言，企业是否属于"专精特新"并不显著影响其融资的规模效率，但不同行业门类企业的融资纯技术效率存在差异。具体表现为，相较于制造业企业，科研技术类行业与其无显著差异，但其他类型行业的融资规模效率更低。第三，就企业的股权人员分布而言，企业的第一大股东以及权益乘数并不显著影响企业的融资规模效率。然而，企业的股东人数、董事会人员以及实际高管人数、核心技术人员数均显著影响企业的融资规模效率。具体表现为，企业的核心技术人员越高，企业的融资规模效率越高；企业的股东人员数、董事会人员数、实际高管人员越高，企业的融资规模效率越低。第四，就区位特征而言，长三角地区的新三板挂牌企业的融资规模效率存在显著差异。具体表现为，相较于江苏省挂牌企业的规模效率，浙江省挂牌企业的规模效率更低，安徽省、上海市与江苏省之间不存在显著差异。

第五节　本章小结

本章在研究长三角地区新三板挂牌企业融资效率的过程中，运用 DEA

模型选取了资产总额、资产负债率和营业总成本作为投入变量，净资产收益率、总资产周转率作为产出变量，分别从静态和动态两个方面来测度长三角地区新三板挂牌企业的融资效率，并基于融资效率的测度结果，运用面板 Tobit 模型对长三角地区新三板企业融资效率的影响因素进行回归。主要得出以下结论。

静态分析方面，就长三角地区整体而言：一是长三角地区新三板挂牌企业近五年的 DEA 融资效率较低。一方面表现为企业近五年的融资效率 DEA 有效的比例较低；另一方面表现为企业的总体平均效率值较低。二是造成长三角地区挂牌样本企业综合融资效率偏低的原因主要在于纯技术效率偏低。就长三角地区内部省市而言：首先，三省一市的企业综合融资效率均处于较低水平；其次，造成各地区综合融资效率较低的主要原因在于纯技术效率偏低；最后，上海每年的技术效率、纯技术效率和规模效率有效的企业占比以及效率均值比其他省份高。

动态分析方面，就长三角地区整体而言：一是长三角地区 4 个时间段的全要素生产力指数呈逐年小幅下降趋势；二是每年造成样本企业全要素生产率指数整体下降的原因不同，但主要在于技术效率指数较低。就各地区表现而言：一方面是 4 个省市 4 个时间段的全要素生产力指数均小幅下降；另一方面是造成 4 个省市全要素生产指数下降的原因基本在于技术效率指数偏低。

影响因素方面：一是纯技术效率方面，权益乘数、流通股权数、高管人数显著抑制着企业的融资纯技术效率。同时，不同区域以及不同行业的企业融资纯技术效率存在差异。二是规模效率方面，企业的流通股权数、核心技术人员越高，企业的融资规模效率越高；企业的股东人员数、董事会人员数、实际高管人员越高，企业的融资规模效率越低。同时，不同区域、不同行业以及采用不同股权交易方式的企业融资纯技术效率存在差异。

第十三章　长三角地区中小企业创业板
融资效率及其影响因素

　　创业板是支持和落实国家自主创新战略的重要平台和渠道，其设立能够为具有高成长性和科技创新能力的中小企业提供大量资金，有利于解决中小企业融资难和融资贵的问题。然而，创业板设立至今十年的整体运行情况却似乎并不尽如人意。截至目前，在创业板上市的企业数量并不多，并没有充分发挥为科技创新型中小企业融资的作用；同时，不少企业在创业板上市融资后公司的业绩突然出现多年较大幅度的下滑，最终不得不退市。在长三角区域一体化上升为国家战略和创业板注册制改革的背景下，研究长三角地区创业板上市企业的融资效率情况及其可能的影响因素，一方面有助于提高企业效率实现规模经济，加快企业自身发展；另一方面也有助于精准施策，定向解决长三角地区创业板企业发展过程中面临的长期性和复杂性的生产、技术和资金难题，进一步推动长三角区域一体化进程。据此，本章试图构建合理的融资效率模型测度长三角地区样本创业板上市企业的融资效率，并运用实证模型找到影响创业板上市企业融资效率的关键因素。

第一节　创业板的运行机制

一、创业板含义、设立目的与作用简介

　　一是创业板的含义。2009 年 10 月 30 日，创业板正式在深交所开市。作为专门为暂时无法在主板上市的创新创业型企业提供融资渠道的资本市场板块，创业板能够促进更多的科研人力资源和知识资源进行创新投入，

更好地实现"两高六新"① 的具体要求，是支持和落实国家自主创新战略的重要平台和渠道。具体来看，创业板是主板市场发展到一定阶段出现的新兴市场，其地位次于主板市场，因此又被称为二板市场，与主板市场、中小板市场、科创板市场以及新三板市场等共同组成了我国多层次的资本市场。不过，目前创业板企业的高发行价、高市盈率和高超募"三高"问题较为严重，进而影响了创业板企业运行效率的提高。根据 Wind 数据库，截至 2020 年末，全国上市的创业板公司共有 892 家，流通总市值约为 69630.41 亿元，平均市盈率为 64.91 倍，远高于深交所主板的平均市盈率 21.90 以及深交所中小板的平均市盈率 35.82。

二是创业板的设立目的，主要包含以下三方面：其一，为创业公司提供融资渠道；其二，促进企业规范化运作，促进企业建立现代化治理制度；其三，为风投基金提供分散风险投资的新渠道，促进投资的良性循环，提高资本配置使用效率。

三是创业板的作用，主要体现在以下两点：其一，创业板市场不仅能够满足自主创新企业的融资需求，有效缓解高科技企业的融资瓶颈，同时还能够充分调动银行、担保等金融中介机构对上市企业提供资金融通服务，从而形成适应高新技术企业发展的多层次投融资体系。其二，创业板构建了严格的创新创业企业优胜劣汰机制，一方面，通过市场化的风险投资甄别机制与创业板市场的准入门槛机制，筛选并培育真正具有发展前景的创新创业企业；另一方面，通过完善的创业板退市机制，将不符合相应条件的企业进行退市淘汰。

二、创业板市场运行规则

(一) 准入制度

创业板在主体资格以及上市条件等方面均设立了不同的准入制度。其中，创业板对主体资格的要求主要体现在以下四点：第一，申请创业板上市的企业需要是依法成立的并且持续经营三年以上的股份有限公司；第二，企业自身股本规模不低于 3000 万元人民币并且公开发行的股份占比需要超过 1/4；第三，企业自身股本规模不低于 4 亿元人民币并且公开发行股份占比超过 1/10；第四，企业在持续经营的最近三年内无任何重大违法行为记录，所有财务会计报告真实有效，不存在造假行为。可见，创业

---

① "两高六新"：成长性高、科技含量高、新经济、新服务、新农业、新材料、新能源和新商业模式。

板不再把是否盈利、资产规模作为 IPO 的硬条件，而是综合考虑营业收入、预计市值等成长性指标，IPO 条件简化为持续经营满三年、业务完整、经营合规、组织结构健全、会计基础规范等。此外，在审核制度方面，早期创业板实施的是核准制，这也极大地限制了企业在创业板上市的融资效率。2020 年 8 月 24 日，创业板开始全面实施注册制，根据 Wind 数据库相关数据，在 2020 年底前就有 63 家企业以注册制的方式实现上市，截至 2021 年更是有 162 家企业通过注册制上市。最后，在投资者门槛方面，创业板对于投资者的要求在于权限申请开通前的 20 个交易日日均资产规模不低于 10 万元。

（二）交易机制

创业板注册制改革后，涨跌幅限制比例从 10% 上调到 20%。对于投资者而言，一方面，股票的日内波动加剧；另一方面，放宽涨跌幅限制，尤其是新股上市前五日不设涨跌幅限制，可以较好地减少股价操纵行为，让市场更好地反映股票的内在价值，公司的股票定价也可趋于合理。同时，引入盘后定价方式，在一定程度上延长交易时间。

（三）退市机制

创业板具有明晰的强制退市的指标，主要体现在六个方面：第一，上市企业未在法定期限内披露年度报告或者半年度报告、此后公司在股票停牌两个月内仍未披露的；第二，上市企业因财务会计报告存在重大会计差错或者虚假记载、被证券监督委员会责令改正但企业并未在规定期限内改正，此后企业在股票停牌两个月内仍然未改正的；第三，上市企业因信息披露或者规范运作等方面存在重大缺陷、被深交所责令改正但企业未在规定期限内改正、此后企业在股票停牌两个月内仍然未改正的；第四，上市企业因公司股本规模或者股权分布发生变化，导致连续 20 个交易日不再符合上市条件、在规定期限内仍然未解决的；第五，上市企业可能被依法强制解散的；第六，法院依法受理上市企业重整、和解和破产清算申请等。此外，在深圳证券交易所发布的《创业板上市规则》中，完善了上述相关规定，其中指出，创业板企业暂停上市考察期缩短到一年；创业板企业暂停上市将追述财务造假；创业板企业被公开谴责三次将终止上市；企业造假引发两年负净资产直接终止上市；创业板拟退市企业暂留退市整理板；创业板企业退市后纳入三板等。创业板运行机制如表 13-1 所示。

表 13 - 1　　　　　　　　　　　创业板运行机制一览

板块类型	创业板
主体资格	公开发行股票的股份公司
存续时间	存续满三年
现金流要求	无
净资产要求	最近一期末净资产不少于 2000 万元
上市要求	最近两年连续盈利，净利润累计不少于 1000 万元；最近一年盈利，营业收入不少于 5000 万元；最近一期末净资产不少于 2000 万元，且不存在未弥补亏损；发行后股本总额不少于 3000 万元
服务对象	成长性中小企业
交易方式	竞价方式、大宗交易采用盘后定价方式

第二节　创业板支持长三角地区企业现状

一、长三角地区创业板上市企业现状分析

一是起步较早、上市企业数前期快速增加。2009 年 10 月 30 日，我国创业板正式启动，在创业板上市的企业主要分布在长三角地区、京津冀地区和大湾区，呈现明显的大城市集聚效应。

由表 13 - 2 可知，长三角地区企业创业板上市起步较早，前期增速较快，随后增速放缓，随着近期注册制的放开，上市数量在 2020 年又一次快速增加。截至 2020 年 12 月 31 日，长三角地区现存创业板上市企业共有 298 家，占全国现存创业板企业 891 家的 34.45%，占据重要的地位。其中江苏省在创业板上市的企业最多，有 118 家，占地区总量的 39.60%；其次为浙江省，有 106 家，占 35.57%；再次为上海市，有 52 家，占17.45%；安徽省最少，有 22 家，占 7.38%。此外，表 13 - 3 展示了长三角地区 2016 ~ 2020 年创业板上市企业 IPO 融资的具体情况。

表 13 - 2　　　　　2009 ~ 2020 年长三角地区创业板上市企业数量变动

地区	2009年(家)	2010年(家)	2011年(家)	2012年(家)	2013年(家)	2014年(家)	2015年(家)	2016年(家)	2017年(家)	2018年(家)	2019年(家)	2020年(家)	合计(家)	占比(%)
上海	2	8	13	5	0	3	5	4	6	0	2	4	52	17.45
江苏	3	4	19	14	0	6	9	11	25	6	7	14	118	39.60

续表

地区	2009年（家）	2010年（家）	2011年（家）	2012年（家）	2013年（家）	2014年（家）	2015年（家）	2016年（家）	2017年（家）	2018年（家）	2019年（家）	2020年（家）	合计（家）	占比（%）
浙江	5	10	9	9	0	5	9	10	20	2	7	20	106	35.57
安徽	1	3	3	0	0	1	2	2	2	0	1	7	22	7.38
合计	11	27	46	29	0	15	25	27	53	8	17	45	298	100.00

资料来源：Wind 数据库。

表 13-3 　　　　　2016～2020 年长三角地区创业板企业 IPO 融资情况

年份	地区	发行次数	平均发行价（元）	发行数量（万股）	平均发行数量（万股）	募资总额（万元）	平均募资额（万元）
2016	合计	27	14.9	62318	2308.1	872295.3	32307.2
	上海	4	17.9	8345	2086.3	139185.6	34796.4
	江苏	11	15.0	26599	2418.1	338792.7	30799.3
	浙江	10	13.7	23407	2340.7	338562.1	33856.2
	安徽	2	14.8	3967	1983.5	55754.9	27877.4
2017	合计	53	16.1	135899	2564.1	1894849.4	35751.9
	上海	6	25.1	11891	1981.9	248749.0	41458.2
	江苏	25	14.8	68500	2740.0	907703.8	36308.2
	浙江	20	15.1	51140	2557.0	674503.3	33725.2
	安徽	2	16.3	4367	2183.5	63893.3	31946.6
2018	合计	8	19.1	27176	3397.0	358358.5	44794.8
	江苏	6	22.1	20266	3377.7	304542.3	50757.0
	浙江	2	10.2	6910	3455.0	53816.2	26908.1
2019	合计	17	17.9	58481	3440.1	930093.2	54711.4
	上海	2	19.2	5836	2918.0	109410.1	54705.0
	江苏	7	18.3	23651	3378.7	406406.6	58058.1
	浙江	7	17.8	24894	3556.3	354088.5	50584.1
	安徽	1	14.7	4100	4100.0	60188.0	60188.0
2020	合计	45	22.8	174018.7	3867.1	3737478.0	83055.1
	上海	4	36.7	59810.8	14952.7	1604009.9	401002.5
	江苏	14	25.83	33907.1	2421.9	770552.9	55039.4
	浙江	20	18.1	56691.7	2834.6	914406.4	45720.3
	安徽	7	22.5	23609	3372.7	448508.8	64072.7

资料来源：Wind 数据库。

　　二是行业分布广，以第二和第三产业为主，制造业、信息技术业稳居前两位。长三角地区是我国乃至全球重要的制造业和服务业中心，发达的经济和良好的创业环境使其在众多行业都孕育了一批有潜力的创新型企业。

由表 13 - 4 可以看到，长三角地区创业板上市企业主要集中于第二和第三产业。从长三角地区各行业上市公司数量来看，前三位依次是制造业、信息技术业、公共环保业。制造业有 18 家上市公司，其中江苏省和浙江省分别以 96 家和 80 家在三省一市中位居第一和第二，占比分别为 44.04% 和 36.70%；信息技术业有 36 家上市公司，上海以 16 家占据领先地位，占比达 44.44%；公共环保行业有 13 家上市公司，江苏占比接近一半。

表 13 - 4   2020 年前现存长三角地区创业板上市企业行业分布

行业	地区	上市数（家）	各地区占比（%）
农、林、牧、渔业	上海	1	33.33
	江苏	1	33.33
	浙江	0	0.00
	安徽	1	33.34
	小计	3	100.00
采矿业	上海	1	100.00
	江苏	0	0.00
	浙江	0	0.00
	安徽	0	0.00
	小计	1	100.00
制造业	上海	27	12.39
	江苏	96	44.04
	浙江	80	36.70
	安徽	15	6.88
	小计	218	100.00
水电煤气业	上海	0	0.00
	江苏	0	0.00
	浙江	1	100.00
	安徽	0	0.00
	小计	1	100.00
建筑业	上海	1	50.00
	江苏	0	0.00
	浙江	1	50.00
	安徽	0	0.00
	小计	2	100.00

行业	地区	上市数（家）	各地区占比（%）
批发零售业	上海	1	50.00
	江苏	0	0.00
	浙江	0	0.00
	安徽	1	50.00
	小计	2	100.00
运输仓储业	上海	0	0.00
	江苏	3	100.00
	浙江	0	0.00
	安徽	0	0.00
	小计	3	100.00
信息技术业	上海	16	44.44
	江苏	6	16.67
	浙江	13	36.11
	安徽	1	2.78
	小计	36	100.00
金融业	上海	1	50.00
	江苏	0	0.00
	浙江	1	50.00
	安徽	0	0.00
	小计	2	100.00
商务服务业	上海	1	33.33
	江苏	1	33.33
	浙江	1	33.34
	安徽	0	0.00
	小计	3	100.00
科研服务业	上海	0	0.00
	江苏	4	66.67
	浙江	2	33.33
	安徽	0	0.00
	小计	6	100.00
公共环保业	上海	2	15.38
	江苏	6	46.16
	浙江	1	7.69

续表

行业	地区	上市数（家）	各地区占比（%）
公共环保业	安徽	4	30.77
	小计	13	100.00
卫生业	上海	0	0.00
	江苏	0	0.00
	浙江	2	100.00
	安徽	0	0.00
	小计	2	100.00
文化传播业	上海	1	16.67
	江苏	1	16.67
	浙江	4	66.66
	安徽	0	0.00
	小计	6	100.00

资料来源：Wind 数据库。

三是部分上市企业估值偏高，发展水平良莠不齐。相对估值通过使用特定的比较倍数来判断某个公司的价值，是一种较为合理有效的估值方法，普遍用市盈率进行表征。市盈率为股票价格与公司每股收益的比值，其经济意义为公司购买 1 元净利润所支付的代价，也反映了投资者对公司未来前景的满意程度，投资者可依据市盈率来判断股票投资的价值。

由表 13 - 5 可知，长三角地区部分创业板上市企业估值偏高。长三角地区创业板企业市盈率的平均值为 47.3，中位数为 43.7，企业估值明显存在溢价，地区企业最高市盈率达到 699.6，最低市盈率为 - 1160.4，同时各地上市企业的标准差都比较大，表明创业板上市企业质量良莠不齐，监管机构要落实上市企业监管的职能。各省市中，上海市的平均市盈率最高，浙江省最低，各省市的市盈率的中位数主要集中在 30 ~ 80 之间，说明投资者对创业板的估值较为合理。总的来看，在已经上市的企业中，存在一些质地优异、成长性突出的品种，不过这样的品种并不多，大多数上市公司实际上还是处于发展前期，虽然表现出了某种良好的发展潜力，但同时也伴有很大的不确定性。

表 13 – 5　　　　　　　　　长三角创业板上市企业市盈率情况

地区	算术平均	中位数	最大值	最小值	标准差
上海	75.2	47.1	699.6	– 106.8	142.2
江苏	46.2	42.5	664.1	– 1160.4	181.0
浙江	33.9	40.0	228.7	– 564.4	86.8
安徽	52.9	56.6	140.1	– 21.1	38.2
长三角地区	47.3	43.7	699.6	– 1160.4	139.1

资料来源：长三角地区 298 家 2020 年底前创业板上市现存企业的股票市盈率数据。

二、长三角地区上市前后主要财务指标分析

创业板为上市中小企业提供很大一笔直接融资资金，有利于企业在短时间内增加研发投入和扩大企业规模。为了定量地分析创业板上市对企业产生的影响，选取了长三角地区 2014 年、2015 年和 2016 年这三年间创业板上市的所有现存企业，获取了它们上市前后三年的财务数据，并对主要财务指标的数据进行了分析和处理。

（一）经营能力

营业收入是从事主营业务或其他业务所获得的收入，是企业现金流入量的重要组成部分，也是企业取得利润的重要保障，因此营业收入是评价企业经营能力的重要指标。

从表 13 – 6 可以清楚地看到，长三角地区 2014 年创业板上市企业的营业收入在上市前三年内（2011～2014 年）年均复合增长率的平均值为 15.46%，而上市后三年内（2014～2017 年）年均复合增长率的平均值达到了 25.61%，提高了 10 个百分点左右；同理，在 2015 年上市的这批企业上市后三年内（2015～2018 年）比上市前三年内（2012～2015 年）的年均复合增长率平均提高了 21 个百分点，而 2016 年上市的企业提高了将近 3 个百分点。从各省市的数据分别来看，上市后比上市前年均复合增长率的平均值总体上都有所提高，其中江苏省这三年创业板上市企业上市后营业收入的年均复合增长率比上市前均有较大幅度的提高。总的来看，长三角地区的企业在创业板上市有效地增加了企业的营业收入，实现企业经营能力的提升。

表 13 - 6　　　　2014 ~ 2016 年创业板上市企业上市前后营业收入变化　　　　单位：%

指标	地区	2014 年		2015 年		2016 年	
		上市前三年内年均复合增长率	上市后三年内年均复合增长率	上市前三年内年均复合增长率	上市后三年内年均复合增长率	上市前三年内年均复合增长率	上市后三年内年均复合增长率
平均值	长三角地区	15.46	25.61	12.04	33.08	16.05	18.91
	安徽	30.25	36.97	5.58	5.50	33.87	44.84
	江苏	16.04	29.84	16.33	41.59	12.15	14.69
	上海	15.80	21.45	10.50	8.32	6.07	20.89
	浙江	11.59	20.77	10.04	44.45	20.77	17.56
最大值	长三角地区	50.77	89.59	51.64	94.88	67.23	44.84
	安徽	30.25	36.97	12.08	18.29	38.01	51.45
	江苏	50.77	89.59	51.64	93.60	26.92	47.32
	上海	25.48	32.65	19.50	17.31	10.10	27.27
	浙江	32.41	38.27	41.14	94.88	67.23	54.14
最小值	长三角地区	-20.90	-13.81	-15.15	-11.58	-0.37	-12.52
	安徽	30.25	36.97	-0.92	-7.28	29.73	38.24
	江苏	-3.80	-13.81	2.94	13.89	0.16	-12.52
	上海	3.18	4.91	3.99	-4.18	2.49	9.92
	浙江	-20.90	-0.51	-15.15	-11.58	-0.37	-2.61

资料来源：Choice 数据库。

(二) 盈利能力

净利润是营业利润加上营业外收入减去营业外支出再扣除所得税费用后得到的净值。净利润是反映企业盈利能力的关键指标，可以全面地反映企业的获利能力。

从表 13 - 7 可以看到，长三角地区 2014 年创业板上市企业的净利润在上市前三年内 (2011 ~ 2014 年) 年均复合增长率的平均值为 9.73%，而上市后三年内 (2014 ~ 2017 年) 年均复合增长率的平均值为 10.72%，提高了 1 个百分点；同理，在 2015 年上市的这批企业上市后三年内净利润比上市前三年内的年均复合增长率平均提高了近 10 个百分点，表明这两年创业板上市的企业上市后盈利能力得到提升。而 2016 年上市企业的净利润在上市前三年内 (2013 ~ 2016 年) 年均复合增长率的平均值为

11.41%，而上市后三年内（2016～2019 年）年均复合增长率的平均值为
−3.39%，上市后净利润下滑严重，江苏地区企业下滑最为明显，平均下
降了约 24 个百分点，其中创业板代码 300528 的幸福蓝海上市后年均复合
增长率为 −160.15%，2018 年和 2019 年连续两年净利润为负值，这一极
小值很大程度上影响了江苏地区 2016 年创业板上市企业上市后净利润增
长率的平均值。综合所有数据来看，长三角地区的企业在创业板上市有效
地增加了大多数企业的净利润，实现了企业盈利能力的提升。

表 13 − 7　　　2014～2016 年创业板上市企业上市前后净利润变化　　　单位：%

指标	地区	2014 年		2015 年		2016 年	
		上市前三年内年均复合增长率	上市后三年内年均复合增长率	上市前三年内年均复合增长率	上市后三年内年均复合增长率	上市前三年内年均复合增长率	上市后三年内年均复合增长率
平均值	长三角地区	9.73	10.72	6.68	16.10	11.41	−3.39
	安徽	−2.13	57.67	7.18	−0.33	30.37	37.68
	江苏	13.08	8.86	13.98	20.84	8.85	−15.19
	上海	4.75	−13.28	−3.36	−13.92	5.18	11.37
	浙江	11.06	17.96	4.85	31.68	12.91	−4.53
最大值	长三角地区	41.31	57.67	49.70	94.72	52.68	77.16
	安徽	−2.13	57.67	11.24	6.10	52.68	42.97
	江苏	38.01	33.51	49.70	54.57	31.68	40.98
	上海	28.50	0.88	14.59	9.92	13.46	25.23
	浙江	41.31	51.98	26.00	94.72	28.55	77.16
最小值	长三角地区	−36.87	−39.90	−20.65	−41.59	−10.60	−160.15
	安徽	−2.13	57.67	3.12	−6.76	8.06	32.38
	江苏	−6.15	−38.90	−16.35	−8.53	−4.59	−160.15
	上海	−12.01	−39.90	−12.06	−41.59	−2.61	0.39
	浙江	−36.87	−9.74	−20.65	−13.29	−10.60	−51.42

资料来源：Choice 数据库。

（三）规模变化

资产是企业通过过去交易或事项所形成的，能由企业控制或拥有的，
预期将给企业带来经济利益的资源。总资产指企业拥有或控制的能够带来

经济利益的全部资产，能有效反映企业的规模变化。

从表 13 - 8 可以看到，2014 年、2015 年和 2016 年在创业板上市的企业上市前总资产的年均复合增长率保持在两位数，上市后企业规模进一步扩大，其中 2014 年和 2016 年上市的企业上市后规模的扩张速度放缓，而 2015 年上市的企业上市后规模扩张速度加快。

表 13 - 8　　　2014 ～ 2016 年创业板上市企业上市前后总资产变化　　　单位：%

指标	地区	2014 年		2015 年		2016 年	
		上市前三年内年均复合增长率	上市后三年内年均复合增长率	上市前三年内年均复合增长率	上市后三年内年均复合增长率	上市前三年内年均复合增长率	上市后三年内年均复合增长率
平均值	长三角地区	35.77	33.21	35.94	40.45	38.61	17.20
	安徽	25.66	46.34	29.82	10.76	48.14	36.13
	江苏	34.80	36.57	44.53	38.54	31.28	14.19
	上海	37.83	23.17	28.93	38.22	34.47	13.90
	浙江	37.74	32.56	32.60	50.18	46.41	18.04
最大值	长三角地区	67.74	80.39	85.97	144.66	74.08	85.82
	安徽	25.66	46.34	30.40	15.72	55.18	37.87
	江苏	67.74	80.39	85.97	69.95	49.11	49.04
	上海	50.67	51.98	38.80	127.09	53.74	21.77
	浙江	53.40	65.21	63.46	144.66	74.08	85.82
最小值	长三角地区	9.69	−5.18	13.83	5.81	9.16	−2.05
	安徽	25.66	46.34	29.24	5.81	41.10	34.39
	江苏	9.69	−5.18	13.83	15.87	13.83	−0.13
	上海	23.35	7.27	18.35	6.20	18.91	8.45
	浙江	15.91	16.88	17.20	15.19	9.16	−2.05

资料来源：Choice 数据库。

（四）营业成本

营业成本也称运营成本，是指企业所销售商品或者提供劳务的成本，应当与所销售商品或者所提供劳务而取得的收入进行配比。

从表 13 - 9 可以看到，2014 ～ 2016 年在创业板上市的企业上市后年均复合增长率的平均值都比上市前高，表明创业板上市增加了企业的营业成本，可以理解为上市后企业获得外部融资，因而寻求规模扩张，必然导致包括主营业务成本和其他业务成本在内的营业成本的增加。

表 13 - 9　　2014～2016 年创业板上市企业上市前后营业成本变化　　单位：%

指标	地区	2014 年		2015 年		2016 年	
		上市前三年内年均复合增长率	上市后三年内年均复合增长率	上市前三年内年均复合增长率	上市后三年内年均复合增长率	上市前三年内年均复合增长率	上市后三年内年均复合增长率
平均值	长三角地区	17.59	28.57	13.85	42.76	17.35	22.01
	安徽	32.66	37.70	5.12	11.30	34.66	45.62
	江苏	17.70	34.64	17.22	52.36	13.01	17.05
	上海	19.53	26.73	13.91	14.38	9.28	25.27
	浙江	13.28	20.58	12.39	55.91	21.90	21.44
最大值	长三角地区	55.69	106.18	57.19	124.54	75.37	51.78
	安徽	32.66	37.70	12.36	18.61	36.50	51.78
	江苏	55.69	106.18	57.19	96.19	31.36	50.80
	上海	29.92	38.90	22.20	19.81	22.77	34.26
	浙江	27.45	43.36	46.25	124.54	75.37	49.80
最小值	长三角地区	-5.92	-8.01	-12.10	1.60	-1.11	-9.08
	安徽	32.66	37.70	-2.12	3.99	32.82	39.46
	江苏	-3.42	-8.01	4.70	14.87	1.45	-9.08
	上海	5.35	5.21	6.98	1.60	1.32	20.59
	浙江	-5.92	3.07	-12.10	14.78	-1.11	0.61

资料来源：Choice 数据库。

第三节　创业板市场上市企业融资效率

一、研究方法与样本选择

（一）模型选择

数据包络分析法最初的模型是基于规模报酬不变的，适用于多投入与多产出的 CCR 模型。规模报酬不变的 CCR 模型要求当投入增加或减少时，产出必须等比例地增加或减少。但是，在实际的生产经营过程中，企业会受到多种因素的制约，几乎不可能实现投入与产出等比例的增加或减少。BCC 模型分析在模型报酬可变的假设前提下决策单元的效率问题，所测算的效率包括综合效率、纯技术效率和规模效率，三者之间的关系为综合效率 = 纯技术效率 × 规模效率，能够将决策单元的技术有效性和规模有效性呈现出来，与本小节研究的实际情况较为符合。因此，本小节研究将构建的模型为 DEA – BCC 模型。此外，Malmquist 指数法能够从动态角度分析技术效率指数、技术进步指数、纯技术效率指数及规模效率指数的变化情况，从而更加全面地分析全要素生产率指数变化，是综合各年份的动态效率变化情况。因此，本小节将在测算每年融资效率的基础上，运用 Malmquist 指数法分离各企业的技术效率与技术进步指数。

（二）指标选取

使用 DEA 模型时，为了获得比较可靠的效率评价结果，需要合理地选择投入和产出指标，必须遵循以下几个原则：一是真实性原则，选择数据时要实事求是，选择方法客观公正，数据来源真实可靠；二是可行性原则，选择数据指标时，要确保指标可操作，分析契合评价主体与评价目的；三是关联性原则，保证各个指标之间具有关联性，剔除具有相同内容的指标，确保指标间的独立关系。结合创业板上市企业自身的特点，选择投入指标时，从资本结构、资产规模和融资强度三个方面着手，选择资产负债率、总资产和流通股比例三个指标，其中，为保证数据的规模不至于过大，对总资产与营业成本取对数处理；选择产出指标时，在参考其他学者相关文献的基础上，从企业市场表现、盈利能力和营运能力三个方面着手，选择每股收益、净资产收益率和营业收入增长率三个指标（见表 13 – 10）。

表 13 – 10　　　　　　　　　投入与产出指标及其测试方法

指标大类	指标大类	指标名称	测度方法
投入指标	资本结构	资产负债率（%）	资产/负债
	资产规模	总资产对数	ln（总资产）
	融资强度	流通股比例（%）	流通股合计占总股本比例
产出指标	市场表现	每股净收益（元）	当年的每股股票收益
	盈利能力	净资产收益率（%）	净利润/净资产
	营运能力	营业收入增长率（%）	（本期营业收入 – 上期营业收入）/上期营业收入

（三）样本选择与数据处理

本小节以创业板上市的企业为研究对象，数据主要来源于 Wind 数据库。在样本的选择上综合考虑了数据收集的可行性和连续性、结果的真实性和稳健性，选取了 2016 年以前在科创板上市的企业，经过进一步筛选得到 469 家，其中，长三角地区共 145 家（江苏 54 家，浙江 46 家，上海 35 家，安徽 10 家），占比 30.92%。数据获取了样本企业 2016～2020 年共 5 个会计年的投入产出指标情况，详细特征如表 13－11 和表 13－12 所示。

表 13－11　　　　　　　　2016～2020 年样本投入指标描述性统计分析

指标名称	年份	长三角地区均值	全国均值
资产负债率（%）	2016	31.62	30.73
	2017	34.33	34.01
	2018	37.39	37.14
	2019	39.62	38.43
	2020	41.63	41.21
总资产对数	2016	21.49	21.51
	2017	21.69	21.72
	2018	21.74	21.79
	2019	21.77	21.80
	2020	21.82	21.84
流通股比例（%）	2016	63.81	63.44
	2017	68.99	68.35
	2018	75.55	75.11
	2019	79.34	78.62
	2020	83.17	83.10

表 13－12　　　　　　　　2016～2020 年样本产出指标描述性统计分析

指标名称	年份	长三角地区均值	全国均值
每股收益（元）	2016	0.34	0.31
	2017	0.31	0.28
	2018	0.06	0.02
	2019	0.07	0.02
	2020	0.15	0.04

指标名称	年份	长三角地区均值	全国均值
净资产收益率 （%）	2016	8.40	7.62
	2017	7.36	6.58
营业收入增长率 （%）	2018	-1.32	-2.57
	2019	-2.84	-2.70
	2020	-1.57	-4.02
	2016	27.67	37.78
	2017	32.71	55.60
	2018	13.20	18.45
	2019	9.07	9.85
	2020	11.50	6.23

二、实证分析

（一）样本创业板企业融资效率纵向比较分析

利用 Stata 软件对全国 469 家创业板企业 2016～2020 年的相关投入产出指标进行融资的投入产出效率分析，并得出创业板企业运行的综合融资效率值、纯技术效率值和规模效率值，如表 13-13 所示。而长三角地区创业板企业融资效率情况如表 13-14 所示。

表 13-13　　　　　2016～2020 年全国创业板企业融资效率统计

年份	效率指标	DEA 有效企业数（家）	所占比例（%）	效率均值
2016	综合融资效率	27	5.44	0.930
	纯技术效率	32	6.45	0.934
	规模效率	146	29.44	0.996
2017	综合融资效率	13	2.77	0.911
	纯技术效率	19	4.05	0.921
	规模效率	30	6.40	0.988
2018	综合融资效率	14	2.99	0.904
	纯技术效率	17	3.62	0.918
	规模效率	88	18.76	0.984
2019	综合融资效率	16	3.41	0.878
	纯技术效率	23	4.90	0.912
	规模效率	19	4.05	0.963
2020	综合融资效率	12	2.56	0.856
	纯技术效率	19	4.05	0.916
	规模效率	17	3.62	0.934

表 13 – 14　　　　　　2016～2020 年长三角地区创业板企业融资效率统计

年份	效率指标	DEA 有效企业数（家）	所占比例（%）	效率均值
2016	综合融资效率	9	6.21	0.930
	纯技术效率	12	8.27	0.934
	规模效率	44	30.24	0.996
2017	综合融资效率	3	2.07	0.912
	纯技术效率	6	4.14	0.923
	规模效率	8	5.51	0.988
2018	综合融资效率	4	2.76	0.908
	纯技术效率	6	4.13	0.920
	规模效率	25	17.24	0.986
2019	综合融资效率	5	3.45	0.879
	纯技术效率	8	5.51	0.912
	规模效率	7	4.83	0.963
2020	综合融资效率	4	2.76	0.861
	纯技术效率	6	4.14	0.917
	规模效率	5	3.45	0.938

一是全国科创板上市企业近五年的 DEA 综合融资效率有效的比例较低。一方面，就全国来看，样本企业在 2016～2020 年间，每年的技术效率有效的企业占比均低于 6%，其中最高也只有 2016 年的 5.44%，其他年份的有效比例甚至低于 3%；另一方面，就长三角地区样本企业来看，2016～2020 年，每年的综合融资效率有效的企业占比比全国样本企业占比高，但是每年的占比也均低于 7%，其中最高也只有 2016 年的 6.21%，其他年份的有效比例也基本低于 3%。此外，从时间上看，无论是全国还是长三角地区，作为上市后首年的 2016 年是企业综合融资效率 5 年中表现最好的一年，其他 4 年综合融资效率较为平均。

二是造成企业综合融资效率偏低的原因主要在于纯技术效率以及规模效率波动性偏低。从全国的数据来看，前三年企业的规模效率有效占比较高，2016 年甚至达到 29.44%，但是纯技术效率较低导致企业的综合技术效率较低。而 2019～2020 年，企业的规模效率与纯技术效率均较低，综合导致企业的综合融资效率较低。从长三角地区的数据来看，2016 年与 2018 年的规模效率较优，2016 年的有效占比甚至达到 30.24%，但是纯技术效率较低导致综合技术效率较低；其他三年的纯技术效率与规模效率均较低，共同导致企业综合融资效率较低。

（二）创业板企业融资效率横向比较

为了更好地比较长三角地区内部省市之间样本企业的融资效率差异，本小节对不同区域的效率值进行了分表统计，具体表现为以下特征（见表 13 – 15 至表 13 – 18）。

表 13 – 15 　　　　　　　2016～2020 年江苏创业板企业融资效率统计

年份	效率指标	DEA 有效企业数（家）	所占比例（%）	效率均值
2016	综合融资效率	4	7.41	0.934
	纯技术效率	6	11.11	0.935
	规模效率	13	24.07	0.995
2017	综合融资效率	1	1.85	0.919
	纯技术效率	4	7.41	0.931
	规模效率	2	3.70	0.987
2018	综合融资效率	1	1.85	0.915
	纯技术效率	2	3.70	0.924
	规模效率	10	18.52	0.989
2019	综合融资效率	1	1.85	0.884
	纯技术效率	2	3.70	0.915
	规模效率	1	1.85	0.966
2020	综合融资效率	2	3.70	0.859
	纯技术效率	2	3.70	0.919
	规模效率	3	5.56	0.934

表 13 – 16 　　　　　　　2016～2020 年浙江创业板企业融资效率统计

年份	效率指标	DEA 有效企业数（家）	所占比例（%）	效率均值
2016	综合融资效率	5	10.87	0.929
	纯技术效率	5	10.87	0.932
	规模效率	18	39.13	0.997
2017	综合融资效率	2	4.35	0.908
	纯技术效率	2	4.35	0.918
	规模效率	4	8.70	0.989
2018	综合融资效率	3	6.52	0.899
	纯技术效率	4	8.70	0.918
	规模效率	8	17.39	0.979

续表

年份	效率指标	DEA 有效企业数（家）	所占比例（%）	效率均值
2019	综合融资效率	3	6.52	0.871
	纯技术效率	4	8.70	0.911
	规模效率	4	8.70	0.955
2020	综合融资效率	2	4.35	0.865
	纯技术效率	4	8.70	0.919
	规模效率	2	4.35	0.941

表 13 – 17　　　　　　　2016～2020 年上海创业板企业融资效率统计

年份	效率指标	DEA 有效企业数（家）	所占比例（%）	效率均值
2016	综合融资效率	0	0.00	0.927
	纯技术效率	1	2.86	0.932
	规模效率	10	28.57	0.995
2017	综合融资效率	0	0.00	0.911
	纯技术效率	0	0.00	0.920
	规模效率	1	2.86	0.991
2018	综合融资效率	0	0.00	0.909
	纯技术效率	0	0.00	0.918
	规模效率	6	17.14	0.990
2019	综合融资效率	1	2.86	0.881
	纯技术效率	2	5.71	0.912
	规模效率	2	5.71	0.965
2020	综合融资效率	0	0.00	0.852
	纯技术效率	0	0.00	0.914
	规模效率	0	0.00	0.932

表 13 – 18　　　　　　　2016～2020 年安徽创业板企业融资效率统计

年份	效率指标	DEA 有效企业数（家）	所占比例（%）	效率均值
2016	综合融资效率	0	0.00	0.915
	纯技术效率	0	0.00	0.917
	规模效率	3	30.00	0.999
2017	综合融资效率	0	0.00	0.900
	纯技术效率	0	0.00	0.910
	规模效率	1	10.00	0.989

续表

年份	效率指标	DEA 有效企业数（家）	所占比例（%）	效率均值
2018	综合融资效率	0	0.00	0.902
	纯技术效率	0	0.00	0.909
	规模效率	1	10.00	0.992
2019	综合融资效率	0	0.00	0.874
	纯技术效率	0	0.00	0.902
	规模效率	0	0.00	0.969
2020	综合融资效率	0	0.00	0.877
	纯技术效率	0	0.00	0.909
	规模效率	0	0.00	0.964

长三角地区 2016～2020 年的数据显示：一方面，从总体来看，三省一市的企业融资效率有效占比都处于较低水平；另一方面，从结构来看，江苏省与浙江省每年综合融资效率、纯技术效率和规模效率有效的企业占比均高于上海和安徽，部分原因在于安徽省上市企业数量较少。

第四节　创业板上市企业融资效率影响因素

一、回归模型建立

Tobit 模型又称为截断式回归模型，是指因变量虽然在正值上大致连续分布，但包含一部分以正概率取值为 0 的观测值的模型，属于受限因变量回归的一种，一开始用于研究耐用消费品需求的经济计量学。在创业板企业运行效率的研究中，通过 DEA 测算出长三角地区样本企业的运行效率，并以测算出的综合融资效率、技术效率和规模效率分别作为因变量，以所选的资产规模、研发投入、股权结构、上市年限和资本结构作为自变量，并由自变量的系数判断各种因素对因变量的影响方向和程度，从而有针对性地调整资源配置，提高企业整体的运行效率。由于利用 DEA 测算出的企业效率值在 0～1 之间，若运用最小二乘法，其参数估计会产生严重偏差，因而当被解释变量受到限制时，采用 Tobit 模型进行测算效果更佳。基本形式如式（13-1）所示。

$$Y_i^* = X_i\beta + \varepsilon_i$$

$$Y_i = \begin{cases} Y_i^* & \text{如果 } Y_i^* > 0 \\ 0 & \text{如果 } Y_i^* \leqslant 0 \end{cases}, \quad \varepsilon_i \sim Normal\,(0\,,\delta^2) \qquad (13-1)$$

二、变量选取

创业板企业由于自身特殊性,其融资效率的影响因素在某些方面区别于其他类型的企业。具体变量选择如下。

一是因变量。本章主要分析不同地区创业板上市企业融资效率的影响因素,因此,因变量为对于不同区域企业综合融资效率,具体包括 2016 ~ 2020 年综合融资效率的度量。

二是自变量。本章主要分析不同地区创业板上市企业综合融资效率的影响因素,而影响不同企业综合融资效率的因素主要分为以下五类。第一类是创业板上市特征。包括企业是否属于创业板指数、规模风格类型以及企业的科技创新门类属性。其中,企业的规模风格类型按照小盘、中盘、大盘与成长、平衡、价值两类指标组合,从小盘成长型到大盘价值型分别赋值 1 ~ 9。第二类是企业创业板融资属性。包括企业在创业板上市后是否在当年增发股票、是否在当年发行可转债以及当年的股票质押比例。第三类是企业的创新属性。包括企业每年用于研发的费用相对于上年的增长比例、企业是否属于"专精特新"企业以及企业的技术人员占比。第四类是企业经营特征。包括企业的股权集中程度、企业的属性、企业的权益乘数以及企业的高管人数。第五类是区位因素。包括该地区是否为长三角地区,以便于与其他地区比较科创板上市企业的综合融资效率;以及企业具体的省份,便于长三角地区内部比较综合融资效率差异。所有变量的含义以及统计特征如表 13 - 19 和表 13 - 20 所示。

表 13 - 19　　　　　　　　变量选取及含义描述

变量属性	变量类别	变量名称	变量含义/取值	样本均值				
				2016 年	2017 年	2018 年	2019 年	2020 年
因变量	融资效率	综合融资效率	综合融资效率值	0.929	0.912	0.908	0.879	0.861
自变量	创业板上市特征	是否属于创业板指数	是 =1,否 =0	0.186	0.207	0.186	0.166	0.124
		规模风格类型	大盘、中盘、小盘、成长平衡价值组合等 9 种类型递增	3.848	3.627	3.207	2.951	3.213
		企业门类	是否科技类型企业	0.158	0.159	0.179	0.172	0.165

续表

变量属性	变量类别	变量名称	变量含义/取值	样本均值				
				2016 年	2017 年	2018 年	2019 年	2020 年
自变量	创业板融资特征	是否增发	是 =1，否 =0	0.365	0.159	0.083	0.055	0.117
		是否可转债	是 =1，否 =0	0.028	0.069	0.076	0.097	0.131
		质押比例	质押实际比例	14.61	18.846	20.097	15.611	11.143
	企业创新属性	研发费用增长率	实际增长率	30.812	29.721	20.374	17.393	7.927
		是否专精特新	是 =0，否 =1	0.110	0.110	0.110	0.110	0.110
		技术人员比例	技术人员占比	26.298	26.662	27.438	27.907	28.340
	企业经营特征	股权集中度	前十大股东比例	58.437	56.956	55.638	53.083	49.368
			第一大股东比例	30.51	29.713	28.908	26.927	25.110
		企业属性	民营 =1，国有 =2，公众 =3，外资 =4，其他 =5	1.186	1.186	1.269	1.317	1.414
		权益乘数	权益乘数取值	1.588	1.656	1.826	2.216	2.431
		高管数量	实际高管人员数	6.379	6.144	6.103	6.241	6.069
	区位特征	是否属于长三角地区	是 =1，否 =0	—	—	—	—	—
		省份	江苏 =1，浙江 =2，上海 =3，安徽 =4	2.006	2.006	2.006	2.006	2.006

表 13 – 20　　　　　　　　　　全国变量选取及含义描述

变量属性	变量类别	变量名称	变量含义/取值	样本均值				
				2016 年	2017 年	2018 年	2019 年	2020 年
因变量	融资效率	综合融资效率	综合融资效率值	0.930	0.911	0.903	0.878	0.856
自变量	创业板上市特征	是否属于创业板指数	是 =1，否 =0	0.185	0.183	0.168	0.143	0.130
		规模风格类型	大盘、中盘、小盘、成长平衡价值组合等 9 种类型递增	3.833	3.571	3.130	2.953	3.223
		企业门类	是否科技类型企业	0.190	0.196	0.207	0.205	0.205
	创业板融资特征	是否增发	是 =1，否 =0	0.328	0.190	0.107	0.079	0.156
		是否可转债	是 =1，否 =0	0.017	0.047	0.066	0.081	0.121
		质押比例	质押实际比例	17.521	21.588	22.276	17.441	12.077
	企业创新属性	研发费用增长率	实际增长率	49.997	32.945	24.496	20.638	10.087
		是否专精特新	是 =0，否 =1	0.096	0.096	0.096	0.096	0.096
		技术人员比例	技术人员占比	29.814	30.222	30.457	31.004	31.136
	企业经营特征	股权集中度	前十大股东比例	57.584	56.067	54.685	51.905	48.198
			第一大股东比例	29.403	28.367	27.462	25.609	24.128

续表

变量 属性	变量 类别	变量名称	变量含义/取值	样本均值				
				2016 年	2017 年	2018 年	2019 年	2020 年
自变量	企业 经营 特征	企业属性	民营 =1，国有 =2， 公众 =3，外资 =4， 其他 =5	1.237	1.245	1.275	1.324	1.371
		权益乘数	权益乘数取值	1.561	1.668	2.026	2.040	2.499
		高管数量	实际高管人员数	6.515	6.456	6.469	6.420	6.296
	区位 特征	是否属于长三角地区	是 =1，否 =0	0.309	0.309	0.309	0.309	0.309
		省份	江苏 =1，浙江 =2， 上海 =3，安徽 =4	—	—	—	—	—

三、实证结果分析

综合理论分析和面板 Tobit 回归模型的构建，对全国 469 家创业板上市企业的面板数据进行回归分析，利用 Stata 17 软件得出对应的实证结果。对全国、长三角地区创业板企业融资效率影响因素的回归结果如表 13 – 21 所示。

表 13 – 21　　　　　　　　样本企业融资效率影响因素回归结果

变量分类	具体指标		全国回归结果	长三角地区回归结果
创业板上市特征	是否属于创业板指数		– 0.006(0.004)	– 0.0008(0.006)
	规模风格类型		– 0.000(0.000)	0.001(0.001)
	是否科技型企业		0.002(0.005)	0.014 *(0.008)
创业板融资特征	是否增发股票		0.005 **(0.002)	0.006 *(0.003)
	是否发行可转债		– 0.036 ***(0.004)	– 0.031(0.006)
	股权质押比例		– 0.000(0.000)	– 0.000(0.000)
企业创新属性	研发费用增长率		0.000 **(0.000)	0.000 ***(0.000)
	是否专精特新		0.025 ***(0.006)	0.031 ***(0.010)
	技术人员比例		0.0001 **(0.0000)	– 0.000(0.001)
企业经营特征	前十股东比例		0.002 ****(0.000)	0.002 ***(0.000)
	第一股东比例		0.0005 ***(0.0001)	0.000(0.000)
	权益乘数		– 0.005 ***(0.000)	– 0.008 ***(0.001)
	企业属性	民营企业	—	—
		国有企业	– 0.027 ***(0.005)	– 0.012(0.009)
		公众企业	– 0.002(0.005)	– 0.012(0.009)
		外资企业	– 0.008(0.010)	0.013(0.015)
		其他企业	0.017(0.016)	0.297 ***(0.044)
		高管数量	– 0.0004(0.0006)	– 0.001(0.001)

续表

变量分类	具体指标		全国回归结果	长三角地区回归结果
区位特征	是否属于长三角地区		− 0.001(0.003)	—
	省份	江苏	—	—
		浙江	—	− 0.010(0.008)
		上海	—	− 0.006(0.008)
		安徽	—	0.004(0.013)

注：*、**、***分别表示估计系数在10%、5%、1%的水平上显著；括号内值表示估计系数标准差。

　　全国企业样本方面：第一，就创业板上市特征而言，企业是否属于创业板指数、企业的规模风格类型以及企业是否处于科技型企业门类均不显著影响全国样本创业板上市企业的综合融资效率。第二，就企业创业板上市后的融资特征而言，当年是否增发股票正向影响企业的综合融资效率，即当年增发股票的企业综合融资效率更高；企业当年是否发行可转债以及企业股权质押比例负向影响企业的综合融资效率。第三，就企业的创新属性而言，无论是企业的研发费用增长率、企业的技术人员占比，还是企业是否属于"专精特"新企业均正向显著影响企业的综合融资效率。可能的原因在于，研究费用的投入和技术人才无疑是企业的核心竞争力，高素质科技人才以及高质量的研发成果不论对于科技创新未来发展方向的把控，还是对于核心技术的开发与研究都有十分重要的贡献。第四，就企业运营特征而言，一方面，企业的股权集中程度越高，企业的综合融资效率越高，其可能的原因在于，公司股权集中有利于企业快速做出决策以应对市场环境的迅速变化，从而对企业运行产生激励效果；另一方面，在全国样本中，相较于民营企业，国有、地方国有以及集体企业的综合融资效率更低。第五，就区位特征而言，全国样本企业的综合融资效率与长三角地区的创业板板上市企业的综合融资效率并无显著差异。

　　长三角地区企业样本方面：第一，就创业板上市特征而言，企业是否属于创业板指数、企业的规模风格类型均不显著影响长三角地区企业的综合融资效率，但企业是否属于科技型企业正向影响长三角地区企业的综合融资效率。第二，就企业的创业板上市后的融资特征而言，当年是否增发股票正向影响企业的综合融资效率，即当年增发股票的企业综合融资效率更高。然而，企业当年是否发行可转债以及企业股权质押比例与长三角地区企业的综合融资效率无显著关系。第三，就企业的创新属性而言，无论是企业的研发费用增长率还是企业是否属于"专精特新"企业均正向显著影响企业的综合融资效率。但是，企业的技术人员比例与长三角地区企业的综合融资效率并无显著关系。第四，就企业运营特征而言，企业的前十大股东股权集中程度越高，企业的综合融资效率越高。企业的权益乘数越高，综合融资效率越低。在企业的属性方面，其他企业相对于民营企业综合融资效率更高。第五，就区位特征而言，长三角地区创业板上市内部各省市企业的综合融资效率并无显著差异。

第五节　本章小节

本章在研究长三角地区创业板上市企业融资效率的过程中，运用 DEA 模型依次测度了全国、长三角地区及三省一市各自创业板上市样本企业的融资效率，并在此基础上比较分析其差异性。随后，基于上述融资效率的测度结果，运用面板 Tobit 模型对长三角地区创业板企业融资效率的影响因素进行实证分析。主要得出以下结论。

一是企业融资效率测度的实证结果显示，其一，从全国看，全国样本科创板上市企业 2016～2020 年的 DEA 综合融资效率有效的比例较低，原因主要在于纯技术效率以及规模效率波动性偏低；其二，从长三角地区内部看，三省一市的企业融资效率有效占比总体都处于较低水平，但从结构来看，江苏省与浙江省在每年表现相比于上海市和安徽省均较高；其三，无论是全国还是长三角地区，作为上市后首年的 2016 年是企业综合融资效率 2016～2020 年中表现最好的一年。

二是模型回归结果显示，第一，从全国看，当年是否增发股票、研发费用增长率、技术人员占比、企业是否属于"专精特新"、股权集中程度均正向显著影响企业的综合融资效率，企业当年是否发行可转债以及企业股权质押比例负向影响企业的综合融资效率；第二，从长三角地区看，企业是否属于科技型企业、当年是否增发股票、企业的研发费用增长、是否属于"专精特新"企业、前十大股东股权集中程度等因素均正向影响长三角地区企业的综合融资效率。然而，企业的权益乘数越高，综合融资效率越低。

第十四章　长三角地区中小企业发展的
金融一体化体制机制创新

第一节　国外中小企业融资机制经验与启示

一、美国

得益于相对完善以及健全的金融支持服务体系，中小企业融资难的问题在美国已经得到了较为系统的解决。资本市场的相对完善以及创业投资的发达程度正是美国金融支持体系里为中小企业融资做出巨大贡献的部分。

1. 成立专门的小企业管理局（SBA）

美国政府批准设立并授权小企业管理局对中小企业提供贷款服务，同时指导中小企业的经营管理，并帮助中小企业获得政府的订单合同。小企业管理局一般采取三种方式向中小企业提供贷款服务。一是协调贷款，主要由金融机构协会和地方发展公司等主体提供；二是直接贷款，贷款由小企业管理局直接拨付给中小企业，该贷款的利率较低，但贷款数额限制在15万美元内；三是担保贷款，中小企业可以通过小企业管理局的贷款担保从商业银行等金融机构获得贷款。凡是符合一定条件的中小企业都可向小企业管理局申请贷款担保服务，通过小企业管理局的担保，金融机构对于中小企业的贷款期限可以在原有期限上拓宽，最长甚至可达25年。

2. 完善的资本市场

美国的中小企业主要通过直接融资获得资金。主要有证券主板市场、第二板市场和柜台市场。其中，证券市场融资是企业外部融资主要渠道；第二板市场的上市标准低于主板市场，上市的大多是新兴和成长的公司；柜台交易市场一般指的是场外交易市场，其上市条件相对较为宽松，也为中小企业融资提供了便捷的直接融资渠道。其中，就对中小企业的融资支持而言，美股市场中的纳斯达克市场有效促进了企业创新成果与创业投资的有机结合。考虑到其上市财务要求低和交易方便的特点，绝大多数创业初期的中小高科技企业首选在这里上市，许多中小企业通过在该市场融资而迅速发展为全球知名的公司。

3. 风险投资

风险投资，又叫创业投资，最早起源于美国，同时也在美国融资市场中发展最为兴盛。美国风险投资的发展对于硅谷的繁荣发展起到了十分重要的作用。苹果、英特尔和罗姆公司等一系列科技型企业，在风险投资家们的支持下迅猛发展成为全球知名的企业集团。美国风险投资的发展一部分要归功于其完善的风险投资退出机制。具体而言，美国风险投资退出主要包括 IPO、并购、回购以及清算四种主要方式。

4. 多层次的融资担保服务体系

美国的信用担保体系由全国、地方和社区担保三个层次构成。第一个层次的全国性小企业融资担保体系由小企业管理局直接操作。当中小企业逾期不能归还贷款时，小企业管理局保证向贷款银行支付不低于 90% 的未偿还部分，但担保总额不超过 75 万美元，且担保部分不超过贷款总额的90%。第二个层次是地方政府操作的地区性专业担保体系。地区性担保体系则采取政府出资和协作银行相结合的方法，这样便使银行发放贷款的风险相对减小，从而让银行更加关注企业的预期收益，小企业则成为银行的稳定客户。第三个层次的担保是社区性担保体系。其主要功能是帮助社区内的贫困人口通过创办小企业实现脱贫。美国的中小企业信用担保体系的担保基金主要由政府财政负担，其担保业务操作规范、风险分散机制完善。

此外，美国贸易促进会还专门成立了出口融资担保体系，以解决中小企业较难获取出口信贷的问题。其主要成员可以独立或联合对小型出口企业提供融资途径的相关咨询和建议，也可以向这些企业提供融资。美国进出口银行一般是在向购买美国产品的外商提供贷款服务的同时，向小型出口企业提供信用及风险担保服务。根据其规定，倘若国外买主因政治原因延误付款，银行承担 100% 的风险；因商业理由未予以付款时，银行承担95% 的风险。这些对美国中小企业，尤其是外向型中小企业的快速成长和发展起到了促进作用。

5. 法律支持体系

早在 1953 年，美国政府部门便制定并发布了面向中小企业的基本法

《中小企业法》。随后，1964 年美国国会颁布的《机会均等法》明确规定向中小企业提供资金融通援助，并由小企业管理局提供担保。随后，美国还制定出台了《中小企业技术创新开发法》《中小企业投资奖励法》等法律，旨在为促进中小企业技术研发以及投资等方面提供全方位的法律支撑。

二、日本

目前，日本的中小企业有了长足的发展。这主要是由于二战后日本在科技发展战略上的独特性以及银行主导型金融体系在资金上的支持。目前，就科技水平及规模而言，日本已成功跃居世界前列。

1. 成立中小企业金融公库

日本对于中小企业的信贷支持，主要通过政策性金融机构以贷款提供以及贷款优惠的方式实现。由于政府产业政策和促进中小企业发展的需要，日本中小企业厅设立了政府性公库和中小企业金融公库。这种金融公库属于政策性金融机构，旨在解决制造业、零售业等特定产业中的中小企业设备投资资金短缺和长期流动资金短缺等难题。

2. 发展中小企业的专门金融机构

除成立中小企业金融公库外，日本政府部门和私营金融机构均发展了专门的中小企业金融组织服务机构。在政府金融机构中，中小企业金融公司和中小企业贷款保险公司专门为中小企业服务，直接向中小企业贷款，贷款比例分别高达 55.1% 和 95%；私营金融机构中，信贷协会、信用合作社和劳动银行专门服务于中小企业，其经营按商业化原则进行。

3. 多渠道的直接融资方式

20 世纪 90 年代，日本便建立了创业板市场以大力促进高新技术型中小企业的发展，并对其成功进入资本市场提供资金支持。早在 1963 年，日本便建立了柜台交易市场以对中小企业的社会融资进行鼓励。而如今，中小企业投资育成公司也提供风险投资业务，以促进中小企业的技术研发和科技成果的转化。

4. 双重融资担保方式

目前，日本拥有 52 家地方性信用保证协会。其中，地方公共团体出资全部资金的 70%，剩余部分则由地方金融机构出资。在实际运营中，只要是符合一定条件的中小企业均可以向协会提出借款承保申请，同时仅需支付全额贷款资金的 0.1%~0.5% 作为保证服务费。以上述地方保证协会为基础，日本在全国建立了中小企业的信用保险公库。若中小企业出现信贷违约的情况，将由中小企业信用保险公库覆盖地方保险协会的 70%～80% 损失。即在日本的中小企业融资担保体系中，由地方信用保证协会对中小企业实施担保，企业个人支付担保服务费，而日本政府部门设立中央信用保险公库对地方保证协会进行再担保。这种双层体系不但解决了中小企业融资难的问题，并且在一定程度上降低了担保机构和金融机构对中小企业提供服务所面临的金融风险。

5. 立法

中小企业良好融资环境的构建离不开完备的法律支持体系，而立法先行正是日本政府建立中小企业融资支持体系中的重要一环。早在 1963 年，日本便制定并出台了中小企业支持法律的核心《中小企业基本法》，随后日本陆续颁布《国家金融公库法》《中小企业金融公库法》《商工组金融公开法》等政策性金融机构的配套法律，《中小企业振兴资金资助法》等推动中小企业进行技术创新和现代化改造的法规，以及《中小企业信用保险公库法》等规范中小企业融资担保制度的法规。

三、韩国

韩国政府部门为了促进本国中小企业的发展，采取了扩大政策资金和各种补助金在内的一系列措施。

1. 中央银行和政策性银行对中小企业提供金融支持

首先，为引导本国金融机构积极支持中小企业发展，韩国央行对其实行优惠贷款利率政策。同时，中央银行在考核再贷款优惠利率时，将各商业银行对中小企业的贷款额度作为指标之一。如根据韩国央行的相关规定，全国性银行贷给中小企业的本币贷款需占其本币贷款增加总额的 70% 以上；即使是外国银行分行贷给本国中小企业的本币贷款也需占其本币贷款增加总额的 1/4 以上。韩国央行会根据经济和货币情况，通过各分行将信贷总额中的一部分划拨给当地商业银行，用于中小企业贷款。其次，韩国还成立了专门的中小企业银行，旨在发放鼓励中小企业投资生产设备和开展研发活动等的专项贷款，有效促进了该国中小企业融资的发展。

2. 政府对中小企业的融资支持

韩国政府部门还通过设立政策性基金，加大对本国中小企业政策性贷款的发放。实际操作中，政策性基金不是直接发放给中小企业的，而是通过借款的形式把资金提供给指定银行，规定银行以借款利率加 1～1.5 个百分点的利率向中小银行提供贷款。其中，各层级政府部门还向符合产业政策导向的中小企业提供利率优惠的政策性贷款，以培养有潜力的需要风险投资的中小企业。此外，政府部门还全额拨款成立了非营利性的中小企业振兴公团，负责资金支援国内中小企业，指导中小企业经营以及培育人才。

3. 建立风险资本市场和高斯达克市场

1988年，韩国政府成立数额高达1万亿韩元的风险企业投资基金以及利用世界银行的400亿韩元贷款成立了中小企业投资创业基金会，全面支持风险投资型的中小企业发展；1996年，韩国政府设立了本国的二板市场——高斯达克市场，旨在满足知识密集型、创造高附加值的高科技新兴企业及中小企业的资本市场融资需求。

4. 融资担保体系

韩国的信用担保体系包括两个层级，一个是全国性的信用担保基金，另一个是地方性的信用担保基金。其中，全国性的信用担保基金又包括韩国技术信用担保基金以及韩国信用担保基金。具体而言，韩国技术信用担保基金主要服务于高技术中小企业和风险企业；而韩国信用担保基金直属于政府，拥有独立的中小企业评级体系，为中小企业向银行贷款提供担保。全国性的信用担保基金由政府补贴和金融机构出资；而地方性担保机构由地方政府和金融机构出资，再由全国信用保证基金组织对其保证业务进行再担保，从而形成完整的信用体系。

5. 立法支持

韩国通过立法确立了以支持中小企业发展为宗旨的方针政策。20世纪70年代以来，韩国陆续颁布《中小企业振兴法》以及《支援中小企业创业法》，并在法律基础上先后成立了非营利性特殊法人——中小企业振兴公团和中小企业创业基金。1989年出台《中小企业稳定经营和结构调整特别措施法》后，设立了中小企业结构调整基金。此外，韩国法律对建立信用担保体系也提供了有力保障。《信贷担保基金法》为建立担保基金奠定了法律基础。1987年的《关于高新技术企业金融支持法》为韩国技术信用担保基金的设立奠定了法律基础。

四、国外经验简评

由于经济发展和历史文化等诸多方面的差异，各个国家在对中小企业的支持体系上也存在较大差异。美国是以市场为导向的金融体系，以发达的风险投资体系和健全的资本市场为基础，中小企业的融资渠道更加方便快捷。日本则是以银行为导向的金融体系，中小企业通过与银行建立密切的银企关系，以获得稳定的外部融资。韩国主要通过扩大各种补助金和政策资金来支持中小企业。

虽然各个国家在对中小企业的支持体系上存在一些差异，但各国政府在金融支持中都起到了举足轻重的作用。不论是以市场为主导，还是以银行为主导，政府都通过设立基金向中小企业提供资金，以弥补资金供给者的逐利行为造成的资金缺口。同时，政府还为中小企业设立专门的管理机构，为企业制定政策、提供担保和服务等。

长三角地区中小企业金融支持体系的完善与健全，可以在借鉴国外经验基础上，结合长三角地区的基本情况，设计出立足现实的中小企业金融支持体系。

第二节　长三角地区中小企业金融一体化体制机制创新构建

一、必要性分析

习近平总书记在 2020 年 8 月 20 日扎实推进长三角一体化发展座谈会上强调，实施长三角一体化发展战略要紧扣一体化和高质量两个关键词，以一体化的思路和举措打破行政壁垒、提高政策协同，让要素在更大范围畅通流动，有利于发挥各地区比较优势，实现更合理分工，凝聚更强大的合力，促进高质量发展。第一，推动长三角区域经济高质量发展；第二，加大科技攻关力度；第三，提升长三角城市发展质量；第四，增强欠发达区域高质量发展动能；第五，推动浦东高水平改革开放；第六，夯实长三角地区绿色发展基础；第七，促进基本公共服务便利共享。中小企业是主力军，解决中小企业科技创新高质量发展中瓶颈因素融资难问题，促进金融要素区域一体化就显得紧迫又必要。

中小企业融资难、融资贵的根源在于现有的金融体系还不足以根据其规模小、期限灵活等融资的特点提供相应的金融服务。因此，为了促进中小企业的发展，满足其融资需求，在总结海外中小企业金融支持体系的基础上，建议发展和培育基于竞争效率的多层次、多主体、多产品的优势互补、协调运转的金融体系。

虽然江苏、浙江、安徽、上海三省一市各自已初步形成多样化的中小企业金融支持体系，但在运行中仍然存在较多问题。从资本市场融资角度看来，三省一市的资本市场仍处于发展时期，大部分企业特别是中小企业，很难从资本市场获得经营所需的资金。中小板、创业板上市融资，对于中小企业的准入门槛较高，目前能上市的中小企业数量仍十分有限且成本较高。中小企业盼望的新三板市场终于获得快速增长，但还存在不少障碍因素。就货币市场融资角度看来，银行市场结构偏大银行垄断，银行贷款偏大企业贷款，金融机构出于防范风险意识对中小企业贷款采取审慎原则，致使一些中小企业受到波及，难以获得贷款。就民间借贷角度而言，民间借贷的利率价格过高，只能用于临时救急，而难以作为长期筹措资金的可行方式。互联网金融虽已进入银行金融和民间金融的实践中，但还处在起步阶段。作为全国最大的经济圈，长三角地区金融还处在松散型发展阶段，在追求长三角地区经济一体化的目标时，并没有形成金融一体化的具体框架，金融一体化的发展步骤明显滞后于中小企业发展的需求。因此，在互联网金融的大背景下，中小企业金融创新体系的构建可以在一定程度上完善和优化长三角地区的金融体系。

二、可行性分析

2003 年，上海市、江苏省、浙江省三地科技主管部门签订《关于沪苏浙共同推进长三角创新体系建设协议书》，建立了由两省一市组成的长三角区域创新体系建设联席会议制度。2008 年，安徽省加入长三角区域创新体系，三省一市轮流主持的四方协调机制正式形成。长三角区域创新体系建设联席会议制度可以成为协调推进长三角区域科技创新领域、金融创新领域一体化发展的重要平台。

解决长三角地区中小企业资金短缺、融资难、融资贵的问题，需要完善金融支持体系。按照国外的经验，中小企业需要的是适应其融资特点、供给需求对接的金融体系。事实上，政府积极引导构建服务中小企业的多层次、多主体、多产品的金融保障体系不仅必要，而且可行。

由于具有规模较小、期限较为灵活、形式较为多样等特征，需要构建多层次的金融服务支持体系才能满足中小企业的多元化的资金融通需求。其中，以银行为代表的间接融资模式，以资本市场为主要代表的直接融资模式以及以民间借贷为主要代表的非正规金融模式均应该发挥其特有的作用。从实际情况来看，以银行为代表的间接融资模式在我国现有金融体系中占据主导位置，这就决定了中小企业融资无论选择何种具体形式，都必须聚焦于利用银行资金，否则难以从根本上大规模地解决中小企业融资难、融资贵等问题。此外，以股票、发行债券等形式为主要代表的资本市场直接融资模式，为中小企业以及资金供给者之间提供了一套风险共担、利益共享的融资机制，成为促进风险资本与科技创新融合发展的重要平台。目前，创业板、科创板、新三板市场的稳步发展可在一定程度上满足中小企业尤其是科技型中小企业的融资需求。最后，以民间借贷为主要代表的民间金融模式能够有效克服正规金融中的中小企业信息不透明以及抵押物缺乏等问题，这种信息优势使得民间金融广泛存在，从而多层次的金融体系构建是可行的。

从金融主体而言，第一，在金融市场上，金融机构的服务应该与需求的差异化相适应，大银行可以针对中小企业设计一些专门的金融产品，但一味要求大银行将中小企业锁定为其客户群，是既不客观也不现实的；第二，要形成多主体的金融体系以打破大银行的垄断，尤其是在为中小企业服务的基层区域中，要让不同类型金融组织并存，让多层次、差异化的金融服务共生；第三，民间借贷、小型金融机构等由于其经营优势，如信息成本优势（用较少的信息搜寻费用对贷款项目进行正确评估）、监督成本优势（人熟、地熟、事熟，避免出现贷前盲目和贷后监管困难，降低信贷风险）、交易成本优势（借贷流程简便，资金易得），在中小企业服务方面，具有更强的影响；第四，中小企业的信贷具有"短、小、频、急"等特点，这种信贷特点要求金融组织审批及时、流转迅速，由小型金融机构或者民间借贷来提供服务更加合适。

从金融产品而言，金融机构特别是大银行通过金融产品的创新，可以满足不同企业的不同资金需求，从而使交易产品的种类更加多样化，还可以扩大对中小企业的融资，创造更多收益。中小企业与金融体系之间的信息不对称、信用状况不佳是融资难的主要原因。信息不对称使得银行无法有效对其经营状况进行监督，但是所有企业在市场中是密切相关的，在与外部发生众多业务联系的基础上形成完整真实的业务信息，金融机构可以利用这些信息，如开发供应链融资新产品，抓住优质大型企业的供应链，以资质良好的上下游企业作为其融资对象，打通上下游的融资障碍，缓解信息不对称，降低运营成本，从而有效解决融资问题。针对信用状况不佳产生的道德风险，金融机构开发联保小组贷款金融产品为中小企业实行信用担保创造条件，在联保小组内的各企业十分熟悉对方企业的经营状况以及信誉的基础上，使中小企业能获得联保小组内其他企业的信用担保。因此，金融产品创新是缓解融资瓶颈十分有效的措施，而且也是可行的。

第三节 长三角地区中小企业金融一体化 体制机制创新支持体系

对江苏省、浙江省、安徽省和上海市中小企业发展的金融支持创新体系的基本架构如图 14 –1 所示。通过互联网金融平台，在征信系统和法律监管生态环境改进的基础上，建构多层次、多主体、多产品三大金融支持体系。

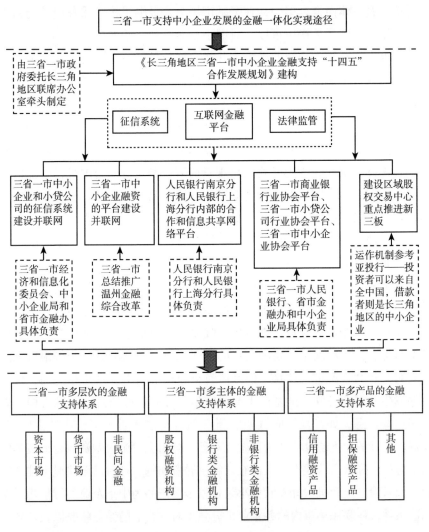

图 14 –1 三省一市多层次、多主体、多产品的金融支持体制机制

一、多层次的金融支持体系

建立资本市场和货币市场协调运转，以正规金融为主导、民间金融为补充的多层次金融体系。

通过建设和完善多层次资本市场，可以扩大不同成长阶段、不同融资偏好的中小企业的融资选择空间，满足中小企业多元化的金融服务需求。多层次的金融体系是解决中小企业融资难、融资贵的关键。

对于中小企业而言，资本市场涉及较多的是中小企业板市场、创业板市场、新三板市场、债券融资市场等。充分发挥中小企业板和创业板、新三板等市场的价值发现和资源配置功能，让有发展潜力的中小企业通过资本市场继续做优做强做大，中小企业成功上市的示范效应也能带动产业升级，转变中小企业发展模式，形成一批高成长性的具有自主创新能力的中小企业群。继续推进各类中小企业的债券融资，完善中小企业债券风险定价机制，扩大债券市场投资者的范围，提高债券市场对中小企业债券创新的承接能力。

货币市场涉及比较多的是银行业市场，包括政策性、商业性和合作性金融市场。根据前文分析可知，长三角地区目前还是一个以银行（尤其是大银行）间接融资为主导的金融体系，因此坚持大银行为中心，大、中、小银行并举的格局有利于我国中小企业的成长，鼓励大银行增加对中小企业的信贷投入，建立健全中小金融机构，深度开发银行业的业务范围和服务功能，培育新型的银企关系。

民间金融是一种重要的金融资源，其所独具的与中小企业天然的亲和力，决定了其在中小企业发展的地位。民间金融大多建立在地缘、人缘或者其他商业关系基础上，可以获得中小企业相关的信息，并且在贷款监督方面也具有自身的优势。因此，对于民间金融不应该持否定和排斥的态度，应该加快推广温州金融综合改革试验区的经验，在规范中发展，在发展中规范，使其在法律的监督和规范下，更好地为中小企业服务。

二、多主体的金融支持体系

鼓励具有不同风险偏好、盈利模式以及性质的机构参与中小企业金融服务市场，发挥各自的优势为中小企业提供差异化的金融服务。银行体系还是我国资金市场化配置的主要渠道。因此，金融体系完善的重点是坚持以商业银行为中心、促进金融主体的多样化。继续发挥商业银行融资渠道为主，小型金融机构并存；建立健全信贷担保机构；发展中小企业的股权融资机构和私募股权基金投资，推进创业投资机构的发展、中小企业板块、创业板块和新三板的建设；充分发挥小额贷款公司的潜力；放开融资租赁公司；尽快出台相关法律法规，将民间借贷行为纳入国家金融监管体系中，加快民间借贷的阳光化、规范化；此外，还应扩大中小企业集合债券发行规模。

三、多产品的金融支持体系

大部分金融机构针对中小企业的融资需求进行了金融创新，金融产品较为丰富，具体有担保融资、信用融资、资产便利融资、供应链融资、应收账款回购保理、无形资产质押融资、交易便利融资、融资租赁、联合集体贷款、主贷增值融资、流动性融资、杠杆融资、高频还款融资等。但是，考核指标的缺陷、配套体系的缺乏等使得金融产品供给与中小企业的需求存在着错位，金融市场发展存在着非均衡性。

因此，多产品的金融体系是指要提供多样化的金融产品满足中小企业的需求，本质上是指创新供需对接的信贷模式和金融产品，使得金融产品的供给和需求对接，构建需求导向型的金融体系，整合现有存量金融资源，均衡金融商品的供求，提高中小企业融资市场的资源配置效率。

四、互联网平台

基于我国经济政治改革、产业转型升级，以及经济"新常态"的背景，李克强总理在 2015 年两会中提出"互联网＋"行动计划。"互联网＋"金融，即互联网与金融服务相融合的互联网金融，是继传统金融中介和资本市场之后的第三种金融模式（Shahrokhi，2008），既不同于商业银行间接融资，也不同于资本市场的直接融资，如余额宝等。长三角地区中小企业金融支持一体化依赖于互联网金融这个重要的传输平台，同时也意味着必须加快优化征信信用的营商环境，不断提高法制化水平，不断健全市场化运行机制，不断提高监管能力和不断完善风险分担机制。

当前，长三角地区虽然已经是中国经济一体化最高的区域，但金融一体化滞后于经济一体化。与此相关的金融信息共享机制、征信系统一体化等远未实现；政府间金融信息服务平台、金融监管合作机制等尚未建立；信贷技术创新、金融产品跨区域流动机制等金融交易联网平台尚未建设。因而，要加快推进长三角地区经济一体化，就有必要加快构建基于互联网金融的统一服务于整个长三角地区中小企业的金融支持创新体系的机制。

第四节　实现金融科技背景下长三角地区金融支持一体化的对策建议

通过互联网金融平台建设，在征信系统和法律监管生态环境改进基础上，建构江苏省、浙江省、安徽省和上海市中小企业发展的多层次、多主体、多产品三大金融科技支持体系，其实现路径如下。

一、编制《长三角区域支持中小企业发展的金融化合作"十四五"规划》

"十四五"时期既是长三角地区加快推进区域经济社会一体化的重要阶段，也是区域中小企业产业加速融合、科技水平和结构加速提升的关键时期。按照国务院《长三角地区区域发展规划》总体要求，为实现长三角地区中小企业又好又快发展，加快上海市、江苏省、浙江省和安徽省由松散型金融向紧密型金融转型，就显得非常迫切。2020年是"十三五"的收官之年，也是"十四五"规划谋划之年。因此，立足三省一市在产业化、信息化和金融领域已有的合作基础、现实情况和未来发展要求，有必要编制《长三角区域支持中小企业发展的金融化合作"十四五"规划》。

建议由三省一市政府委托长三角区域创新体系建设联席会议办公室牵头制定，具体内容包括三省一市中小企业和小贷公司的征信系统建设并联网；建立人民银行南京分行和人民银行上海分行内部的合作和信息共享网络平台；建立三省一市商业银行业协会平台、三省一市小贷公司行业协会平台、三省一市中小企业协会平台；成立长三角地区区域性中小企业发展银行等。

二、加快三省一市中小企业和小贷公司的征信系统建设并联网

实际调研结果显示，中小企业长期以来融资难、融资贵的重要原因之一，就是权威的、一体化的征信系统缺失。虽然各家金融机构对中小企业客户都有自己的征信系统，但是封闭、不规范、不全面，致使金融机构为

了避免因为信息不对称而导致的逆向选择和道德风险，常常会通过提高利率、提高抵押品等要求来控制自己的风险，进而提高了中小企业的融资成本和融资门槛。因此，在社会征信建设方面，建议由三省一市经济和信息化委员会、中小企业局具体负责中小企业的征信收集和系统建设并联网，由省（市）金融监管局具体负责小额贷款公司的征信收集和系统建设并联网。可以对使用者收取使用费，用于维护网站建设。

三、加快三省一市商业银行内部合作和信息共享网络平台建设并联网

在正规商业银行创新方面，建议由人民银行南京分行和人民银行上海分行共同出资建设三省一市商业银行内部的合作与信息共享网络平台，进而使其领导的三省一市各商业银行能够分享政策、金融产品、金融服务信息等金融资源。既有利于各商业银行通过利用银行内部互联网寻找长三角区域内合适的中小企业借款者，也有利于中小企业在长三角区域内寻找到合适的商业银行，实现长三角区域内正规的商业银行供应和需求对接金融化。

四、加快建设三省一市商业银行、小贷公司、中小企业三个行业协会平台并联网

在加强三省一市银保监会、金融监管局合作基础上，建议分别建立三省一市商业银行协会平台、小贷公司协会平台、中小企业行业协会平台并联网，通过行业协会规制推动商业银行、小贷公司和中小企业金融行为合法合理合规，增强自律。因此，监管方面，建议由人民银行南京分行、人民银行上海分行牵头负责下辖的三省一市商业银行行业协会各成员行的行规自律；由省（市）金融监管局牵头负责下辖的三省一市小额贷款公司行业协会各成员公司的行规自律；由省（市）经济和信息化委员会、中小企业局牵头负责下辖的三省一市中小企业行业协会各成员企业的行规自律。

五、建设区域股权交易中心，重点推进创业板、科创板、新三板，开展私募融资业务

新三板平台为解决中小企业单一融资渠道提供了思路，为中小企业融资开辟有效的直接融资渠道，对长三角地区的中小企业发展有重大意义，应该纳入长三角地区的统筹规划。上海市和江苏省新三板挂牌企业的良好

发展，一方面得益于自身深厚的经济实力，另一方面也得益于政策扶持，浙江省和安徽省也应加大政府政策扶持，加快推进。因此，资本市场方面，三省一市可以通过建立长三角区域性股权交易中心并联网，为更多中小企业进入新三板市场提供平台。

第十五章　结论与展望

第一节　研究结论

一、长三角地区支持中小企业的金融体系建设取得了一定的成果

就长三角地区样本中小企业整体的融资需求满足程度而言，大部分企业的融资需求得到了满足，然而融资需求满足程度差异较大。浙江省样本企业的融资需求满足程度较高，江苏省和安徽省样本企业的融资需求满足程度略低。中型企业融资需求基本满足的比例高于小型企业，小型企业高于微型企业。

就融资需求不能得到满足的中小企业的资金缺口而言，资金缺口以30万元以上为主，中小型企业的资金缺口较微型企业更大。

就融资渠道而言，商业银行贷款是中小企业最主要的融资渠道，商业银行中小企业的金融服务日益专业化，大多数银行都有针对中小企业的组织机构安排，针对中小企业的金融产品创新也比较活跃。资本市场中新三板市场最近两年发展速度很快，三省一市新三板挂牌企业数量由高到低依次是：上海、江苏、浙江和安徽。其他融资渠道，如民间借贷、小型金融机构贷款等也在一定程度上满足了一些中小企业的资金需求，特别是浙江省温州市首创的民间借贷服务中心为中小企业融资提供了金融供求对接的平台，取得了良好的成效。

二、长三角地区支持中小企业的金融体系有待进一步完善

商业银行贷款方面，普遍存在贷款成本过高、申请程序烦琐、审批时间长等问题，降低了中小企业获得贷款的可能性。商业银行拥有的金融产

品种类丰富，但是部分产品的使用意愿较低，且与中小企业的需求不匹配，存在着捆绑销售现象，并且不同性质商业银行中小企业金融服务存在差异。民间借贷方面，中小企业通过民间金融借贷的比例较小，微型企业的民间借贷规范性较高。新型金融机构贷款方面，造成中小企业不愿申请新型金融机构贷款的主要原因有以下三点：第一，通过新型金融机构贷款的比例相对较低；第二，中小企业对新型金融机构的了解不够深入；第三，中小企业对新型金融机构规范性的担忧。直接金融方面，中小板、创业板上市企业还很少，新三板挂牌企业数量虽然增速很快，但占比还小，仍在起步阶段。

三、多层次、多主体、多产品的金融支持体系建设势在必行

在总结海外中小企业金融支持体系的基础上，结合长三角地区的基本特征设计的立足长三角地区金融一体化的多层次、多主体、多产品金融保障体系，可以在一定程度上克服中小企业融资市场缺失或者市场机制不健全导致的市场失灵问题，降低长三角地区中小企业融资业务的风险，进而减弱其外部性，通过创造一个良好的融资环境，满足中小企业的融资需求，并且有助于金融体系的完善。

第二节　未来展望

针对上述不足之处，可在四个方面进行展望。

第一，对长三角地区上海市、江苏省、浙江省和安徽省中小企业和商业银行进行更大范围的调查和访谈，扩大样本在长三角地区区域、规模、性质等方面的多样性。

第二，要以上海市长三角合作与发展联席会议办公室、人民银行南京分行和上海分行为牵头单位，建立长三角地区区域性中小企业间接金融支持体系，设立子专题专门研究银行金融、新型金融机构、民间借贷、政府资助和创业风险投资对中小企业发展的支持作用。

第三，要建立长三角区域性中小企业资本市场支持体系，设立子专题专门研究中小企业上市融资的障碍因素，为中小企业融资开辟有效的资本市场融资渠道。这对长三角地区的中小企业发展有重大意义，应该纳入长三角地区发展的统筹规划。

第四，按照中共中央、国务院发布的《关于加快建设全国统一大市场的意见》的要求，进一步探析如何在长三角地区建立统一的金融市场制度规则，充分发挥有效市场和有为政府的作用，打破地方保护和市场分割，打通制约经济循环的关键堵点，促进资金要素资源在更大范围内畅通流动。一方面，进一步研究如何健全长三角地区统一的中小企业社会信用制度，重点关注如何构建长三角地区统一的中小企业信用状况综合评价体系，并探究如何以信用为导向优化配置资金和监管资源；另一方面，进一步研究如何在长三角地区加快发展统一的支持中小企业的资本市场体系，重点关注如何在长三角地区统一动产和权利担保登记、如何统一监管标准、如何加强区域性股权市场和全国性证券市场板块间的合作衔接、如何在区域内提供直达各流通环节经营主体的供应链金融产品等问题。

附录　已发表的与本书相关的研究成果

［1］林乐芬，熊发礼. 定向增发价格政策：大股东净效应与发行折价［J］. 产业经济研究，2018（1）.

［2］林乐芬，李晅. 银行金融机构异质性、贷款技术对中小微企业信贷可得性的影响——基于 128 家商业银行的问卷［J］. 学海，2017（5）.

［3］熊发礼，林乐芬. 上市公司重组增发价格政策改革：效果与启示［J］. 经济体制改革，2018（5）.

［4］熊发礼，林乐芬. 创业板上市公司非公开发行定价机制改革效果研究［J］. 金融监管研究，2019（11）.

［5］熊发礼，林乐芬. 向增发政策运行时间管理悖论——兼论非公开发行定价新政［J］. 管理评论，2020（9）.

［6］熊发礼，林乐芬. 向增发定价机制、投资者保护与财富转移［J］. 价格理论与实践，2021（4）.

［7］林乐芬，李永鑫. 商业银行中小微企业信贷产品供求匹配问题研究［J］. 南京大学学报（哲学·人文科学·社会科学），2016（6）.

［8］林乐芬，蔡金岳. 商业银行中小微企业信贷产品供求匹配情况调查［J］. 经济纵横，2016（5）.

［9］林乐芬，李晅，李永鑫. 长三角地区商业银行小微金融发展及区域金融一体化建议［J］. 中国浦东干部学院学报，2016（3）.

［10］周顺兴，林乐芬. 银行业竞争提升了金融服务普惠性吗？——来自江苏省村镇银行的证据［J］. 产业经济研究，2015（12）.

［11］周顺兴，林乐芬. 银行业竞争、村镇银行发展与小微企业信贷可得性——基于江苏省县域面板数据的分析［J］. 金融论坛，2015（11）.

［12］林乐芬，唐峥. 中小企业新三板市场融资现状与绩效分析——以"三省一市"694 家中小企业为例［J］. 河北经贸大学学报，2015（6）.

［13］吴敏，林乐芬. 银行业市场集中度、主体异质性与中小企业信

贷可获性 [J]. 金融论坛，2015（3）.

[14] 程欣炜，林乐芬. 科技型中小企业特征与银行融资的关系研究 [J]. 金融论坛，2014（6）.

[15] 林乐芬，陈旭阳. 利率市场化下我国商业银行利率风险压力测试分析 [J]. 经济纵横，2013（12）.

[16] 林乐芬，吴敏. 信贷市场交易主体的异质性与借贷匹配研究 [J]. 经济学家，2013（10）.

[17] 林乐芬. 进一步加强银行对中小微企业的金融支持 [J]. 江苏宣传工作动态·社科基金成果专刊，2013（9）（获得江苏省政府领导批示，并获江苏省哲学社会规划办公室通报表扬）.

[18] 林乐芬，赵倩，沈建芬. 准新型农村金融机构运行绩效及影响因素研究 [J]. 南京农业大学学报（社会科学版），2013（2）.

[19] 林乐芬，张昆，丁鹏. 银行科技金融创新现状分析 [J]. 学海，2012（1）（被人大复印资料《金融与保险》2012 年第 6 期转载）.

参 考 文 献

[1] 巴曙松. 服务"小微"促金融转型 [J]. 财经，2012（1）：20-22.

[2] 白海红. 我国中小企业融资现状及政策建议 [J]. 企业改革与管理，2019（23）：100-101.

[3] 柏金凤，孙杨. 我国高科技发展的金融支持体系与政策选择 [J]. 金融经济. 2007（24）：152-153.

[4] 程超，林丽琼. 银行规模、贷款技术与小微企业融资？——对"小银行优势"理论的再检验 [J]. 经济科学，2015（4）：54-66.

[5] 楚建德，牛旻昱. 银行信贷配给下的我国中小企业融资问题研究——基于内生化企业规模和抵押品价值模型视界 [J]. 生产力研究，2011（3）：190-191，202.

[6] 戴湘云，叶生新. 多层次资本市场中的"新三板"对高新科技园区经济发展作用分析与实证研究——以中关村科技园区为例 [J]. 改革与战略，2012，27（12）：69-74.

[7] 戴阳. 基于小微企业金融服务的机制创新研究 [J]. 现代营销（学苑版），2014（11）：95-97.

[8] 丁华，高丹. 新三板挂牌企业融资效率——基于 DEA-Malmquist 方法 [J]. 会计之友，2019（2）：21-25.

[9] 丁振辉. 商业银行小微金融发展的现状、问题及对策 [J]. 西南金融，2015（7）：29-33.

[10] 董晓林，程超，吕沙. 不同规模银行对小微企业贷款技术的选择存在差异吗？——来自江苏省县域的证据 [J]. 中国农村经济，2015（10）：55-68，79.

[11] 董晓林，张晓艳，杨小丽. 金融机构规模、贷款技术与农村小

微企业信贷可得性 [J]. 农业技术经济，2014 (8)：100 – 107.

[12] 杜军. 中小企业银行融资问题探讨 [J]. 西南金融，2015 (2)：75 – 76.

[13] 杜丽. 市场分层视角下新三板公司融资效率分析 [J]. 财会通讯，2020 (12)：147 – 151.

[14] 樊纲. 发展民间金融与金融体制改革 [J]. 中国投资，2000 (12)：31 – 34.

[15] 方烨. 2010 年：影响民营经济发展的六个因素 [J]. 中国经贸，2010 (2)：92 – 93.

[16] 高连和. 中小企业集群融资模式与交易优势 [J]. 改革，2008 (3)：107 – 112.

[17] 高学哲. 企业融资效率：内涵及外延 [J]. 生产力研究，2005 (6)：205 – 207.

[18] 顾海峰，卞雨晨. 科技—金融耦合协同提升了企业融资效率吗？——基于中国755 家科技型上市公司的证据 [J]. 统计与信息论坛，2020，35 (9)：94 – 109.

[19] 桂嘉伟，吴群琪. 新三板科技服务企业融资效率与财务风险研究 [J]. 科技进步与对策，2019，36 (12)：115 – 124.

[20] 郭丽虹，王硕. 融资缺口、市场化程度与中小企业信贷可得性——基于非上市制造业企业面板数据的分析 [J]. 财经研究，2013，39 (12)：11.

[21] 何勇军，刘群芳. 科技金融政策与区域科技企业发展——以京津冀区域为例 [J]. 科技与金融，2020 (5)：12 – 16.

[22] 何玉梅，吴莎莎，杨锐. 军民融合企业融资效率评价研究——来自四川军民融合上市企业的经验证据 [J]. 科技进步与对策，2018，35 (4)：146 – 152.

[23] 胡国晖，陈秀琴. 中小企业信贷可得性影响因素研究——基于"小银行优势"视角 [J]. 北京邮电大学学报（社会科学版），2019，21 (6)：68 – 76，102.

[24] 胡吉亚. 战略性新兴产业异质性与融资模式匹配度研究——基于120 家上市公司数据 [J]. 社会科学，2020 (4)：44 – 57.

[25] 胡士华，李伟毅. 异质型借贷主体、借贷交易成本与借贷匹配——基于农村中小企业的实证分析 [J]. 经济管理，2011，

33 (8)：109 – 117.

[26] 胡淑丽. 论中国新三板市场的功能，主体定位及制度创新 [J].
经济研究导刊，2010 (13)：70 – 72.

[27] 胡显琴，舒家辉，周杰，等. 对安义县金融支持中小企业发展
的调查与思考 [J]. 金融与经济，2013 (12)：80 – 82.

[28] 黄飞鸣，童婵. 银行业联合授信机制提高了企业的债权融资效
率吗？——基于 PSM – DID 模型的分析 [J]. 江西社会科学，
2021，41 (3)：70 – 80.

[29] 黄海瑛. 中小企业融资困难解决路径分析 [J]. 财经界（学术
版），2020 (16)：38 – 39.

[30] 黄晓燕. 商业银行小微金融的现状，问题及政策建议 [J]. 经
济视角，2013 (9)：3.

[31] 晃根芳. 公司治理视角下中小企业融资难的根源分析 [J]. 经
济界，2008 (7)：276 – 280.

[32] 贾俊生. 江苏省中小微企业融资情况调查 [J]. 上海经济研究，
2017 (1)：119 – 124.

[33] 贾西猛，王辉. 长三角地区中小企业融资的创新形式 [J]. 经
济论坛，2012 (6)：23 – 25.

[34] 金广荣，高晓乐. 温州民间融资规范问题研究 [J]. 长春金融
高等专科学校学报，2017 (3)：32 – 38.

[35] 兰秀文. 风险投资机构对投融资效率影响研究——基于创业板
的数据分析 [J]. 技术经济与管理研究，2018 (7)：80 – 85.

[36] 蓝图，张彦. 政府补助、研发投入与科技创新企业融资效率研
究 [J]. 中国注册会计师，2020 (12)：70 – 74.

[37] 雷辉，刘俏云. 基于四阶段 DEA 模型的绿色低碳企业融资效率
研究 [J]. 财经理论与实践，2020，41 (3)：72 – 78.

[38] 黎超. 金融支持县域中小企业发展的调查及建议 [J]. 河北金
融，2014 (8) 68 – 69.

[39] 李善良. 基于供应链金融视角的中小企业融资问题研究 [J].
苏州大学学报（哲学社会科学版），2012，33 (6)：130 – 137.

[40] 李扬，贾康. 小微企业融资不能依靠大银行需要更多草根银行.
中国第二届小微企业融论坛（广州番禺），2012.

[41] 李泳. 中小企业金融支持体系及其运作绩效的实证分析 [J].

金融经济学研究，2013，3：88 – 97.

[42] 李远远，蔡翔．国外政府对小企业发展的支持策略研究 ［J］．技术经济与管理研究，2010（5）：54 – 56.

[43] 李泽红，陈迪舒．新三板互联网企业融资效率研究 ［J］．合作经济与科技，2019（20）：46 – 49.

[44] 李政，吴非，李华民．新三板市场是否有效？——基于融资效能和风险衍生视角下的经验证据 ［J］．财经论丛，2017（7）：49 – 58.

[45] 李籽墨，余国新．我国粮油加工业上市公司融资效率研究 ［J］．农业经济，2018（12）：103 – 105.

[46] 厉以宁．谈民营企业的发展 ［J］．知识就是力量，2004（1）：66 – 71.

[47] 廖艳，沈亚娟，杨选思．新三板中小企业融资效率及其影响因素研究 ［J］．会计之友，2017（11）：49 – 53.

[48] 林乐芬，张昆，丁鹏．银行科技金融创新现状分析——基于江苏八家银行的问卷调查 ［J］．学海，2012（1）：40 – 47.

[49] 林妍，刘霞．多层次资本市场支持科技企业融资效率研究——基于京津冀的比较视角 ［J］．会计之友，2019（20）：101 – 106.

[50] 林毅夫，李永军．中小金融机构发展与中小企业融资 ［J］．经济研究，2001（1）：10 – 18.

[51] 凌宁．小企业融资难：原因、改革及效果比较研究 ［J］．经济研究导刊，2010（1）：69 – 71.

[52] 刘畅，刘冲，马光荣．中小金融机构与中小企业贷款 ［J］．经济研究，2017，52（8）：65 – 77.

[53] 刘超，傅若瑜，李佳慧，周文文．基于 DEA-Tobit 方法的人工智能行业上市公司融资效率研究 ［J］．运筹与管理，2019，28（6）：144 – 152.

[54] 刘春苗．探讨我国小微企业银行贷款融资的困境 ［J］．时代金融，2013（14）：180 – 181.

[55] 刘丹丹．微小企业贷款的市场价值及可行性分析 ［J］．当代经济，2008（2）：81 – 82.

[56] 刘降斌，陈申．黑龙江、江苏、浙江三省科技型中小企业自主创新体系比较 ［J］．中外企业家，2008（5）：61 – 63.

[57] 刘降斌，李艳梅．区域科技型中小企业自主创新金融支持体系研究 [J]．金融研究，2008（12）：193－205．

[58] 刘靖．中小企业贷款障碍及解决措施 [J]．中国商论，2020（9）：34－35．

[59] 刘圻，刘星宇，刘斌．银企关系对中小高科技企业融资的影响——基于我国创业板上市公司的实证分析 [J]．财务与金融，2016（1）：12－21．

[60] 卢福财．企业融资方式演变的历史逻辑与国际比较 [J]．当代财经，2001（4）：13－17．

[61] 马莉莉，李湘晋．分层制度、做市商制度与企业融资效率——基于我国新三板挂牌企业的实证研究 [J]．经济问题，2019（3）：56－64．

[62] 毛绘宁．商业银行拓展小微业务探析 [J]．企业改革与管理，2015（5）：79－80．

[63] 秦艳梅．中小企业融资的特殊性和预待解决的问题 [J]．北京工商大学学报，2005（7）：52－55．

[64] 荣国．加大金融财税支持，促进江苏中小企业自主创新 [J]．企业科技与发展，2011（14）：104－107．

[65] 邵平．商业银行的供给侧改革 [J]．中国金融，2016（2）：16－19．

[66] 沈忱，张立民．新三板企业审计质量与融资效率：声誉视角分析 [J]．北京交通大学学报（社会科学版），2017，16（3）：39－53．

[67] 沈莲．非均衡特性下的金融支持中小企业研究——以江苏常州市为例 [J]．金融纵横，2008（11）：51－54．

[68] 盛天翔，范从来．金融科技、最优银行业市场结构与小微企业信贷供给 [J]．金融研究，2020（6）：114－132．

[69] 宋歌．软件产业融资效率的实证研究：2014－2016 年——基于河南与中部五省的比较 [J]．金融理论与实践，2018（9）：62－65．

[70] 宋敏，马超．江苏沿海地区中小企业融资的进化博弈分析 [J]．河海大学学报（哲学社会科学版），2010（9）：63－67．

[71] 宋文兵．对当前融资形势的理性思考 [J]．改革与战略，1997

(6)：1-6.

[72] 宋燕辉．我国大型商业银行拓展小微企业贷款业务的路径选择
[J]．地方财政研究，2013（11）：14-24.

[73] 宋云星，陈真玲，赵珍珍．经济政策不确定性对民营企业融资
效率的影响［J］．金融与经济，2020（2）：71-78.

[74] 孙杰，贺晨．大数据时代的互联网金融创新及传统银行转型
[J]．财经科学，2015（1）：11-16.

[75] 孙燕芳，曹永鹏．公用事业类上市公司融资效率分析研究［J］.
山东社会科学，2018（9）：168-173.

[76] 涂咏梅，程文．我国中小板科技型企业融资效率实证分析［J］.
郑州大学学报（哲学社会科学版），2018，51（4）：72-75.

[77] 汪琳．湖北省科技型中小企业融资效率研究［J］．当代经济，
2021（4）：60-67.

[78] 王健聪．银行规模结构与中小企业融资影响研究［J］．经济体
制改革，2012（3）：135-138.

[79] 王健俊，邱杰，玉琦彤．我国制造业上市公司在中小板市场的
融资效率测度——基于三阶段 DEA-Malmquist 模型［J］．当代
金融研究，2018（5）：68-80.

[80] 王婧婧．中小微企业融资的难点与对策研究［J］．中国中小企
业，2020（7）：185-186.

[81] 王玲，栗博．中小企业融资中的银企关系［J］．银行家，2007
（9）：80-81.

[82] 王伟，董登新．科技型中小企业新三板市场融资效率分析——
基于湖北省企业面板数据的实证研究［J］．证券市场导报，
2020（2）：45-51.

[83] 王文寅，刘佳．多维视阈下物流企业融资效率比较研究［J］.
会计之友，2021（6）：73-80.

[84] 王雪梅，贾琪琪．基于 DEA-Malmquist 指数的我国制造业中小
企业融资效率研究［J］．武汉金融，2018（8）：56-61.

[85] 王彦明．新三板市场融资存在的问题及对策研究［J］．中国市
场，2019（17）：35-36.

[86] 王玉荣，吴刚．我国创业板上市公司股权融资效率研究［J］.
西部论坛，2018，28（1）：118-124.

[87] 王兆星. 欧洲复兴开发银行微小企业贷款成功的启示 [J]. 中国金融家, 2005 (8): 77-79.

[88] 王振宇. 我国中小企业融资困境及对策研究 [J]. 现代商贸工业, 2014, 16: 92.

[89] 魏国雄. 中小企业融资问题的再思考 [J]. 中国金融, 2011 (19): 45-47.

[90] 魏清. 长三角金融一体化的现状——基于银行存贷款关系的分析 [J]. 工业技术经济, 2010, 29 (1): 151-154.

[91] 文彩霞, 吴金波. 新三板市场融资状况探析 [J]. 时代金融, 2017 (23): 203-205.

[92] 吴芃, 魏莎, 陈天平. 中小企业融资能力的影响因素研究——基于江苏省中小企业的调查 [J]. 东南大学学报 (哲学社会科学版), 2012, 14 (6): 25-29, 134.

[93] 吴晓俊. 地方政府政策对中小企业融资成本影响的实证研究 [J]. 财政研究, 2013 (9): 53-56.

[94] 吴阳芬, 曾繁华. 我国新三板中小企业融资效率测度研究 [J]. 湖北社会科学, 2019 (1): 69-77.

[95] 吴元波. 多层次资本市场与中小企业融资困境分析 [J]. 生产力研究, 2013 (7): 170-172.

[96] 伍光明. 盈余质量、经济政策不确定性与融资效率——基于新三板挂牌公司的证据 [J]. 财会通讯, 2021 (8): 48-52.

[97] 肖静, 韦济人. 浅谈新常态下中小企业融资难问题及对策 [J]. 现代商业, 2019 (31): 107-109.

[98] 肖雅, 郭晓顺. 新三板高新技术企业股权融资效率评价 [J]. 财会月刊, 2018 (11): 57-61.

[99] 谢波, 赵志凌. 化解中小企业融资难问题 [J]. 金融纵横, 2007 (7): 7-9.

[100] 谢启鑫. 辽宁省商业银行对中小企业融资困难的政策研究 [J]. 商情, 2013 (8): 52-53.

[101] 谢闪闪, 余国新. 我国农业上市公司融资效率研究——基于 DEA 模型和 Malmquist 指数法的实证分析 [J]. 数学的实践与认识, 2019, 49 (2): 91-98.

[102] 谢彦, 范英杰. 青岛民营科技企业新三板融资现状探析 [J].

现代商贸工业, 2012, 24 (23): 131 - 133.

[103] 谢玉梅, 齐琦, 赵海蕾. 基于综合险的银保合作模式: 典型个案及理论含义 [J]. 农业经济问题, 2015, 36 (5): 84 - 90, 111 - 112.

[104] 徐洪水. 金融缺口和交易成本最小化: 中小企业融资难题的成因研究与政策路径——理论分析与宁波个案实证研究 [J]. 金融研究, 2001 (11): 47 - 53.

[105] 徐凯. 我国新三板市场挂牌企业融资效率分析 [J]. 新金融, 2018 (4): 50 - 56.

[106] 徐忠, 邹传伟. 硬信息和软信息框架下银行内部贷款审批权分配和激励机制设计——对中小企业融资问题的启示 [J]. 金融研究, 2010 (8): 1 - 15.

[107] 许珂, 耿成轩. 金融发展、融资约束与战略性新兴产业融资效率 [J]. 技术经济与管理研究, 2020 (4): 102 - 106.

[108] 杨飞雪. 我国中小企业融资问题研究 [D]. 阜新: 辽宁工程技术大学, 2007.

[109] 杨育生. 科技型中小企业借助新三板融资的实证研究 [J]. 河南工业大学学报: 社会科学版, 2013, 9 (4): 109 - 112.

[110] 姚梦琪, 许敏. 高新技术企业融资效率对研发投入的影响 [J]. 科技管理研究, 2019, 39 (1): 129 - 136.

[111] 叶望春. 金融工程与金融效率相关问题研究综述 [J]. 经济评论, 1999 (4): 76 - 84.

[112] 俞林, 徐立青. 民营中小企业融资困难影响因素实证分析——基于江苏民营中小企业融资数据 [J]. 湖北职业技术学院学报, 2009 (12): 71 - 77.

[113] 袁卓苗, 王聪, 周立群. 科技型中小微企业新三板市场融资效率研究——兼析破解科技型中小微企业融资成本高问题路径选择 [J]. 价格理论与实践, 2018 (1): 110 - 113.

[114] 曾刚, 陈才东. 小企业融资: 外部环境与贷款技术 [J]. 金融与经济, 2012 (8): 4.

[115] 曾刚, 耿成轩. 京津冀战略性新兴产业融资效率测度及其协同发展策略 [J]. 中国科技论坛, 2018 (12): 142 - 149, 172.

[116] 曾刚, 耿成轩. 中国高端装备制造上市企业融资效率的实证测

度——基于 Super – SBM 和 Malquist 模型 ［J］. 科技管理研究，
2019，39（10）：233 – 242.

［117］ 曾辉. 中小企业融资方式与融资效率研究 ［D］. 北京：中国
人民大学，2005.

［118］ 曾康霖. 怎样看待直接融资与间接融资 ［J］. 金融研究，1993
（10）：7 – 11.

［119］ 张兵，刘丹，李祎雯. 匹配经济学视角下农户借贷匹配决定因
素的实证分析 ［J］. 经济科学，2014（4）：93 – 105.

［120］ 张帆. 法律视角下的国际 PE 参与江苏科技型中小企业境外
IPO 研究 ［J］. 南京财经大学学报，2011（1）：82 – 89.

［121］ 张根明，陈才. 中国中小上市公司债务融资效率研究 ［C］//
第三届中国管理现代化研究会—金融分会场论文集. 北京：中
国管理学年会，2008.

［122］ 张海君. 内部控制、法制环境与企业融资效率——基于 A 股
上市公司的经验证据 ［J］. 山西财经大学学报，2017，39
（7）：84 – 97.

［123］ 张建军，许承明. 资本流动、信贷配给与产业信贷政策匹配研
究 ［J］. 产业经济研究，2012（5）：80 – 86.

［124］ 张小峰，米军. 中小企业发展的金融支持研究——以江苏为例
张小峰 ［J］. 财经问题研究，2008（6）：117 – 121.

［125］ 张学峰. 民间金融的实践、风险与规范化发展——"互联网
背景下民间金融风险与规范化发展"会议综述 ［J］. 嘉兴学院
学报，2015（1）：117 – 122.

［126］ 赵岳，谭之博. 电子商务、银行信贷与中小企业融资——一个
基于信息经济学的理论模型 ［J］. 经济研究，2012（7）：99 –
112.

［127］ 郑享清，赵昂阳. 建立中小企业政策性银行促进中小企业发展
［J］. 商业研究，2008（3）：92 – 93.

［128］ 周鸿杰. 中小高新企业融资体系的完善——基于新三板市场的
分析 ［J］. 财务与金融，2013（6）：5 – 9.

［129］ 周磊，安烨. 新旧动能转换背景下我国现代物流业融资效率研
究 ［J］. 经济问题，2019（11）：53 – 60.

［130］ 周月书. 地方性小银行对中小企业贷款的比较优势分析——基

于江苏苏州县域中小企业的调查 ［J］. 农业经济与管理,
2012 (3): 53 - 69.

［131］ 周中胜, 罗正英. 企业家异质性特征对信贷融资影响的实证研
究——基于非国有控股的中小企业的检验 ［J］. 财贸经济,
2007: 75 - 83, 129.

［132］ 朱兵. 从商业银行角度分析中小企业国际贸易融资问题 ［J］.
时代金融, 2018 (14): 132.

［133］ 朱光荣, 吴子稳. 风险投资在促进创新型中小企业成长中的作
用 ［J］. 乡镇经济, 2007 (8): 42 - 45.

［134］ 朱军, 徐梦. 江苏中小企业融资困境与对策 ［J］. 宏观经济管
理, 2014 (2): 2.

［135］ 朱文莉, 白俊雅. 股价波动会影响企业的融资效率吗——来自
创业板经验证据 ［J］. 财会月刊, 2018 (15): 50 - 58.

［136］ 宗欣. 北大调研报告: 小企业未现倒闭潮 ［J］. 中国对外贸
易, 2011 (8): 20 - 24.

［137］ Abe M et al. Financing Small and Medium Enterprises in Asia and
the Pacific ［J］. Journal of Entrepreneurship & Public Policy,
2015, 4 (1): 2 - 32.

［138］ Alessandro. Banks and Innovation: Micro Econometric Evidence on
ItalianFirms ［J］. Journal of Financial Economics, 2008, 90 (2):
197 - 217.

［139］ Alif D. Are Financial Deepening and Economic Growth Causally
Related Another Look at the Evidence ［J］. International Economic
Journal, 1999, 13 (3): 19 - 35.

［140］ Allen B, Gregory U. The Economics of Small Business Finance:
The Roles of Private Equity and Debt Markets in the Financial
Growth Cycle ［J］. Journal of Banking & Finance, 1998 - 8: 613 -
673.

［141］ Allen B. Does Function Follow Organizational Form? Evidence from
the Lending Practices of Large and Small Banks ［J］. Journal of
Financial Economics, 2005 (76): 237 - 269.

［142］ Ang S. Small Uniqueness and the Theory of Financial Management
［J］. Journal of Small Business Finance, 1991 (1): 1 - 13.

[143] Berger N, Udell F. Small Business Credit Availability and Rela-
tionship Lending: The Importance of Bank Organisational Structure
[J]. The Economic Journal, 2002, 112 (477): 32 – 53.

[144] Berlin M, Mester J. For Better and For Worse: Three Lendin Rela-
tionships [R]. Business Review, Federal Reserve Bank of Phila-
delphia, 1996: 3 – 12.

[145] Bester H. The Role of Collateral in Credit Markets with Imperfect In-
formation [J]. European Economic Review, 1987: 31, 87 – 89.

[146] Bradley M, Jarrell A, Kim H. On the Existence of an Optimal Cap-
ital Structure: Theory and Evidence [J]. Journal of Finance.
1984, 39 (7): 857 – 880.

[147] Brau C. Do Banks Price Owner – Manager Agency Costs? An Ex-
amination of Small Business Borrowing [J]. Journal of Small Busi-
ness Management, 2002, 40 (4): 273 – 286.

[148] Burdett K, Coles G. Long – Term Partnership Formation: Marriage
and Employment [J]. Economic Journal, 1999: 109.

[149] Chen J, Song K. Two – sided matching in the loan market [J].
International Journal of Industrial Organization, 2013, 31 (2):
145 – 152.

[150] Chittenden F, Hall G, Hutchinson P. Small Firm Growth, Access
to Capital Markets and Financial Structure: Review of Issues and an
Empirical Investigation [J]. Small Business Economics, 1996 – 2,
8 (1): 59 – 67.

[151] Crawford V, Knoer M. Job Matching with Heterogeneous Firms and
Workers [J]. Econometrica, 1981 – 3, 49 (2): 437 – 450.

[152] Dewatriponi M, Maskin E. Credit and Efficiency in Centralized and
Decentralized Economies [J]. Review of Economic Studies,
1995, 62 (213): 541 – 555.

[153] Edward S. Financial Deepening in Economic Development [M].
Oxford University Press, 1973.

[154] Fluck D. Financial Contracting in Star – t ups and Ongoing Firms: A
Life-cycle Theory [R]. Working Paper from Econpapers, 2000.

[155] Howorth C. Small Firms' Demand for Finance: A Research Note

[J]. International Small Business Journal, 2001.

[156] Jayaratnc J, Wollen J. How Important Are Small Banks to Small Basin [J]. Journal of Bankingand Fiance, 1999, 23: 427 – 458.

[157] Jensen M, Meckling W. The Theory of the Firm: Managerial Behaviour, Agency Costs and Ownership Structure [J]. Social Science Electronic Publishing, 1976, 3 (4): 305 – 360.

[158] Joseph S, Andrew W. Credit Rationing in Markets with Imperfect Information [J]. The American Economist, 1981: 393 – 410.

[159] Latimer A. Credit Scoring: A Tool for More Efficient SME Lending [J]. SME Issues, 2000 – 11, 1 (2).

[160] McKinnon I. Money and Capital in Economic Development [M]. Washington DC: The Brookings Institution, 1973.

[161] Mishra S, Mcconaughy L. Founding Family Control and Capital Structure: The Risk of Loss of Control and the Aversion to Debt [J]. Entrepreneurship Theory and Practice, 1999, 23 (4): 53 – 64.

[162] Modigliani F, Miller H. The Cost of Capital Corporation Finance and The Theory of Investment [J]. American Economic Review, 1959, 48 (4): 443 – 453.

[163] Morné N, Andrie S. Credit Guarantee Schemes As an Instrument to Promote Access to Finance for Small and Medium Enterprises: An Analysis of Khula Enterprise Finance Ltd's Individual Credit Guarantee Scheme [J]. Development Southern Africa, 2002.

[164] Myers C. The Capital Structure Puzzle [J]. Journal of Finance, 1984, 39 (7): 575 – 592.

[165] Myers S. Application of Finance Theory to Public Utility Rate Case [J]. Bell Journal of Economics and Management Science, 1972.

[166] Odhiambo N. Finance-investment-growth Nexus in South Africa: an ARDL-bounds Testing Procedure [J]. Economic Change and Restructuring, 2010, 43 (3): 205 – 219.

[167] Paul N. Asset Substitution and Capital Use by Firms Facing Financial Repression [J]. International Journal of the Economics of Business, Taylor & Francis Journals, 2008, 15 (1): 129 – 145.

[168] Paul N. Asset Substitution and Capital Use by Firms Facing Financial Repression [J]. International Journal of the Economics of Business, 2008: 1466 – 1829.

[169] PS R, Pankaj T. Determinants of SME Credit in Mumbai-Empirical Analysis On Factors [J]. The Journal of Developing Areas, 2018, 53 (2): 193 – 203.

[170] Robert M, Zvi B. Finance [M]. Prentice Hall, 1998: 442.

[171] Schimdt M. Rationing Versus Collateralization in Competitive and Monopolistic Credit Markets with Asymmetric Information [J]. European Economic Review, 1997, 41: 1321 – 1342.

[172] Stiglitz E, Weiss A. Credit Rationing in Markets with Imperfect Information [J]. American Economic Review, 1981: 393 – 410.

[173] Strahan E, Weston P. Small Business Lending and Bank Consolidation: Is there Cause for Concern? [J]. Current Issues in Economics and Finance, 1996, 2 (3): 4 – 9.

[174] Wette C. Collateral in Credit Rationing in Markets with Imperfect Information [J]. American Economic Review, 1983, 73 (3): 42 – 45.

[175] Wijst D. Financial Structure in Small Business: Theory, Tests and applications [M]. New York: Springe-Verlag, 1989.

[176] Williamson D. Costly Monitoring Financial Intermediation and Equilibrium Credit Rationing [J]. Journal of Monetary Economics, 1987: 169 – 179.

图书在版编目（CIP）数据

长三角地区支持中小企业发展金融一体化体制机制创
新研究/林乐芬等著. —北京：经济科学出版社，2022.6
　ISBN 978 - 7 - 5218 - 3713 - 1

　Ⅰ.①长… 　Ⅱ.①林… 　Ⅲ.①长江三角洲 - 中小企业 -
金融一体化 - 研究 　Ⅳ.①F832.75

中国版本图书馆 CIP 数据核字（2022）第 096507 号

责任编辑：初少磊　王珞琪
责任校对：王肖楠
责任印制：范　艳

长三角地区支持中小企业发展金融一体化体制机制创新研究
林乐芬　顾庆康　李永鑫　李　晅　唐　峥　著
经济科学出版社出版、发行　新华书店经销
社址：北京市海淀区阜成路甲 28 号　邮编：100142
总编部电话：010 - 88191217　发行部电话：010 - 88191522
网址：www. esp. com. cn
电子邮箱：esp@ esp. com. cn
天猫网店：经济科学出版社旗舰店
网址：http：//jjkxcbs. tmall. com
北京季蜂印刷有限公司印装
710×1000　16 开　16.75 印张　270000 字
2022 年 8 月第 1 版　2022 年 8 月第 1 次印刷
ISBN 978 - 7 - 5218 - 3713 - 1　定价：68.00 元
（图书出现印装问题，本社负责调换。电话：010 - 88191510）
（版权所有　侵权必究　打击盗版　举报热线：010 - 88191661
QQ：2242791300　营销中心电话：010 - 88191537
电子邮箱：dbts@esp. com. cn）